Bildatlas

PILGERSTÄTTEN
UND HEILIGE ORTE

Friedemann Bedürftig

Bildatlas

PILGERSTÄTTEN
UND HEILIGE ORTE

© Naumann & Göbel Verlagsgesellschaft mbH
Autor: Friedemann Bedürftig
Realisation und Redaktion: red.sign, Stuttgart
Kartografie: Kartographie Huber, München
Gesamtherstellung: Naumann & Göbel Verlagsgesellschaft mbH, Köln
Alle Rechte vorbehalten

ISBN 978-3-625-12414-6

www.naumann-goebel.de

VORWORT

Das Gespräch mit einem nicht sichtbaren, abstrakten, radikal fremden Göttlichen
mag Sache von grüblerischen Theologen sein. Das Gros der Menschen braucht dingliche
Anker für den Glauben, ob Reliquie, Andachtsbild, Opferstein, heilige Grotte, Altar,
Schrein oder Gotteshaus. Daran haben auch Bilderverbote mancher Religionen nichts
ändern können, wie am intensiven Pilgerwesen des Islam zu sehen. Dorthin, wo die
Verkündigung des Propheten ihren Ausgang nahm, nach Mekka, zieht es jeden Muslim.
Mehr noch: Er ist sogar gehalten, wenigstens einmal im Leben seine Schritte in die
heilige Stadt zu lenken und die Gebete in ihrer Richtung zu sprechen. So strikt sind die
Weisungen in anderen Religionen nur selten, doch haben alle ihre Weihestätten, deren
Besuch als verdienstvoll und heilbringend gilt. Dort fühlen sich die Pilger ihrem Gott
besonders nahe und erhoffen sich Stärkung im Glauben oder Hilfe in Notlagen.

Die Zahl solcher Orte der Anbetung und Versenkung ließe sich schon für einzelne Religionen kaum ermitteln. Weltweit gesehen, kann man sie getrost unzählig nennen. Ein
Bildatlas darüber wie der vorliegende lässt sich mithin nur mit enormem Mut zur Lücke
erarbeiten. Er muss den Vorwurf, Wesentliches übergangen zu haben, bewusst in Kauf
nehmen, kann dafür aber eine gewisse Ausführlichkeit bei den schließlich aufgenommenen Pilgerstätten und Heiligtümern in Text und Bild anbieten. So wird aus einer schein-
baren Schwäche eine Stärke: Erst im näheren Hinsehen geben die hohen Werke sakraler
Kunst etwas von ihrem Reichtum preis und es wird ein wenig von dem spürbar, was
Baumeister, Steinmetze, Bildhauer und Maler beseelt hat. In nichts haben Menschen
soviel künstlerische und poetische Energie gesteckt wie in die Denkmäler, die sie
ihrem Glauben gesetzt haben.

Sie werden vorgestellt nach den großen Kulturkreisen, beginnend mit den vorgeschicht-
lichen Großsteinsetzungen. Es folgen die Zeugnisse der Glaubenswelten Altägyptens,
Mesopotamiens und der griechisch-römischen Antike. Dann erst wendet sich die Darstellung den aktuellen Weltreligionen zu, wobei Morgen- und Abendland in chronologischer Reihenfolge die Schauplätze sind für die Entfaltung des Judentums sowie
seiner jüngeren Geschwister Christentum und Islam. Anschließend richtet sich der
Blick in den Mittleren und Fernen Osten, der Heimat von Hinduismus und Buddhismus.
Mit den altamerikanischen Kulturen schließt sich der Ring und wir tauchen wieder tief
ein in die Vergangenheit, deren fromme Monumente schon wegen ihrer zeitlichen Ent-
rücktheit besonders faszinieren.

INHALT

Vor- und Frühgeschichte

Mit dem menschlichen Dasein ist untrennbar der Glaube an eine göttliche Kraft verbunden. Erste religiöse Ausdrucksformen lassen sich spätestens für die Steinzeit um 120 000 vor unserer Zeitrechnung nachweisen. Auf Gedeih und Verderb den Naturgewalten ausgeliefert, suchten die Menschen bei einer höheren Macht Schutz. Aber auch das Jenseits galt es zu ergründen.

Nordsee

ATLANTISCHER

OZEAN

Stonehenge | *18*

Menhir von Saint-Uzec | *15*

Carnac | *16*

Höhle von Lascaux | *13*

Höhle von Altamira | *13*

Anta Grande do Zambujeiro | *16*

Mittel-

Dolmen de Menga | *16*

Ostsee

Sieben Steinhäuser | 19

meer

Tempel von Tarxien | 15
Tempelkomplex von Hagar Qim | 15

N

50 km

www.kartographie.de

Prähistorische Megalithen

 Ihrer Monumentalität verdanken wir es, dass Megalithanlagen, die erstmals vor 6000 Jahren aus zum Teil tonnenschweren Steinblöcken entstanden, noch heute zu bewundern sind. Sie sind ein Charakteristikum besonders der europäischen Jungsteinzeit und gaben einer ganzen Kultur ihren Namen: der Megalithkultur.

Hagar Qim Der Tempelkomplex im Süden von Malta entstand zwischen 3600 und 2500 v. Chr. Die Megalithen wurden überdacht, verputzt und mit Ockerfarben getüncht.

Den unerklärlichen, oft als bedrohlich und übermächtig erfahrenen Gewalten der Natur weitgehend hilflos ausgesetzt, glaubte der Vorzeit-Mensch überall Geister und Götter am Werk. Sie zeigten sich als Gestirne, bewohnte Gewässer und Wälder, Pflanzen und Tiere, trieben ihr (Un-)Wesen unter der Erde und auf den Gipfeln der Berge, verbargen sich im Windhauch und im Wolkenkleid, waren gut oder böse, spendeten Segen oder Fluch, schenkten Gesundheit oder straften mit Krankheiten und anderen Schicksalsschlägen.

Höchste Achtung genossen Personen, die sich mit diesen Mächten auskannten oder glaubwürdig vermitteln konnten, über enge Beziehungen zum Übersinnlichen zu verfügen und Einfluss darauf zu nehmen. Sie galten als Eingeweihte und Auserwählte, die arglistige von freundlichen Geistern zu unterscheiden und die Götter durch Opfer günstig zu stimmen vermochten. Sie bedienten sich magischer Rituale, die bevorzugt an geweihten Orten vollzogen wurden: Erzürnte, strafende Dämonen sollten gebannt, ausgetrieben oder zumindest besänftigt, hilfreiche Mächte sollten beschworen werden. Zugleich waren sie Hüter des heilkundlichen Wissens und hatten ein Monopol auf Krankenbehandlung. Vermutlich schon sehr früh entwickelte sich aus dieser Stellung der „Beruf" des Schamanen, Priesters oder Medizinmanns, der die oberste sakrale und nicht selten auch oberste politische Autorität verkörperte. Er gab sein Geheimwissen an seine Erben weiter, sodass sich im Machtgefüge der Stämme Dynastien ausbildeten.

🏛 Früheste künstlerische Manifestationen vorgeschichtlicher Religionen sind beispielsweise die fast 20 000 Jahre alten Wandmalereien in der **Höhle von Lascaux** in der Dordogne oder in der **Höhle von Altamira** in Kantabrien. Besonders ging es den Priester-Künstlern um Jagdzauber, die eine möglichst reiche Beute sicherstellen sollten. Einige der menschlichen Figuren tanzen oder sind geschmückt: Sie stellen sehr wahrscheinlich Medizinmänner dar, die über die Macht und die Mittel verfügten, die Höhlen als Kultorte derart aufwendig ausgestalten zu lassen. Noch

Höhle von Altamira
Die Höhle in der Nähe der Stadt Santillana del Mar in Kantabrien enthält über 100 prähistorische Bilder, die Tiere darstellen.

Höhle von Lascaux
Die weltberühmten Felsmalereien in der Nähe von Montignac in der französischen Region Aquitanien entstanden 17 000 bis 15 000 v. Chr. «

13

mehr dieser beiden Ressourcen war allerdings notwendig, um die wesentlich jüngeren Großsteinanlagen zu schaffen – jene Heiligtümer, die dank ihrer Monumentalität als weitere frühe Zeugen einer tiefen Religiosität erhalten geblieben sind. Mit ihnen beginnen wir unsere Reise zu den Pilgerstätten der Welt.

Ein jungsteinzeitliches Phänomen

Bei der Megalithkultur (von griech. *megás*, groß, und *líthos*, Stein) handelte es sich weder in chronologischer noch in geographischer Hinsicht um eine einheitliche Bewegung. Zum einen erstreckte sich die Entstehung der gewaltigen Denkmäler über eine Zeit von 2000 bis 3000 Jahren, zum anderen stehen sie kaum einmal nachweisbar untereinander in Beziehung. Gemeinsam ist ihnen nur die Epoche der Errichtung – die Jungsteinzeit – und der Hang zu Wucht und Dauerhaftigkeit: Die Erbauer wollten an der Ewigkeit und Machtfülle der höheren Macht Anteil nehmen, die sie mit den Steinen verherrlichten. Der Trend scheint im Zeitgeist

Menhir von Saint-Uzec Der etwa sechs Meter hohe Megalith in der Bretagne wurde 1674 „christianisiert", also mit christlicher Symbolik versehen. ❯❯

Menhire

Menhire (breton. für: langer Stein), wie Megalithe noch genannt werden, können mehr als 100 Tonnen schwer sein. Einzeln oder in Gruppen aufgestellt, gibt es sie an insgesamt 50 000 Orten im Abendland. Alle standen sie im Zusammenhang mit Ritualen der Götterverehrung und vor allem verschiedener Totenkulte. Je nach Entstehungszeit und Region unterscheiden sie sich in Verarbeitung und Anordnung zum Teil erheblich. Viele Anlagen waren wohl früher mit Erde bedeckt, vor allem wenn es sich dabei um Gräber handelte. Andere Stätten haben in damaliger Zeit ähnlich ausgesehen wie heute, dann nämlich, wenn sie als Tempel dienten. Zudem dürfte es hölzerne Bauteile, Einrichtungen und Verkleidungen sowie nicht dauerhafte Ausschmückungen gegeben haben, die der Erosion zum Opfer gefallen sind.

gelegen zu haben, finden wir doch prähistorische Megalithstätten rund um den Globus. Im engeren Sinn freilich bezieht sich der Begriff Megalithkultur auf die Anlagen in Europa.

Besonders markante Beispiele können auf Malta, auf der Iberischen Halbinsel, in der Bretagne, auf den Britischen Inseln, in Deutschland und in Skandinavien besichtigt werden. Viele Megalithen sind jedoch im Lauf der Zeiten verschwunden: Man nutzte sie als Steinbruch, zerstörte sie aus religiösen Gründen oder empfand sie einfach nur als Hindernisse. Dass dennoch so viele erhalten geblieben sind, dürfte vor allem daran liegen, dass ihre Beseitigung kaum weniger schwierig war als ihre Aufstellung. Viele Modelle widmen sich der Frage, wie es den Vorzeitarchitekten gelang, die tonnenschweren Steine zu transportieren und aufzustellen. Sie alle bringen letztlich auch die Bewunderung für die ungeheure Leistung der prähistorischen Baumeister zum Ausdruck. Dieses Staunen hat nicht nur Gegner dieser fremdartigen Weihestätten auf den Plan gerufen, sondern mitunter

Tarxien Der neolithische Tempel (3800–2600 v. Chr.) auf Malta wurde wohl vor allem für Tieropfer genutzt.

auch dazu geführt, dass manche Stätten später von anderen Kulten – etwa von Germanen oder Kelten – umgedeutet worden sind. Bei einigen kam es sogar zu einer „Christianisierung", beispielsweise beim Menhir von Saint-Uzec in der Bretagne. Und selbst der moderne, nach eigenem Bekunden aufgeklärte Mensch fühlt einen seltsamen Anhauch von Ewigkeit aufkommen, wenn er die Monumente steinerner Anbetung betrachtet oder durchschreitet.

Es folgen einige Beispiele in Europa, beginnend im Süden des Kontinents.

Megalithkultanlagen

Auf der Mittelmeerinsel **Malta** gibt es etwa 30 Tempelanlagen aus Megalithen. Einige davon dienten wohl nicht nur kultischen, sondern auch astronomischen Zwecken, etwa der Ermittlung der Winter- und Sommersonnenwende. Eine der bekanntesten Stätten – und zugleich auch die größte – liegt in **Tarxien** im Südosten der Insel. Üppige weibliche Statuen, eine über zwei Meter groß, lassen vermu-

Tarxien Die Kalksteine des Tempels wurden teilweise verziert. Das hier abgebildete Exemplar ist im Archäologischen Museum in Valetta zu sehen.

Dolmen de Menga Stützsäulen im Inneren tragen die Deckplatten der Höhle im spanischen Antequera. Das Galeriegrab dürfte um 2500 v. Chr. entstanden sein.

ten, dass hier wie auch anderswo eine Fruchtbarkeitsgöttin oder Urmutter verehrt wurde. Das Ensemble besteht aus mehreren Tempeln. Die älteren und kleineren dürften um 4000 v. Chr. errichtet worden, die besser erhaltenen größeren gut 1000 Jahre jünger sein. Die Megalithen sind mit Ornamenten und Tierbildern verziert. Der ovale Grundriss der eigentlichen Kulträume versinnbildlichte vielleicht ein zyklisches Weltbild analog zum Jahreslauf und zum Wandel der Gestirne am Firmament.

🏛 In Spanien finden sich Megalithbauwerke in großer Zahl, allein auf **Mallorca** sind es 200. In den meisten Fällen handelt es sich um Großsteingräber, weshalb hier der Dolmen-Typ vorherrscht. Mit diesem Begriff bezeichnet man Bauten, bei denen eine oder mehrere auf Stützsteinen angebrachte Platten zu Tischen oder Höhlen angeordnet wurden. Besonders bekannt ist der Dolmen de Menga am nordöstlichen Rand der Stadt Antequera 45 Kilometer nördlich von Malaga. Die Begräbnisstätte aus der Mitte des 3. vorchristlichen Jahrtausends wurde aus 31 Megalithen mit einem Gesamtgewicht von 1600 Tonnen errichtet. Das sogenannte Galeriegrab liegt in einem Hügel; es bildet eine 25 Meter tiefe, 6,5 Meter breite und knapp 3 Meter hohe, länglichovale Höhle, deren Decke im Innern von drei massiven, einzeln stehenden Monolithen gestützt wird. Allein die mächtigste Abdeckplatte im hinteren Kammerbereich wiegt 180 Tonnen. Drei weitere, jüngere und kleinere Megalith-Bauten befinden sich ganz in der Nähe.

🏛 Weiter westlich in Portugal trifft man im Bezirk **Évora** im Alentejo auf mindestens 20 Megalithensembles. Das größte ist die Anta Grande do Zambujeiro in der Nähe der Stadt Évora (mit dem Begriff Anta werden im Portugiesischen die

etwa 5000 Megalithanlagen des Landes bezeichnet). Die bewundernd als „Kathedrale der Steinzeit" bezeichnete Grablege hat inzwischen einige ihrer horizontalen Deckplatten eingebüßt, die stellenweise durch Wellblech ersetzt wurden – erst durch die Sprengung der Platten wurde die Anta 1964 entdeckt. Die Grabkammer hat einen vieleckigen Grundriss und ist durch einen langen Gang zu erreichen. Insgesamt hat die Anlage einen Durchmesser von 50 Metern und liegt unter einem entsprechend ausladenden, etwa sechs Meter hohen Erdhügel. Die teilweise über größere Distanzen herbeigeschafften Steine mussten mühsam über Baumstammrollen transportiert werden. Interessant sind auch die gefundenen Grabbeigaben, darunter viele Pfeilspitzen, diverse Perlen, eine Art Ritz-Amulett, Steinbeile, Steinklingen und Gefäße für die Wegzehrung der Verstorbenen.

🏛 Ungezählte Megalithdenkmäler säumen die gesamte Atlantikküste, besonders bemerkenswerte Beispiele für die Großsteinkultur finden sich aber in der Bretagne. Das wohl eindrucksvollste hat sein Zuhause in und bei **Carnac**, einem Badeort an der Südküste der Halbinsel im Morbihan an der bretonischen Riviera. Über 3000 Menhire bilden – einzeln oder zu Dolmen gruppiert – in langen Kolonnen sogenannte Alignements (Steinreihen). Bis zu vier Meter hoch ragen die Menhire am Westende der Reihen, die ursprünglich wohl acht Kilometer lang waren und sich heute in mehreren Gruppen immerhin noch über drei Kilometer hinziehen. Den Abschluss bildet manchmal ein Cromlech (walis. für: Steinkreis), in dem sich vermutlich die Gläubigen zu Kulthandlungen zusammenfanden. Das gesamte Heer der Menhire von Carnac stammt aus dem Küstenbereich, längere Transporte entfielen daher. Derartige Großsteine wurden auch zum Bau einer Begräbnis- und Kultstätte verwendet – das Tumulusgrab misst 125 auf 60 Meter, ist zehn Meter hoch und damit der größte künstliche Erdhügel Frankreichs. Christen versuchten später mit einer darauf errichteten Kapelle den heidnischen Ungeist des Ortes zu bannen.

🏛 In der Umgebung von Carnac gibt es viele weitere Beispiele für Megalithanlagen, die wie die Steinreihen zwischen 4500 und 2300 v. Chr. entstanden. Hier thronte schließlich auch der König aller Menhire: Bei **Locmariaquer** blickte der

350 Tonnen schwere und 20 Meter hohe Koloss über Land und Meer, ehe er nach einem Blitzschlag um 1700 in mehrere Teile zerbarst. Viele Legenden und Sagen ranken sich um die Großsteine, die auch heute noch dem Aberglauben Nahrung liefern: So suchen junge Frauen möglichst innigen Kontakt mit ihnen, weil sie sich davon eine glückliche und fruchtbare Ehe erhoffen.

Alignements In Reih und Glied stehen die Menhire in der Umgebung von Carnac. Aufgestellt wurden sie wohl in der zweiten Hälfte des 3. Jahrtausends v. Chr.

Stonehenge
Die in mehreren Bauphasen errichtete Megalithanlage im County Wiltshire in Südengland zählt seit 1986 zum UNESCO-Weltkulturerbe. ◀◀

Stonehenge Typisch für die Grabanlage, der auch eine astronomische Nutzung zugeschrieben wird, sind die aus drei Megalithen bestehenden Trilithen.

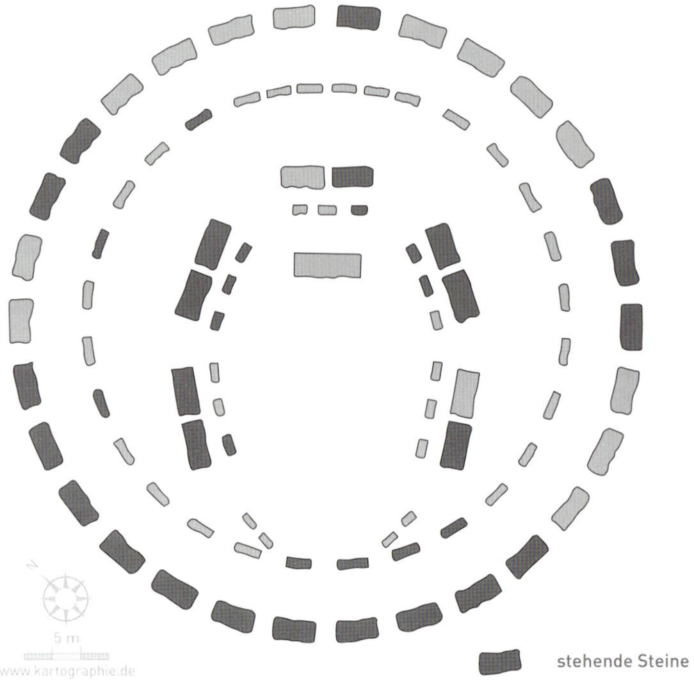

5 m
www.kartographie.de

stehende Steine

„Hängende Steine"

Nur einen Sprung über den Ärmelkanal hinweg liegt **Stonehenge:** Nördlich von Salisbury in der Grafschaft Wiltshire findet sich die mit Abstand berühmteste Megalithanlage der Welt. Zwar hat sie in den 5000 Jahren seit ihren Anfängen allerhand Verluste erlitten; natürliche Erosion oder Zerstörungen beispielsweise durch die Römer im 1. Jahrhundert hinterließen ihre Spuren. Insgesamt bietet der Steinkreis jedoch ein Bild, wie er sich auch zur Zeit seiner intensivsten Nutzung als Kultstätte im 2. vorchristlichen Jahrtausend dargestellt haben dürfte: Um 3000 v. Chr. schüttete man zunächst einen Erdwall mit einem Durchmesser von 115 Metern auf, die Steinsetzungen in konzentrischen Kreisen erfolgten erst später. Ein Ring von mächtigen Dolmen oder Trilithen (Dreisteine, d. h. zwei Stützsteine plus ein Überbrückungsstein) umschloss einen Platz von 30 Metern Durchmesser; von den 30 aufrechten Menhiren sind 21 erhalten. Darin entstand später aus 60 kleineren sogenannten Blausteinen aus den 220 Kilometer entfernten Prescelly Hills ein innerer Ring (ebenfalls 21 erhalten). Ein Opfer- und Altarstein und eine hufeisenförmige, nach Nordosten offene Steinsetzung aus fünf (heute noch drei) mächtigen Trilithen komplettieren die Anlage.

Eine Sonderrolle spielte der außerhalb des äußeren Kreises gelegene **Fersenstein (Heelstone)**, auch **Mönchsferse (Friar's Heel)** genannt. Er ist so positioniert, dass zur Sommersonnenwende exakt über ihm – vom Zentrum der Anlage aus gesehen – die Sonne aufgeht. Stonehenge scheint also eine Art steinzeitliches Observatorium gewesen zu sein. In der priesterlichen Zuständigkeit lag oft die Fruchtbarkeit der Erde und damit mitunter die kalendarische Berechnung der günstigsten Aussaat- und Erntezeiten. Auch in der jenseitigen Welt der hochadligen Verstorbenen, die rund um Stonehenge feuerbestattet worden sind, spielten der Sonnenstand und der Wechsel der Jahreszeiten wohl eine wichtige Rolle; insgesamt fanden Archäologen 345

Hügelgräber mit wertvollen Grabbeigaben. Lange hat man den Bau von Stonehenge keltischen Druiden zugeschrieben. Doch als die Kelten in die Gegend gelangten, stand der Kultkreis schon über anderthalbtausend Jahre. Kelten wie Germanen mögen die eine oder andere Megalithanlage genutzt haben. Ihre eigentlichen Kultorte aber fanden sie in der Natur in heiligen Hainen oder auf Bergen, in Höhlen oder an Wasserfällen.

Gräber für Riesen?

Das letzte Beispiel der Großsteinkultur ist in Deutschland beheimatet: Die **Sieben Steinhäuser** in der südlichen Lüneburger Heide bei **Walsrode** sind etwa 4500 Jahre alte Grabstätten – wegen ihrer Monumentalität werden sie auch Hünengräber genannt. Einer Sage zufolge soll der größte Stein der Anlage von einem Riesen aus weiter Entfernung hierher geschleudert worden sein. Weitere Brocken habe er sich in die Taschen gesteckt und dem geschleuderten Fels durch die Heide hinterhergetragen. Den Sand, der sich dabei in seinem Schuhwerk gesammelt habe, habe er schließlich ausgeschüttet – er soll die Anhöhe bilden, auf dem sich die Steinhäuser erheben. Einstmals mit Erde bedeckt, sind diese von Niederschlag und Wind freigelegt worden und in ihrer ganzen Mächtigkeit zu sehen.

Sieben Steinhäuser Zur Zeit der neolithischen Trichterbecherkultur um 2500 v. Chr. errichteten die ersten sesshaften Bauern die Grabanlage in der Lüneburger Heide.

Ägypten und Alter Orient

Die ersten Hochkulturen mit regulärer Staatenbildung und mit ausgeprägten Staatskulten entstanden durch wachsende Bevölkerungsballung in den fruchtbaren Tälern großer Ströme. Für die Menschheitsgeschichte besonders folgenreich wurden die Kulturen am Nil und im Zweistromland, die beide um 3000 v. Chr. eine erste Blüte erlebten.

M I T T E L M E E R

Bubastis | *43*

Giseh | *42*

Memphis | *41*

Sakkara | *41*

Dahschur | *41*

Tell el-Amarna | *39*

Abydos | *39*

Tal der Könige | *35*
Totentempel der Hatschepsut | *35*
Ramsesseum | *38*

Hathor-Tempel in Dendera | *39*
Tempel von Karnak | *35*
Tempel von Luxor | *33*

Horus-Tempel von Edfu | *33*

Insel Elephantine | *32*

Tempelanlage von Philae | *31*

R o t e s

Pyramiden

Tempelanlage in Ägypten

Tempel von Abu Simbel | *28*

Altorientalische Hochkultur

Ninive | 53

Assur | 53

Babylon | 50

Nippur | 49

Uruk | 49

Ur | 49

Persischer

Golf

Meer

N

50 km

www.kartographie.de

Das altägyptische Gottkönigtum

Lange Phasen ruhiger Entwicklung waren dem alten Ägypten vergönnt. So konnte sich ein einzigartiger Kult entfalten, in dessen Zentrum der Pharao als Gott auf Erden stand. Opfer und Gebete erreichten über ihn die Götter. Auch sein Wohlergehen im Jenseits musste den Untertanen daher sehr am Herzen liegen.

Pyramiden von Giseh Majestätisch thronen die Grabmäler, die für drei Pharaonen der 4. Dynastie errichtet wurden. »

Tal der Könige Der berühmte Sarkophag des Tutenchamun ist heute im Ägyptischen Museum in Kairo zu bewundern.

Horus-Tempel in Edfu Das zentrale Heiligtum enthält eine Nachbildung der Barke, in der das Götterbild des Horus bei Festlichkeiten getragen wurde. «

Eines der Merkmale des Ägyptischen Reichs ist die recht einheitliche Entwickelten von Religion und Gemeinwesen. In rund drei Jahrtausenden kam es allenfalls zu regionalen Abweichungen. Den Anfang ihrer religiös motivierten Bauten kennzeichnet ein Merkmal, das den jungsteinzeitlichen Kulturen in Europa zumindest rein äußerlich nicht ganz fremd gewesen sein dürfte.

Weltordnung und Totenkult

Denn beinahe scheint es so, als hätten die alten Ägypter die Megalithkultur im gigantischen Stil nur fortgesetzt. Ihre Pyramiden aus der Zeit des Alten Reiches etwa zwischen 2700 und 2200 v.Chr. übertreffen die gewaltigsten Großsteinansammlungen der prähistorischen Baumeister noch um ein Vielfaches. Und dennoch ist das eine bloß äußerliche Verwandtschaft. Hinter den ägyptischen steiner-

nen Totenburgen stand ein hoch entwickeltes Staatsverständnis: Im **König (Pharao)** war nach ägyptischem Weltbild menschliche und göttliche Macht vereint, er verband Herrschaft und Religion als Verkörperung des Gottes Horus. Dieser wiederum war Sohn des göttlichen Geschwister- und Ehepaars Osiris und Isis. Jeder neue Herrscher galt als neugeborener Horus, woraus sich für den Pharao die Aufgabe ableitete, die von den Göttern gewollte und geschaffene Weltordnung, die „Maat", in seinem Reich zu verwirklichen.

Beim Tode kehrte der Pharao zu **Osiris** zurück, der auch als strenger Vorsitzender des Totengerichts fungierte. Daraus wiederum ergab sich ein aufwendiger Totenkult, der

natürlich besonders auf den König zugeschnitten war. Dessen Wohlergehen im Jenseits war für die Nachlebenden weiterhin von eminenter Bedeutung. Dazu bedurfte es einer üppigen Ausmalung der Grabkammer; zudem stellten reiche Grabbeigaben sicher, dass er sich standesgemäß schmücken und ernähren konnte. Und es waren Rituale einzuhalten, die an der Verwandlung des Verstorbenen zum Gott mitwirkten. Man hielt sich dabei an die Göttermythen, die sich im Ritual wiederholten. Osiris spielte auch darin – zusammen mit dem Sonnengott Re – die zentrale Rolle. Für die Vergöttlichung des Toten wurde das Vorbild des vom Bruder Seth ermordeten und wiederauferstandenen Osiris sowie das der Sonne beschworen, die ja jeden Abend stirbt und des Morgens neu zur Welt kommt.

Tal der Könige Die Herrschafts-
insignien Tutenchamuns. »

Die feierliche Einbalsamierung Tutenchamuns. Argwöhnisch überwacht der Zeremonienmeister die Arbeit der Diener, während ein Priester Rauchopfer darbringt (kolorierte Zeichnung, 19. Jh.).

Felsentempel Ramses' II., Abu Simbel Der im 13. Jahrhundert v. Chr. entstandene Tempel war den Reichsgöttern Amun-Re, Horus, dem vergöttlichten Ramses und Ptah geweiht.

Dreigespann Die drei Statuetten aus dem 9. Jahrhundert v. Chr. zeigen von links nach rechts Horus, Osiris und Isis (Musee du Louvre, Paris).

Königsgräber waren daher sakrale Orte von ähnlichem Rang wie die Tempel, die bestimmten Gottheiten geweiht waren. Regional konnten das sehr verschiedene höhere Wesen in Menschen-, Tier- oder Pflanzengestalt sein. Es gab aber auch solche, die sich landesweit verbreiteten und damit den Rang von Obergöttern erlangten. Gelegentlich verbanden sich diese mit lokalen Göttern. Die mit ihnen verknüpften Mythen betreffen vor allem den Prozess der Entstehung der Welt und das darin von ihnen gelenkte Naturgeschehen: Nach ägyptischer Vorstellung stieg aus dem Urgewässer ein Urhügel empor, auf dem ein Ei wuchs. Daraus erfolgte die Geburt des Sonnengottes, der unter verschiedenen Namen verehrt wurde; Atum etwa hieß er in Heliopolis. Er schuf durch Ausspeien oder Selbstbefruchtung seiner weiblichen

Felsentempel Ramses' II., Abu Simbel Kolossalstatuen des Pharaos bewachen den Tempeleingang; die kleine Frauenstatue verkörpert Nefertari, die Gemahlin von Ramses II.

Hand das erste Götterpaar Schu und Tefnut, Luft und Feuchtigkeit. Diese wiederum brachten Nut und Geb, Himmel und Erde, hervor, deren Vereinigung Seth und Nephtys sowie Isis und Osiris entsprangen. Obwohl von Seth gemeuchelt, bewahrte Osiris seine Lebenskraft und zeugte mit der Gemahlin und Schwester Isis den Horus, der sich, wie erwähnt, im Pharao verkörperte.

Über den König liefen daher zunächst alle Beziehungen der Menschen zur Götterwelt, Opfer wurden in seinem Namen dargebracht, Gebete mit Bezug auf ihn gesprochen. Aufgabe der Menschen war es, die „Maat", die von den Göttern gesetzte Weltordnung, zu erkennen und ihr gemäß zu leben. Entsprechend gutes Verhalten brachte schon auf Erden Lohn ein, war aber noch wichtiger im Hinblick auf das Leben nach dem Tod, das den Ägyptern als Verlängerung des irdischen Daseins galt. Daher suchte man dem Leib durch Balsamierung Dauer zu verleihen. Königsgräber waren entsprechend als Duplikate der Residenzen oder doch wenigstens im Inneren palastartig angelegt und sorgsam gesichert. Nach kleineren Grabbauten ließen sich

Pharaonen bald die riesigen Pyramiden errichten, die sie dem Himmel näherbrachten. Als selbst diese Festungen nicht von Grabräubern verschont wurden, gingen sie dazu über, ausgedehnte Felsengräber einrichten und ausschmücken zu lassen. Im Folgenden geht die Reise zu einigen der heiligen Königsgräber und erhalten gebliebenen Tempel, die zeigen, zu welch hohen Fertigkeiten es die altägyptischen Künstler und Baumeister gebracht haben. Wir folgen dem Nil von Oberägypten im äußersten Süden aus flussabwärts.

Vermächtnis Ramses' II.

Über sechs Jahrzehnte regierte Ramses II. das Reich am Nil. Seine Grenze schob er über den zweiten Katarakt bis nach Nubien vor, dem „Korridor nach Afrika" im Süden. Im dortigen **Abu Simbel** ließ er zum 30. Jubiläum seiner Herrschaft um 1250 v. Chr. zwei gigantische Tempel bis zu 65 Meter tief aus dem Felsen hauen. Der größere war dem Sonnengott Re, dem Schöpfergott Ptah und dem König selbst geweiht und von 20 Meter hohen Königsfiguren

Felsentempel Ramses' II., Abu Simbel Im Innern des Tempels reihen sich mehrere Osiris-statuen aneinander.

Isis-Tempel von Philae Das Relief an der Südseite des ersten Pylons stellt die Göttin Hathor dar, zu erkennen an den Kuhhörnern und der Sonnenscheibe. Das Heiligtum steht heute auf der Insel Agilkia.

bewacht. Die Tempelnischen richteten die Architekten derart nach Osten aus, dass zweimal im Jahr – im Oktober und im Februar – die ersten Strahlen der Morgensonne bis ins hinterste Allerheiligste vordrangen und nur die Gestalt des Ptah, der ja für die Unterwelt zuständig war, im Dunkel ließen. An der Front des kleineren, der Liebes- und Himmelsgöttin Hathor gewidmeten Tempels daneben mahnen etwa halb so große Statuen der königlichen Familie zur Andacht.

Vom reichen Schmuck des Tempels sind die Reliefdarstellungen von Schlachten, Jagden und Opferhandlungen zu nennen, ferner die sogenannte **Hochzeits-Stele,** auf der die Vermählung des Pharaos mit einer Tochter des in Kleinasien herrschenden Königs der Hethiter dokumentiert ist. Das belegt die weitreichenden diplomatischen Verbindungen des

Isis-Tempel von Philae Der sogenannte Trajanskiosk stammt aus der römischen Kaiserzeit. Reliefs stellen den namensgebenden römischen Herrscher als opfernden Pharao dar.

Ägyptischen Reiches (der Friedensvertrag Ramses' II. mit den Hetithern ist das älteste bekannte Dokument dieser Art). Heute schauen die Tempel von anderer Stelle hochherrschaftlich über das Niltal. Wegen des Baus des Assuan-Staudamms wurden sie in den 1960er-Jahren auf Kosten der UNESCO zur Rettung vor den Fluten des Nassersees in Tausende von nummerierten Blöcken zerlegt und 180 Meter weiter und 64 Meter höher originalgetreu wieder errichtet. Nicht einmal die Erdbebenschäden an den Statuen besserte man aus.

Eine göttliche Familie

📖 Obwohl die Nilinsel **Philae** 400 Kilometer flussabwärts lag, musste auch die dortige, der Göttin Isis geweihte Tempelanlage vor den Wassern des Assuan-Stausees in Sicherheit gebracht werden. Wie in Abu Simbel versetzte man die Bauten, indem man sie in zahllose Blöcke zersägte und auf der höheren Nachbarinsel Agilkia wieder zur 18 Meter hohen und 45 Meter breiten Pracht zusammenfügte. Das überflutete Philae galt den Ägyptern als der Ort, an dem der Brudermörder Seth das Herz des von ihm zerstückelten Osiris versteckt hatte. Isis aber fand nach und nach alle Teile ihres Bruders und Gemahls und schließlich auch das Herz. Auf Philae gebar sie ihm den Sohn Horus. Deswegen gab es hier schon früh ein Heiligtum. Die Bauten aber, die Besucher heute am Ersatzort bewundern, stammen aus der Zeit der ptolemäischen Herrscher nach 320 v. Chr., Teile sogar erst aus der römischen Epoche um die Zeitenwende. Der christliche Kaiser Justinian verbot den Isis-Kult im 6. Jahrhundert n. Chr. und ließ hier eine dem Heiligen Stephan geweihte Kirche bauen.

📖 Wo die Fruchtbarkeits- und Muttergöttin Isis verehrt wurde, war die Tochter des Sonnengottes Re, die Liebesgöttin **Hathor**, nicht fern. Der Legende nach hatte sie sich eines strengen Winters in die Wärme Afrikas zurückgezogen. Mit Mühe gelang es dem Götterboten Thot, sie im Auftrag ihres Vaters zur Heimkehr zu überreden. Auf Philae betrat sie wieder ägyptischen Boden, was mit großen Opferfeierlichkeiten begangen wurde. Ihr Heiligtum ist kleiner als das der Isis und bei Weitem nicht so wuchtig. Auf fein verzierten Säulen ist das Antlitz der Göttin zu sehen, die anderes als die

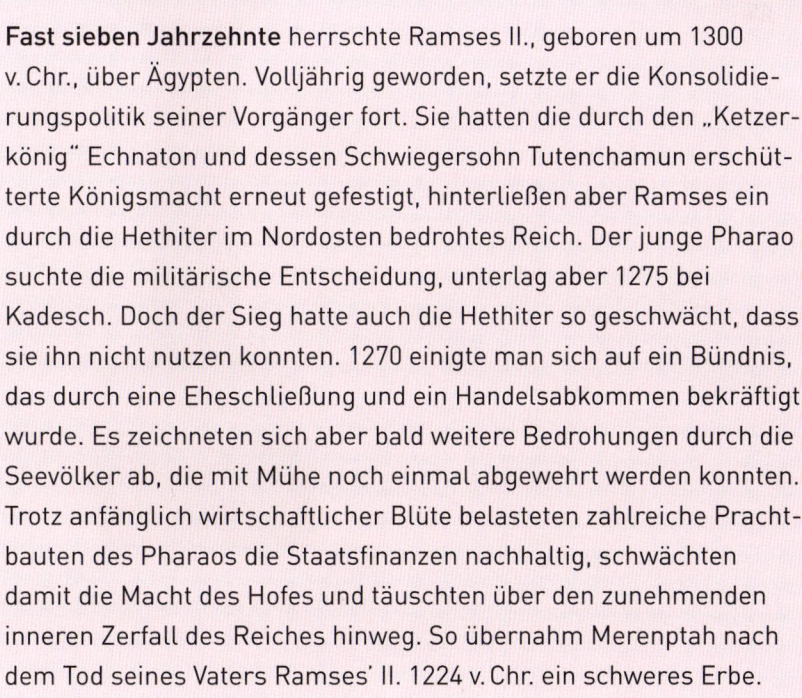

Ramses II.

Fast sieben Jahrzehnte herrschte Ramses II., geboren um 1300 v. Chr., über Ägypten. Volljährig geworden, setzte er die Konsolidierungspolitik seiner Vorgänger fort. Sie hatten die durch den „Ketzerkönig" Echnaton und dessen Schwiegersohn Tutenchamun erschütterte Königsmacht erneut gefestigt, hinterließen aber Ramses ein durch die Hethiter im Nordosten bedrohtes Reich. Der junge Pharao suchte die militärische Entscheidung, unterlag aber 1275 bei Kadesch. Doch der Sieg hatte auch die Hethiter so geschwächt, dass sie ihn nicht nutzen konnten. 1270 einigte man sich auf ein Bündnis, das durch eine Eheschließung und ein Handelsabkommen bekräftigt wurde. Es zeichneten sich aber bald weitere Bedrohungen durch die Seevölker ab, die mit Mühe noch einmal abgewehrt werden konnten. Trotz anfänglich wirtschaftlicher Blüte belasteten zahlreiche Prachtbauten des Pharaos die Staatsfinanzen nachhaltig, schwächten damit die Macht des Hofes und täuschten über den zunehmenden inneren Zerfall des Reiches hinweg. So übernahm Merenptah nach dem Tod seines Vaters Ramses' II. 1224 v. Chr. ein schweres Erbe.

BIOGRAFIE

Elephantine Auf der Nilinsel (rechts) kann man die Ruinen einer antiken Stadt bewundern.

Elephantine Eine Schilfkrone kennzeichnet Anukis, die Tochter von Chnum und Satet (Musee du Louvre, Paris). ➤➤

sonst stets im Profil abgebildeten Götter frontal und überdies sogar einmal tanzend mit Musikanten an ihrer Seite dargestellt wurde.

🏯 Eine weitere, nur wenig weiter nördlich gelegene Nilinsel wurde in jüngster Zeit von der wachsenden Stadt Assuan geschluckt: **Elephantine** misst in Nord-Süd-Erstreckung kaum eineinhalb Kilometer, in der Breite nicht einmal einen halben. Wohl wegen des unweit flussaufwärts zu überwindenden ersten Katarakts verehrten die Ägypter hier den Flussgott Chnum, den „Herrn der Was-

serfälle", und dessen Frau Satet, die als „Herrin von Elephantine" bezeichnet wurde. Beide galten auch als Schützer der ägyptischen Südgrenze zu Nubien und des Afrikahandels. Tempelreste aus mehreren Epochen zeugen von einem intensiven Kult, in den auch ihre Tochter Anukis einbezogen war. Ihr oblag es, die Hochwasser des Stroms nicht allzu lange währen zu lassen.

🏯 Damit im Zusammenhang stand der auf Elephantine noch erhaltene 4000 Jahre alte **Nilometer,** mit dem in einem Schacht die Wasserstände ermittelt werden konnten. Die Angaben erfolgten in Ellen (ca. 51 cm), eine Elle zu 7 Hand- oder 28 Fingerbreit. Der Schacht war begehbar und lag in der Nähe von Tempeln – denn nur die Priesterschaft verfügte über die nötigen Kenntnisse zum Ablesen und Auswerten der Daten. Letzteres betraf vor allem die Berechnung der maximalen Fluthöhe und die davon abhängende Entscheidung, welche Flächen bewässert werden sollten. Danach richteten sich auch die Steuerschätzungen, da die Erträge mit dem Wasserstand stiegen oder fielen.

Gut 100 Kilometer flussabwärts passiert der Nil die Stadt **Edfu** am linken Ufer. Bei den alten Ägyptern hieß sie auch „Thron der Götter" (Neset-Netjeru) – bis heute ist der Name nachvollziehbar, finden sich in Edfu doch der vielleicht am besten erhaltene Tempel des ägyptischen Altertums. Er stammt aus der Ptolemäer-Zeit (3./2. Jahrhundert v. Chr.) und war dem Horus geweiht, der hier in heldenhaften Kämpfen über seinen schurkischen Onkel Seth obsiegte. Den Eingang des Heiligtums überragen zwei festungsartige Pylonen, hinter denen eine Säulenhalle und zwei Vorhallen zum Allerheiligsten leiten. Selbst das Dach ist erhalten, sodass Besucher noch heute einen Eindruck von der ausgeklügelten Lichtregie innerhalb des Tempels bekommen: Sie treten aus der Sonnenhelle des Hofes in die dämmerigen Hallen und gelangen schließlich ins mystische Halbdunkel der Götternähe.

„Staatskult" in Theben

Ein spirituelles Zentrum Altägyptens erreichen wir noch einmal 100 Kilometer weiter nördlich in **Luxor,** wo heute für gewöhnlich die beliebten Nilkreuzfahrten beginnen oder

Horus-Tempel in Edfu Zahlreiche Reliefs schmücken den vergleichsweise „jungen", dafür umso prachtvolleren Tempel.

Amun-Tempel in Karnak Der Widder galt als eine Inkarnation des ägyptischen Gottes Amun. Folgerichtig schmücken Widderfiguren die riesige Tempelanlage in Karnak.

Tal der Könige Der britische Archäologe Howard Carter untersucht seinen spektakulären Fund, den Sarkophag von König Tutenchamun. »

enden. Mit dem nahe gelegenen Dorf Karnak teilt sich die Stadt das Gebiet der einstigen Metropole Theben beziehungsweise altägyptisch Waset. Von deren überragender Bedeutung zeugen eindrucksvolle Tempel, die dem Luft- und Fruchtbarkeitsgott Amun gewidmet waren. Dieser stieg mit der Zeit durch Vermengung mit dem Sonnengott als Amun-Re zum Reichsgott auf. Luxor selbst besaß einen im 14. Jahrhundert v. Chr. errichteten Tempel, in den einmal im Jahr in einer großen Prozession die Statuen Amuns und seiner Gemahlin, der „zauberreichen" Mut, aus dem Tempel in Karnak überführt wurden (sogenanntes Opet-Fest). In Luxor wurde sodann in rituellen Handlungen die göttliche Vereinigung der beiden nachvollzogen, bei der sie den Mondgott Chons zeugten.

An Pracht und Größe übertraf Amuns „Heimat"-Tempel in **Karnak** mit seinem vorgelagerten Heiligen See den von Luxor bei Weitem. Eindrucksvoll belegt er die Dauerhaftigkeit des Amun-Kults. Auch als Theben schon längst nicht mehr Hauptstadt des Reiches war, stellten er und seine Priesterschaft bedeutende Machtfaktoren dar. Die Pylonen am Eingang des Tempels stammen aus der ersten Hälfte des 4. vorchristlichen Jahrhunderts, der nur in Resten erhaltene mittlere Teil hingegen war schon 1600 Jahre zuvor entstanden. Die meisten heute noch zu sehenden Bauten stammen aus der Regierungszeit von Sethos I. und Ramses II. im 13. Jahrhundert v. Chr., darunter auch das Kernstück, die eindrucksvolle Große Säulenhalle, die schon im Altertum als Weltwunder galt. Sie überdeckt 5000 Quadratmeter (etwa ein Drittel des

Petersdoms). 134 Säulen, die in 16 Reihen angeordnet und bis zu 24 Meter hoch waren und die Gestalt von Papyrusbündeln hatten, trugen die Dachkonstruktion.

Königliche Prachtentfaltung

Seine Blütezeit erlebte **Theben** als Hauptstadt während der mächtigen 18. Dynastie, die Mitte des 16. bis zum Ende des 14. vorchristlichen Jahrhunderts so herausragende Herrscher wie die einzige regierende Königin Hatschepsut hervorbrachte. Ein Einblick in die Prachtentfaltung dieser Pharaonen ermöglichte die Entdeckung des fast unversehrten Grabes des jungen Tutenchamun, der 1336 bis 1327 regierte. Den wohl wichtigsten archäologischen Fund der Neuzeit machte Howard Carter 1922 im Tal der Könige. Es befindet sich im Gebiet Theben-West, hinter einer Bergkette an dem der Stadt gegenüberliegenden Ufer des Nils. Die zugehörigen Totentempel der Herrscher liegen vor den Bergen und sind durch sie von den Gräbern getrennt. Das diente wohl auch der Irreführung von Grabräubern, vor denen nicht einmal die himmelhohen massiven Pyramiden sicher waren. Felsengräbern, die wie im Tal der Könige bis

Tal der Könige Die Totenmaske Tutenchamuns lag einst im Innern des Sargs auf der Mumie des Pharaos (Ägyptisches Museum, Kairo). ◀◀

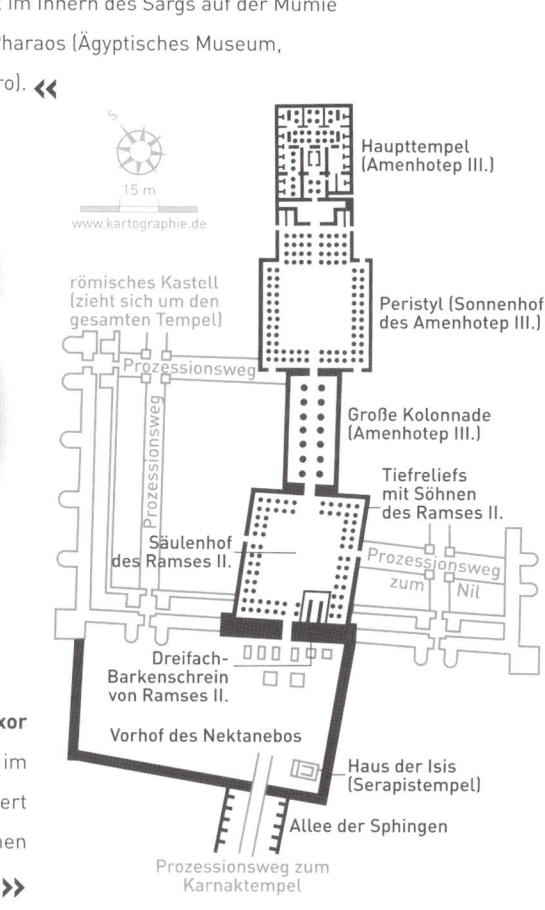

Haupttempel (Amenhotep III.)

römisches Kastell (zieht sich um den gesamten Tempel)

Peristyl (Sonnenhof des Amenhotep III.)

Prozessionsweg

Große Kolonnade (Amenhotep III.)

Tiefreliefs mit Söhnen des Ramses II.

Säulenhof des Ramses II.

Prozessionsweg zum Nil

Dreifach-Barkenschrein von Ramses II.

Vorhof des Nektanebos

Tempel von Luxor

Grundriss der im 14. Jahrhundert v. Chr. entstandenen Anlage. ▶▶

Haus der Isis (Serapistempel)

Allee der Sphingen

Prozessionsweg zum Karnaktempel

15 m
www.kartographie.de

zu 200 Meter tief in das Gestein gegraben wurden, waren wahrscheinlich eine Reaktion darauf – allerdings eine so gut wie erfolglose: Mit Ausnahme der einigermaßen intakten, letzten Ruhestätte Tutenchamuns wurden alle Gräber geplündert.

Unter den Heiligtümern in Theben-West gehört der **Terrassentempel der Hatschepsut** zu den bemerkenswertesten – und zwar nicht nur, weil sich hier eine Frau ein Denkmal setzen ließ, wie es sonst nur mächtigen Männern zustand. Gleichermaßen imposant ist die Eleganz des Monuments, die auch ohne den einst am Fuß gelegenen Vortempel ersichtlich wird. Von Weitem schon wird der Blick die breite Treppenrampe emporgezogen, die zwischen den beiden unteren Stockwerken zur dritten Ebene die Felsböschung hinaufläuft, wo sich das Herz des Heiligtums befand. Alle drei Ebenen zeigen regelmäßige Säulenfronten. Beim Näherkommen erkennt man, dass so manches Relief und manche Bildsäule zerstört wurde, wohl wegen der weiblichen Anmaßung, aber auch, weil Bildnisse des Amun, des mythischen Vaters der Königin, in der folgenden Amarna-Zeit nicht erwünscht waren. Neben dem Bauwerk verdient schließlich noch das Ramesseum Erwähnung, der Totentempel von Ramses II.; ursprünglich umfasste es mit Palast und Vorratsspeichern, Priesterwohnungen, Werkstätten, Ateliers der Künstler und Schreibschule eine ganze Tempelstadt.

Tempel der Königin Hatschepsut, Theben-West Aus der Luft erkennt man gut die terrassenförmige Anlage des Tempels. «

Hathor-Tempel, Dendara Reliefs im Allerheiligsten schildern unter anderem die einzuhaltenden Zeremonien beim Betreten des Tempels.

Göttin mit Kuhkopf

Nach knapp 60 Kilometern weiter flussaufwärts gelangt man nach **Dendera,** das ebenfalls am linken Nilufer an einem großen Knick des Stromes liegt. Der hier alles dominierende Tempel ist Hathor geweiht, der Göttin des Westens, der Liebe, der Schönheit, des Rausches, der Musik und des Tanzes. Die Verehrung der oft kuhköpfig oder mit Sonnenscheibe und Kuhgehörn dargestellten Göttin setzte früh ein, schon bald gab es in Dendera Kultstätten für Hathor, die oft mit Isis

Nord-palast

Nord-gräber

Nil

Großer Palast

Großer Tempel

Archiv

Haus des Wesirs Nachtpaaten

Haus des Bildhauers Thutmosis

Arbeiter-siedlung

Flusstempel

N

Süd-gräber

Maru-Aton (Südpalast)

1000 m

www.kartographie.de

gleichgesetzt wurde und somit auch als Mutter oder sogar Gemahlin des Horus galt. Der erhaltene Tempel ist freilich jüngeren Datums. Er wurde im 3. vorchristlichen Jahrhundert begonnen und bis in die Römerzeit hinein erweitert und ausgeschmückt. Selbst Kaiser Trajan (regierte 98–117 n.Chr.) hat daran noch bauen lassen. Der seit 1875 freigelegte 81 Meter lange und 34 Meter breite Tempel war über Jahrhunderte halb im Sand versunken, was zu seiner Konservierung nicht unwesentlich beigetragen hat. Wunderbare Bildwerke und Hieroglyphen schmücken die Wände und Säulen; bemerkenswert ist etwa ein Relief an der Tempelrückwand, das Königin Kleopatra (69–30 v.Chr.) und ihren und Caesars Sohn Kaisarion bei Opferhandlungen darstellt.

Tief in die Vergangenheit taucht der Besucher weitere 60 Kilometer weiter in **Abydos** am Westufer des Nils ein. Hier hatte Seth angeblich das Haupt des von ihm umgebrachten und zerstückelten Bruders Osiris versteckt. Und hier bildete sich schon vor 5000 Jahren ein Kult um den Herren der Unterwelt. Unter seinen Schutz stellten die Ägypter das von ihnen erwartete Weiterleben im Jenseits. Dazu hielten sie alljährlich in Abydos Mysterienfeierlichkeiten ab, bei denen der Tod und das Wiedererwachen des Osiris nachgespielt wurden. Viele Menschen unternahmen Wallfahrten nach Abydos und stellten dort Gedenkstelen auf; manch wohlhabender Besucher verfügte gar, dass er hier beigesetzt zu werden wünschte. Mehrere Herrscher errichteten Tempel: Der des Königs Sethos I. aus dem 13. Jahrhundert v.Chr. ist einigermaßen erhalten, der seines Sohnes Ramses II. nur noch ein Ruinenfeld.

Monotheistisches Zwischenspiel

Von Dendera legen wir eine große Strecke von über 200 Kilometern zurück zu einem Heiligtum, das die alten Ägypter als solches allenfalls ein paar Jahre lang anerkannten – und auch das eher gezwungenermaßen: Hier in der mittelägyptischen Wüste am Ostufer des Nils nämlich ließ Pharao Amenophis IV. (regierte 1353–1336) innerhalb von nur vier Jahren eine neue Hauptstadt errichten, heute als **Tell el-Amarna** bekannt. Dem König war die ausufernde Vielgötterei und die Macht der Amun-Priester ein Dorn im Auge. Er setzte sich daher auch räumlich möglichst weit vom Kultzentrum Theben ab, nahm den Namen Echnaton (Glanz der Sonne) an und nannte seine neue Residenz Achetaton (Horizont der Sonne). Der Sonnenscheibe Aton galt seine ganze Verehrung als Schöpferin der Welt und

Echnaton

BIOGRAFIE

Die Fixierung auf religiöse Fragen, der Konflikt mit den Amun-Priestern und der teure Aufbau einer neuen Hauptstadt brachten Amenophis IV. alias Echnaton in Schwierigkeiten. Die Menschen verstanden seine religiöse Revolution nicht, folgten ihr nur halbherzig und machten gemeinsame Sache mit den verfemten Priestern des alten Reichsgotts. Das führte sogar zu Verwerfungen in der königlichen Familie. Dass Echnaton seine Frau Nofretete zur Mitregentin machte, deuten manche als Versuch, ihren Groll zu besänftigen. Auch außenpolitisch drohte Flurschaden, weil der Pharao nicht gegen die von den Hethitern geförderten Unruhen in Syrien und Palästina vorging und so die Nordgrenze in Gefahr brachte. Betroffene Städte wandten sich vergeblich mit Eingaben an den König. Es gibt Vermutungen, dass Echnaton einem Anschlag zum Opfer gefallen ist – nicht aber aus politischen Gründen, sondern wegen seines Frevels gegen die Weltordnung „Maat".

Spenderin allen Lebens. Alle anderen Götter verwarf er oder suchte sie sogar zu unterdrücken.

Echnatons Eingottglaube (Monotheismus) blieb Episode. Nach seinem Tod kehrten die Nachfolger, besonders sein Sohn oder Schwiegersohn Tutenchamun, zur angestammten Religion und nach Theben zurück. Die Residenz im abgelegenen Amarna ging unter und Echnaton fiel für Jahrtausende der Vergessenheit anheim. Erst seit den 1880er-Jahren, als mit der Freilegung seiner aus dem Boden gestampften Hauptstadt begonnen wurde, rückten er und seine religiöse Revolution wieder in das von ihm angebetete Licht. Die kühne Vision des „Ketzerkönigs" überstrahlte bald den Ruhm anderer großer Pharaonen. Sie machte die Reste seiner Stadt zur Pilgerstätte für moderne Touristen, die sehen wollen, wo der König mit seiner schönen Frau Nofretete gelebt hat, dessen Sonnengesang zum wohl berühmtesten altägyptischen Text geworden ist: „Gleißend erhebst du dich

Knickpyramide, Dahschur Aus der Ferne betrachtet ist unschwer zu erkennen, wie die Pyramide zu ihrem Namen kam.

im Lichtland des Himmels, / O lebender Aton… / Schön bist du, groß, glänzend und hoch über allen Ländern / … Einziger Gott, neben dem es keinen anderen gibt!"

Ein Modell macht Schule

In **Dahschur** am Westufer des Nils rund 25 Kilometer südlich von Kairo beginnt in Fließrichtung des Stroms das eigentliche Land der Pyramiden. Die beiden ältesten Bauten der Nekropole (Totenstadt) ließ König Snofru um 2600 v. Chr. errichten: die Knickpyramide, sogenannt wegen des etwa in halber Höhe sich ändernden Böschungswinkels, und die Rote Pyramide, die ihren Namen dem rötlichen Sandstein verdankt und mit ihrer regelmäßigen mathematischen Form als erste „echte" Pyramide gelten kann. Sie diente wohl in puncto Bautechnik und Gestalt als Muster für die riesigen Bauten der Nachfolger Snofrus, des Vaters von Pharao Cheops. Zudem stehen in Dahschur Pyramiden der 12. Dynastie, unter denen besonders die weitgehend zerfallene Weiße Pyramide von Amenemhet II. (um 1900 v. Chr.) und die aus dunklen Nilschlamm-Ziegeln errichtete Schwarze Pyramide von Sesostris III. (um 1850 v. Chr.) zu nennen sind.

Fast unmittelbar nördlich anschließend folgt beim Dorf **Sakkara** eine weitere Nekropole am Wüstenrand, wo schon für die 1. Dynastie (um 3100–2890) Beisetzungen von Herrschern belegt sind. Das Gebiet wurde bis in die Spätzeit für die Anlage von Gräbern genutzt, darunter viele von hohen Beamten aus der in der östlichen Nachbarschaft liegenden Residenz- und Hauptstadt Memphis. Sie wurden meistens in sogenannten Mastabas beigesetzt, flache Grabbauten auf rechteckigem Grundriss. In späterer Zeit dominierten Schacht- und Galeriegräber. Bekanntester Bau auf dem rund sechs Kilometer langen Gräberfeld von Sakkara ist die um 2650 v. Chr. errichtete **Stufenpyramide von König Djoser,** unter der in einem verwirrenden System von Gängen und Räumen in 28 Metern Tiefe sein geplündertes Grab liegt. Sie ist die älteste Pyramide in Ägypten und mit 62,5 Metern Höhe bereits eine der größeren. Zu bewundern ist die Leistung des königlichen Baumeisters Imhotep, dem die Umsetzung der vergänglichen profanen Palastbauweise in dauerhafte sakrale Steinarchitektur und ihre Überhöhung ins Monumentale gelang. Südlich von Djosers Pyramide folgt die des Una, des letzten Königs der 5. Dynastie (um 2350 v. Chr.).

Durch den Besuch der Nekropolen ist die Route in die Wüste westlich des Flusses abgewichen. Zu diesem kehrt man zurück, will man die Reste der einstigen Metropole **Memphis** südlich vom wuchernden Kairo in Augenschein nehmen. Viel ist es nicht, was dort noch an Altägyptischem

Stufenpyramide von Sakkara
Eine der fünf gut erhaltenen Mumien, die erst 2004 entdeckt wurden.

Mit-Rahina, bei Memphis Die 3200 Jahre alte Kolossalstatue von Ramses II. wiegt rund 83 Tonnen.

zu sehen ist – der über viele Epochen hinweg als Hauptstadt des Reiches fungierende Ort liegt an der Spitze des Nildeltas und bildet dort eine Riegelstellung. Bei feindlichen Vorstößen, ob aus Libyen oder aus dem Osten, war Memphis daher stets prominente Zielscheibe der Angriffe und ist mehrmals zerstört worden. Viele Denkmäler aber sind auch Opfer des feuchten Untergrunds geworden und einfach versunken oder aber in byzantinischer und arabischer Zeit der Spitzhacke zum Opfer gefallen. Hier gründete der halbsagenhafte König Menes vor 5000 Jahren ein **Ptah-Heiligtum,** das von Ramses II. um 1250 v. Chr. erweitert wurde. Übrig davon sind nur ausgegrabene Ruinen und eine Kolossalstatue des Ramses.

Steintreppen zum Himmel

In der westlichen Wüste – inzwischen schon am Stadtrand von Kairo, das über den Nil hinüber gewachsen ist – erheben sich weithin sichtbar die **Pyramiden von Giseh** (Gizeh). Schon im Altertum als Weltwunder bestaunt, bannen sie bis heute Besucher in Bewunderung. Jeder kennt sie von zahllosen Abbildungen – und doch ist die direkte Wirkung ehrfurchtgebietend, ganz wie es sich die Erbauer zum Preis der Könige gewünscht haben, die hier beigesetzt wurden. Die größte ließ sich Pharao Cheops in 20-jähriger Bauzeit errichten. Sie misst heute noch exakt 138,75 Meter in der Höhe, war aber ursprünglich 146,2 Meter hoch. Die Schrumpfung rührt her von Erosion, Verlust des spitzen

Schlusssteins, des Pyramidions, und der Ummantelung aus Granit und/oder Kalkstein. Die mittlere Pyramide ist das Grabmal des Chephren, der kleinste, nichtsdestotrotz immer noch riesige Bau wurde für Mykerinos errichtet. Die drei namensgebenden Pharaonen gehörten allesamt der 4. Dynastie (2639–2504 v. Chr.) an. Ihre Grabkammern sind ausgeraubt worden; es wird aber spekuliert, dass doch noch Wertvolles im Innern lagern könnte: 1993 entdeckte eine Roboterkamera in der Cheops-Pyramide in einem der Modellkorridore, durch die des Königs Seele zum Himmel aufsteigen sollte, eine Verschlussplatte. Verbirgt sich hinter ihr etwa ein uralter Schatz?

Die ebenmäßigen Steinberge aus Millionen von durchschnittlich zweieinhalb Tonnen schweren Blöcken sind nicht von Sklaven aufgetürmt worden, sondern von Bauern, denen in den Zeiten der Nilfluten keine Feldarbeit möglich war. Die leitenden Baumeister haben trotz ihres bescheidenen Instrumentariums Präzisionsarbeit geleistet. Exakt nach den Himmelsrichtungen ausgerichtet sind die Ecken, die Böschung folgt fast millimetergenau dem vorgegebenen Winkel – schon die kleinste Abweichung von nur einem oder zwei Grad hätte an der Spitze Differenzen von mehreren Metern ergeben. Die Anlage der Pyramidenbezirke folgte einem Schema: Von einem Taltempel führte ein Aufweg zum Totentempel vor der Ostseite der Pyramide, deren Eingang sich im Norden befand. Der erhalten gebliebene Schmuck im Innern vermittelt nur eine schwache Ahnung

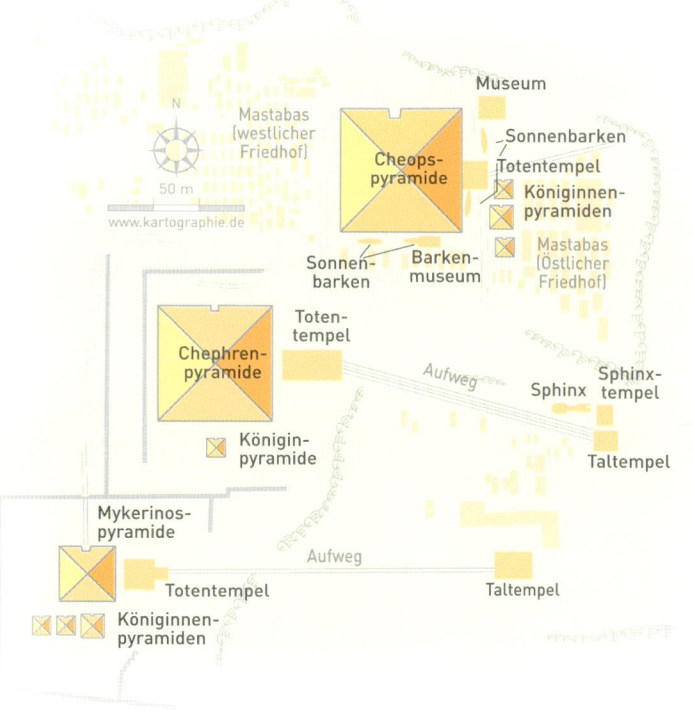

Bastet Die Tochter des Sonnengotts Re wurde als Katze dargestellt.

von der ursprünglichen Prachtentfaltung. Was irgend von Wert war, wurde Opfer der Grabräuber.

⚠ Nicht wegschleppen konnten sie freilich ein Monument vor der Chephren-Pyramide: den (griechisch: die) **Sphinx**. Die Figur wurde aus dem Kalksteinhügel gehauen, der zuvor den Baumeistern der Cheops-Pyramide als Steinbruch diente. Das Mischwesen mit Löwenkörper und Menschenantlitz scheint das heilige Areal zu bewachen. In solchen Fabeltieren sahen die Ägypter die geballte menschliche und göttliche Macht des Königs vereint. Das etwa zur gleichen Zeit wie die Pyramide geschaffene „Ungeheuer" ist 73,5 Meter lang, 20 Meter hoch und sechs Meter breit; möglicherweise war es ursprünglich farbig bemalt. Immer wieder wurde die Figur vom Wüstensand begraben, so schon zur Zeit des Pharaos Thutmosis IV. (um 1400 v. Chr.), dem seiner eigenen Aussage nach bei einer Rast an den Pyramiden ein Gott im Traum befahl, den Sphinx wieder freizulegen. Eine Stele zwischen den vorderen Löwenpranken erinnert bis heute an die Tat des Königs. Hat der Sand eher zur Konservierung des Kunstwerks beigetragen, so

nagen heute Auto- und Industrieabgase an seinem Körper und machen ständig Ausbesserungsarbeiten notwendig.

Göttin in Katzengestalt

🏛 Die Nilfahrt endet im südöstlichen Delta in **Bubastis,** dem Zentrum der Bastet-Verehrung südöstlich des heutigen Zakazik. Bastet, die meist als sitzende Katze dargestellte Tochter des Sonnengottes, galt als Förderin der Fruchtbarkeit und Beschützerin der Schwangeren. Auch sonst sind Überschneidungen mit Hathor feststellen, etwa in der Funktion als Patronin des Tanzes und musikalischer Darbietungen. Diese freudige Seite der Göttin wurde von den Bewohnern von Bubastis („Haus der Bastet") alljährlich aufwendig gefeiert. Der griechische Autor Herodot berichtete im 5. Jahrhundert v. Chr., dass dazu von weither Besucher strömten, angeblich bis zu 700 000: „Wenn sie nach Bubastis kommen, begehen sie das Fest unter Darbringung von großen Opfern. Bei diesem Fest wird mehr Wein verbraucht als sonst im ganzen Jahr." Bei den Priestern konnten die Gläubigen Katzen kaufen, die dann rituell getötet und wie eine menschliche Leiche mumifiziert wurden und als verdienstvolles Opfer galten. In Gräbern und Katakomben haben sich unzählige solcher Katzenmumien gefunden. Die Tötung von Katzen außerhalb dieser sakralen Handlungen war hingegen ein schweres Verbrechen.

Pyramiden von Giseh Die riesigen Steinbauten sind das einzige erhaltene der Sieben Weltwunder der Antike – im Vordergrund der Sphinx, im Hintergrund die Chepren-Pyramide.

Pyramiden von Giseh Von links nach rechts sind die Pyramiden des Mykerinos, des Chepren und des Cheops zu sehen. ▶▶

Die Götterwelt des Zweistromlands

Die reiche Ausbeute an Keilschrift-Dokumenten bei Ausgrabungen im Zweistromland gewährt Historikern detaillierte Einblicke in Alltag und Kult der Sumerer, Babylonier und Assyrer. Die Entzifferung des Zeichensystems gelang 1802 dem deutschen Altertumsforscher Georg Friedrich Grotefend (1775–1853).

Ninive Der assyrische Königspalast in Ninive, wie ihn sich der britische Diplomat und Archäologe Austen Henry Layard vorstellte (Aquarell, um 1880).

Im Zweistromland (Mesopotamien) begann sich etwa zur gleichen Zeit wie in Ägypten eine **hochkulturelle Ordnung** zu bilden. Es löste sich eine Reihe von Völkern und Reichen in der Vorherrschaft ab. Die Machtzentren verschoben sich daher immer wieder und die Regionen entwickelten sich unterschiedlich. Dennoch lässt sich auch hier ein gemeinsames spirituelles Fundament feststellen. Gelegt wurde es von den Sumerern, die als erste im damaligen Mündungsgebiet der Ströme Euphrat und Tigris einen mächtigen Staat schufen. Da sie auch Schöpfer der auf dauerhafte Tontafeln gedrückten Keilschrift waren, ist die Nachwelt über ihr Gemeinwesen und ihre kultischen Vorstellungen recht gut unterrichtet.

Göttliche Vielfalt

Wie in allen frühen Glaubenswelten bevölkerte auch die sumerische eine Vielzahl von menschenähnlich dargestellten Göttern. Sie entstammten dem Urmeer, das als **Nammu** personifiziert war. Diesem entstiegen die vier höchsten Götter, denen die vier Elemente zugeordnet waren, aus denen sich die Sumerer alle Dinge komponiert dachten: An (später Anu), „der ganz oben waltende" Himmelsgott, der Luft- und

Ischtar-Tor, Babylon Der mit Löwen-, Drachen- und Stier-
reliefs verzierte Bau markierte den Beginn der Prozessionsstraße von Babylon (heute Pergamon-Museum, Berlin).

Standarte von Ur Das heute im Britischen Museum in London ausgestellte Mosaik stammt aus dem Königsgrab Nr. 779 in Ur, das in den Zeitraum von 2850 bis 2350 v. Chr. datiert wird.

Sturmgott Enlil, der für Feuchtigkeit und Wasser zuständige Enki und die Erdgöttin Ki. Durch ihre Worte wurde alles Weitere geschaffen, auch weitere Götter wie die Korngöttin Ninlil, Gattin Enlils und Ernährerin, oder der Mondgott Nanna, der mit der Liebesgöttin Inanna (später Ischtar) und dem Sonnengott Utu das göttliche Himmelstrio bildete.

Wie fließend sich die Sumerer den Übergang von der Götter- zur Menschensphäre vorstellten, belegt der Gott **Dumuzi**. Er war ursprünglich ein Menschenfürst, der Inannas Liebe gewann, damit die Fruchtbarkeit der Lebewesen sicherte und hierfür vergöttlicht wurde. Dass er sich aber nach dem Geschmack der Göttin viel zu wenig um sie scherte, merkte sie besonders schmerzlich, als sie eine

Unterweltfahrt unternahm und dort von dem für dieses Schattenreich verantwortlichen Gott Ereschkigal getötet wurde. Andere Götter retteten Inanna, die nach drei Tagen wiederauferstand und ihren Gemahl heiter und munter vorfand, als habe er sie überhaupt nicht vermisst. Zur Strafe verurteilte sie ihn dazu, künftig die Hälfte des Jahres selbst in der Unterwelt zu hausen. So kamen die trockenen, unfruchtbaren, heißen Sommermonate in die Welt, die erst bei Rückkehr Dumuzis und seiner Wiedervereinigung mit Inanna erneut zu grünen begann. König und höchste Priesterin vollzogen diese Vereinigung alljährlich rituell nach.

Außer den göttlichen Ressortchefs hatte jede Stadt ihren eigenen **Ortsgott**, dem sich mit der Zeit viele weitere hinzugesellten, etwa indem sie durch Eroberungen anderer Städte sozusagen „erbeutet" oder wegen erwiesener Nützlichkeit übernommen wurden. Es kam zwar immer wieder auch zu überregionalen Reichsgründungen, doch der Zentralmacht standen anders als in der meisten Zeit in Ägypten weitgehend unabhängige Gau- und Stadtfürsten gegenüber, die in ihrem Bereich das kultische und politische Sagen hatten. Sie vertraten die Gottheit auf Erden und errichteten ihr aufwendige Tempel und Kultstätten. Einige davon beförderten Archäologen im 19. und 20. Jahrhundert wieder ans Tageslicht. Da sich die erste Hochkultur, eben die sumerische, im Mündungsgebiet bildete und sich die Macht später landeinwärts verlagerte, werden die Stätten flussaufwärts vorgestellt.

Die Mauern der heiligen Bezirke waren farbig mit Tonstift-Mosaiken geschmückt. Statuetten wie die der „Dame von Warka" und feinste Rollsiegel mit der Urform der Keilschrift sind hier gefunden worden. Uruk galt als Heimat der legendären Gott-Könige Dumuzi und Gilgamesch, von dem das fesselnde gleichnamige Epos erzählt. Er soll danach für die Errichtung der neuneinhalb Kilometer langen mächtigen Stadtmauer gesorgt haben.

▦ Etwa auf halbem Weg zwischen Ur und dem modernen Bagdad finden wir beim heutigen **Nuffar** die Reste des sumerischen **Nippur,** einer Stadt zwischen den beiden Strömen Euphrat und Tigris. Sie erlangte als Kulthauptstadt des Rei-

Früher Glanz

▦ **Ur** zwischen Küste und Südufer des Euphrats war eine bis ins 4. Jahrtausend zurückreichende sumerische Handels- und Hafenstadt, die in der zweiten Hälfte des 3. Jahrtausends v. Chr. Hauptstadt des Reiches „Sumer und Akkad" war. Die Ruinen der Stadt bilden heute den Hügel Mugajjar im Südosten Iraks. Bedeutendstes Bauwerk von Ur war die 20 Meter hohe Zikkurat (turmartiger Stufentempel) des Mondgottes Nanna über einer Grundfläche von 62 mal 43 Metern. Obwohl die Bedeutung von Ur nach 2000 v. Chr. rasch sank und die Stadt Mitte des 20. Jahrhunderts von den Elamitern weitgehend zerstört wurde, behielt sie dank dieses Kultes lange Zeit einen gewissen Rang. Der Tempel selbst wurde gar von den neubabylonischen Königen im 7. Jahrhundert v. Chr. renoviert, sodass er relativ gut erhalten die Jahrtausende überdauert hat. Auch Paläste und Friedhöfe sind ausgegraben worden, wobei sich einige nicht geplünderte Gräber hoch gestellter Persönlichkeiten mit reichen, aufschlussreichen Beigaben aus dem 3. Jahrtausend v. Chr. fanden.

▦ Dort wo sich heute der Ruinenhügel **Warka** etwa 80 Kilometer nordwestlich von Ur am Ostufer des Euphrats erhebt, pulsierte vor über 5000 Jahren bereits städtisches Leben: Die hier herangewachsene sumerische Metropole **Uruk** hatte die kulturelle und politische Führung der Sumerer inne, eine Rolle, die sie etwa 2700 v. Chr. an Ur verlor. In Uruk standen der Himmels- und Liebesgöttin Inanna geweihte Tempelterrassen, später kam ein Heiligtum des Hochgotts Anu hinzu.

Krug aus Uruk Der altbabylonische, mit Tieren verzierte Krug aus Kalkstein wurde in der Uruk-Zeit um 3000 v. Chr. gefertigt. Er ist 20,3 cm hoch. ≪

Innana-Heiligtum, Uruk Alabaster-Kultvase mit Opferzug (Irak-Museum, Bagdad).

Prozessionsstraße, Babylon Reliefs schmück-
ten auch die Prozessionsstraße. Der Löwe
repräsentiert Ischtar (Musée du Louvre, Paris).

ches Sumer im 3. Jahrtausend v. Chr. hohe Bedeutung – und das lag an „himmlischen" Veränderungen. Stadtgott Nippurs nämlich war Enlil, neben seinen städtischen Verpflichtungen zuständig für das Lebenselement Luft. Zunächst seinem Vater, dem Himmelsgott Anu, untergeordnet, verdrängte er diesen nach und nach aus der führenden Position und wurde für die Sumerer als „Herr aller Länder" und „Herr des Schicksals" zur zentralen Gottheit. Er stand dem gesamten Götterkollegium vor, das sich zur Beratung in seinem Heiligtum Ekur in Nippur versammelte. Die Stadt wurde so zum „Band zwischen Himmel und Erde". Jeder König pilgerte hierher, um seine Herrschaft durch Enlil und dessen Priesterschaft im Ekur legitimieren zu lassen. Selbst nachdem die semitischen Akkader unter Sargon im 23. Jahrhundert v. Chr. die Macht erobert hatten, legte der neue Herrscher über das sumerische Gebiet Wert auf Enlils Segen. Sargon und seine Nachfolger statteten das Heiligtum in Nippur verschwenderisch aus, eine Königstochter war zeitweilig oberste Priesterin.

Prachtvolles Babylon

Im 2. Jahrtausend v. Chr. sank der Stern Nippurs – im Norden entstand ein neues Kraftzentrum des Zweistromlands: **Babylon** etwa 60 Kilometer flussaufwärts zu beiden Seiten des Euphrats, das seit Beginn des 20. Jahrhunderts ausgegraben worden ist. Hier hatte sich eine westsemitische Dynastie festgesetzt, die unter ihrem 6. König Hammurapi (1728–1686), dessen gleichnamiger Codex die älteste umfassende Gesetzessammlung der Menschheitsgeschichte darstellt, fast das Gebiet des gesamten heutigen Iraks kontrollierte. Militärische Erfolge hatten dazu ebenso beigetragen wie geschickte Bündnis- und Religionspolitik. In Babylon gab es bald auch ein Enlil-Heiligtum, eine vertrauensbil-

dende Maßnahme der sumerischen Bevölkerung gegenüber. Auch Tempel für die beliebte Inanna (Ischtar) wurden errichtet. So konnte ein relativ behutsamer Übergang erreicht und der von den Semiten mitgebrachte Ortsgott Marduk, der „Herr der vier Weltgegenden", nach und nach in die religiöse Führungsrolle hineinwachsen, unübersehbar demonstriert in einer ihm gewidmeten himmelhohen Zikkurat, die sich an seinem Kultzentrum Esagila im Herzen der Stadt am Ostufer erhob.

Die Bibel erwähnt diesen Stufentempel als „**Turm zu Babel**", sein sumerischer Name lautet Etemenanki („Haus des Himmels auf Erden"). Die Menschen versuchten mit ihm angeblich, den Himmel, ja Gott selbst zu erreichen. Als Strafe dafür kam es zur sogenannten babylonischen Sprachverwirrung, die den Weiterbau verhinderte. Das könnte ein Reflex des im fruchtbaren Zweistromland sich sammelnden bunten Völkergemischs sein. Bis zu 91 Meter hoch ragte Etemenanki nach archäologischen Berechnungen in den Himmel, was den Turm auch als Observatorium für die äußerst fähigen babylonischen Priester-Astronomen nutzbar

Babylon Die Ruinen der Stadt wurden zwischen 1899 und 1917 vom deutschen Archäologen Robert Koldewey ausgegraben.

machte. Überhaupt war im aufblühenden Babylon alles groß und wuchtig. Der Reisende, der im Norden auf der Prozessionsstraße zum Marduk-Heiligtum durch das Ischtar-Tor schritt, wurde von prächtigen Mosaiken und fantastischen Tierreliefs empfangen. Bewundert haben wird er auch die massigen Mauern, die den Stadtkern Babylons fast zehn Kilometer lang umgürteten.

Unter dem vielen Staunenswerten in Babylon beanspruchten die **Hängenden Gärten der Semiramis** besonderen Rang, ja sie wurden zu den Sieben Weltwundern gerechnet. Ob sie auf die assyrische Königin Sammu-Ramat (Semira-

Babylon Saddam Hussein ließ von 1985 an sehr umstrittene Rekonstruktionen errichten.

Tafel aus Babylon
Das Relief stellt die um 700 bis 500 v. Chr. bekannte mesopotamische Welt dar (Britisches Museum, London).

Turmbau zu Babel
Die biblische Szene versinnbildlicht in der Kunst menschliche Anmaßung (Gemälde von Lucas van Valckenborch, um 1587, Kurpfälzisches Museum, Heidelberg).

mis, 9./8. Jahrhundert v.Chr.) zurückgehen, ist unsicher: Auf mehrstöckigen Gewölben, die wohl zur Lagerung von Waren und als „klimatisierte" Räume genutzt wurden, errichteten Landschaftsgärtner terrassenmäßig versetzte Dachgärten, die so bewässert wurden, dass ständig Wasser vom obersten Stockwerk über die darunterliegenden herabrieselte, den Bau mit seiner etwa 2500 Quadratmeter großen Grundfläche kühlte und den Bewuchs aus Bäumen aller Art, Sträuchern und Blumenbeeten üppig sprießen ließ. Die Bewässerung erfolgte mittels eines Pumpwerks an der Rückseite. Das Wasser lief und sickerte dann in vorgezeichneten Bahnen die leicht abschüssigen Gärten hinab.

Obwohl Babylon in der Folgezeit manchen Rückschlag und manche Zerstörung erlitt, blieb die Stadt lange ein Machtfaktor. Unter den neubabylonischen Königen des 7./6. Jahrhunderts v.Chr., darunter der Jerusalem-Eroberer **Nebukadnezar II.,** kam es zu neuer Blüte. Die Stadt war so eindrucksvoll, dass Alexander der Große von hier aus das von ihm geschaffene Weltreich regieren wollte, bevor sein früher Tod am 10. Juni 323 v. Chr. eben hier seinen Plänen ein Ende setzte. In den Wirren der Nachfolgekämpfe entvölkerte sich Babylon allmählich und verfiel. In Mythos und Literatur jedoch lebt die Stadt weiter als Inbegriff von Macht und Pracht, aber auch von menschlicher Hoffart und Anmaßung, wie in Heinrich Heines Ballade „Belsazar" über den Untergang des letzten Königs von Babylon schaurig beschrieben.

Assyrische Machtentfaltung

Das Babylon zwischen der Frühphase unter Hammurapi und der zweiten Blüte 1000 Jahre später zeitweilig an Macht einbüßte, lag am kriegerischen Volk der Assyrer. Ihr Machtzentrum war die Stadt **Assur** knapp 300 Kilometer nördlich von Babylon am westlichen Ufer des Tigris. Hier entfalteten im 13. bis 11. Jahrhundert v. Chr. Könige wie Tikultininurta oder Tiglatpilesar einen Militärstaat, dem Babylonien erlag und dessen Einfluss bis nach Kleinasien und Ägypten reichte. Der oberste Gott dieser Eroberer hieß wie die Stadt Assur und war zunächst wie Marduk vorher in Babylon nur eine Ortsgottheit. Mit wachsender Macht Assyriens stieg er im 10. bis 7. Jahrhundert v. Chr. zum Reichsgott auf, der freilich von den unterworfenen Völkern mehr gefürchtet als verehrt wurde. Schließlich verbündeten sich diese unter Führung der neubabylonischen Könige gegen die Unterdrücker und zerstörten die Stadt Assur im Jahr 614 v. Chr. Die Deutsche Orientgesellschaft legte die Ruinen beim heutigen **Kalat Scherkat** zu Beginn des 20. Jahrhunderts wie-

Assurbanipal-Palast, Ninive Detailaufnahme einer Relieftafel (Britisches Museum, London).

der frei, darunter auch den Tempel des Gottes Assur im Nordosten der Stadt und eine Tontafel-Bibliothek von unschätzbarem Wert.

Als Assur unterging, war seine Bedeutung schon gesunken: Unter König Sanherib (704–681) stieg **Ninive,** etwa 100 Kilometer flussaufwärts am Ostufer des Tigris gelegen, zur neuen Hauptstadt des Reiches auf. Hier dominierte auch nicht der kriegerische Assur, sondern die mildere Göttin Ischtar. Die Ruinenhügel Kujundschik und Nebi Junus im Nordirak bergen die Überreste dieser kulturell reichen Stadt, die zum Teil im 19. Jahrhundert wieder ausgegraben wurde. Die Archäologen fanden die mit Kampf- und Jagdreliefs geschmückten Paläste der Herrscher Sanherib und Assurbanipal (668–631) und eine Bibliothek mit 25 000 Keilschrifttafeln.

Die meisten Reichtümer, die sich in den assyrischen Städten anhäuften, stammten aus Beutezügen oder waren Unterworfenen abgepresst worden. Von ihrem Hass berichtet das Alte Testament – Palästina und die Juden hatten besonders unter der assyrischen Herrschaft gelitten. Tiefe Genugtuung erfüllte daher den Propheten Zephania, als er den Untergang der Feinde voraussagte: „Der Herr wird seine Hand ausstrecken nach Norden und Assur umbringen. Ninive wird er öde machen, dürr wie eine Wüste … Rohrdommeln und Eulen werden wohnen in ihren Säulenknäufen, das Käuzchen wird am Fenster schreien und auf der Schwelle der Rabe … Wer vorübergeht, pfeift über sie und klatscht in die Hände."

Klassisches Altertum

Die beiden tragenden Kulturen der Antike, die griechische und die römische, verbanden ähnliche religiöse Vorstellungen. Das trifft schon auf die Frühzeit insofern zu, als es sich wie in vielen jungen Gesellschaften um naturreligiöse Strömungen handelte. Später wurde die Verwandtschaft immer enger.

Ligurisches
Meer

Adriatisches

Meer

Rom:
Pantheon | *83*
Dioskuren-Tempel | *85*
Saturn-Tempel | *85*
Jupiter-Tempel | *81*
Tempel des Hercules Victor | *82*
Concordia-Tempel | *85*
Vesta-Tempel | *85*
Apollo-Tempel | *86*
Engelsburg | *87*

Tyrrhenisches

Meer

Ionische

Meer

Griechenland

Rom

Schwarzes

Meer

Maramara-
meer

Olymp | *60*

Ägäisches

Artemis-Tempel von Ephesos | *77*

Apollon-Tempel in Delphi | *68*

Athen:
Parthenon | *65*
Erechtheion | *66*
Olympieion | *62*
Theseion | *62*

Meer

Heraion von Samos | *76*

Eleusis | *67*

Zeus-Tempel in Olympia | *69*

Asklepieion in Epidauros | *72*

Artemis-Heiligtum in Sparta | *70*

Kretisches

Meer

Palast von Knossos | *73*

MITTEL-

N

50 km

www.kartographie.de

M E E R

Das griechische Pantheon

Mit der Zeit ging bei wachsender Götter-, Dämonen- und Geisterwelt die Übersicht verloren. Daher wurden Tempel für die olympischen Gottheiten gern mit Motiven auch anderer himmlischer Mächte geschmückt. Und manches Heiligtum wurde sogar allen Göttern (Pantheon) geweiht.

Parthenon-Fries, Athen Das Fragment stellt den Kampf eines Lapithen gegen einen Kentauren dar, eines „Edelmenschen" gegen einen „Tiermenschen" (Britisches Museum, London).

Artemis-Tempel, Ephesos So oder so ähnlich mag der größte Tempel der Antike ausgesehen haben (kolorierter Schnitt von Ferdinand Knab, 1886)

Pantheon, Rom Weitgehend unverändert erhebt sich seit über 1850 Jahren die Kuppel des Pantheons in Rom, das aus der Zeit Kaiser Hadrians (117–138) stammt. ◀◀

Wie bei den anderen Kulten des Altertums muss sich der moderne Besucher der Überreste ihrer heiligen Orte von der Vorstellung lösen, die dort verehrten Götter seien als außerweltliche metaphysische Wesen angesehen worden. Für Griechen wie Römer waren die himmlischen Mächte Teil der Welt, in der auch die Menschen lebten. Nur verfügten die Götter über größere Fähigkeiten, wurden zwar geboren, starben aber nicht. Ihr Zusammenleben dachten sich die Griechen ebenfalls als **Abbild menschlicher Gesellschaft:** Es gab Konflikte und Kämpfe, Lieb- und Freundschaften, Arglist und Hilfsbereitschaft. Von den Menschen verlangten die Götter bedingungslose Hingabe in Form von Opfern, Prozessionen, kultischen Tänzen und rauschenden Festen in heiligen Bezirken oder eigens angelegten Tempeln. Wer daran nicht teilnahm, musste mit dem Zorn der Himmlischen rechnen, und zwar nicht nur für sich, sondern womöglich auch für seine Familie oder gar seinen ganzen Stamm.

Apollon-Tempel, Delphi Die heute zu besichtigenden Überreste stammen vom dritten und letzten Bau an dieser Stelle, der 346 bis 320 v. Chr. errichtet wurde. »

Olymp – Wohnstätte der Götter

Bis zum Ende der Antike bestand die griechische Götterwelt so, wie sie uns in den Epen des Dichters **Homer** begegnet. Daneben gab es Lokalgottheiten, die mit der Verbreitung der homerischen Götter keineswegs verschwanden, sondern weiter im Kult eine Rolle spielten. Dieses Nebeneinander war symptomatisch für die antike griechische Welt, die zu keiner Zeit eine homogene politische oder kultische Einheit darstellte. So tummelten sich im Himmel der Griechen

wichtige und weniger wichtige Götter, zahllose Naturdämonen, Nymphen und Heroen, die in hierarchischer Ordnung eine bunte Einheit bildeten. Im Laufe der Zeit hob sich aus der Unzahl von Gottheiten ein Kreis von zwölf Gestalten, als deren Sitz sich die Griechen den **Olymp** dachten; das mit fast 3000 Metern höchste Gebirge des Landes liegt an der Grenze zwischen Thessalien und Mazedonien.

Hier herrschte **Göttervater Zeus,** wenngleich schon in dritter Generation. Denn aus dem ursprünglich waltenden

Chaos war als erstes Götterpaar Gäa (Erde) und Uranos (Himmel) hervorgegangen. Ihm folgten die Titanen Rhea und Kronos (Zeit), der Sohn des Uranos, der in einem Akt der Revolte den Vater entmach-

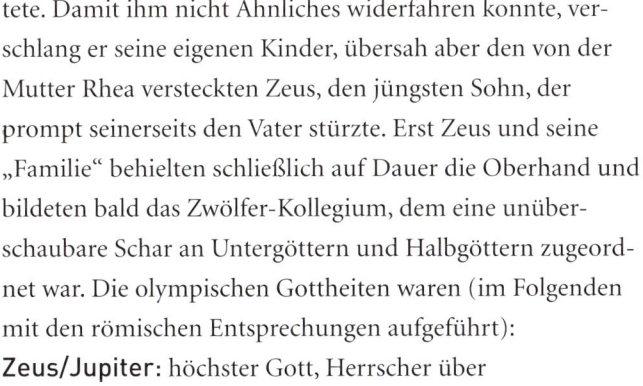

Vase, Anfang 5. Jh. v. Chr. Die antike Vasenmalerei stellt Zeus (links) und Dionysos dar. »

tete. Damit ihm nicht Ähnliches widerfahren konnte, verschlang er seine eigenen Kinder, übersah aber den von der Mutter Rhea versteckten Zeus, den jüngsten Sohn, der prompt seinerseits den Vater stürzte. Erst Zeus und seine „Familie" behielten schließlich auf Dauer die Oberhand und bildeten bald das Zwölfer-Kollegium, dem eine unüberschaubare Schar an Untergöttern und Halbgöttern zugeordnet war. Die olympischen Gottheiten waren (im Folgenden mit den römischen Entsprechungen aufgeführt):

Zeus/Jupiter: höchster Gott, Herrscher über die Naturgewalten

Hera/Juno: Gemahlin und Schwester des Zeus, Schützerin von Ehe und Frauen

Hestia/Vesta: Schwester des Zeus, Hüterin des Herdes und der Familie

Ares/Mars: Sohn des Zeus, Kriegsgott

Hephaistos/Vulcanus: Sohn des Zeus, Gott des Feuers und der Schmiedekunst

Apollon/Apollo: Sohn des Zeus, Gott des Lichts und der Künste

Artemis/Diana: Zwillingsschwester Apollons, Göttin der Jagd

Aphrodite/Venus: Göttin der Liebe, Schönheit und Verführung

Poseidon/Neptun(us): Gott des Meeres, Bruder des Zeus

Athene/Minerva: Schutzherrin der Helden, Städte, Künste, dem Haupt ihres Vaters Zeus entsprungen

Dionysos/Bacchus: Gott des Rausches und der Fruchtbarkeit, Sohn des Zeus

Hermes/Mercur(ius): Gott der Hirten, Kaufleute und Diebe, Götterbote, Sohn des Zeus und einer Nymphe

Hades/Pluto: Bruder des Zeus und Gott der Unterwelt, der wegen seines finsteren Reiches nicht zu den Olymp-Göttern gerechnet wurde

Sie alle hatten in den griechischen Stadtstaaten (griech.: poleis) Heiligtümer und Feste. Hinzu kamen die ungezählten lokalen Kultorte und die damit verbundenen Veranstaltungen – einen Blick werfen können wir nur auf eine winzige Auswahl der wichtigsten. Der Streifzug beginnt in der bedeutendsten griechischen Stadt, die nicht nur politischer Mittelpunkt, sondern auch kultischer Hauptort war: **Athen.** Auch hier müssen wir uns auf drei besonders prominente sakrale Ensembles konzentrieren:

Olympieion, Athen Wahrscheinlich im Mittelalter zerstörte ein Erdbeben den Zeus-Tempel, der danach als Steinbruch diente.

„Athens Olymp"

🏛 Mit den Planungen des größten Tempels für den höchsten Gott begannen die Athener schon im 6. Jahrhundert v. Chr. Das riesige Gotteshauses östlich der Akropolis war dem Olympischen Zeus geweiht und wurde daher kurz **Olympieion** genannt. Da der Bau aber unter dem Tyrannen Peisistratos und seinen Nachfolgern begonnen worden war, galt er bald als Relikt unerfreulicher Zeiten und wurde als Steinbruch für diverse andere Bauten geplündert. Im 2. Jahrhundert v. Chr. beauftragte König Antiochos IV. den römischen Baumeister Cossutius mit einem neuen Entwurf, der schon weitgehend verwirklicht war, als die Römer unter Sulla im Jahr 86 v. Chr. Athen eroberten und der Feldherr einige Säulen demontieren ließ. Sie sollten seinen Jupiter-Tempel auf dem Kapitol in Rom schmücken – eine Zweckentfremdung, wenn auch für denselben Gott. Kaiser Augustus bemühte sich dann um die Zeitenwende um einen Weiterbau nach den Cossutius-Plänen, doch auch der kam zum Erliegen, sodass erst Kaiser Hadrian, ein großer Verehrer der griechischen Kultur, 131/132 n. Chr. den Tempel einweihen konnte. Seine beeindruckenden Reste stehen nordöstlich der Akropolis.

Das Olympieion steht auf einer Terrasse mit einer Fläche von 205 auf 130 Metern, der Tempel selbst misst 108 mal 48 Meter. Erhalten sind 16 korinthische Säulen, eine davon stürzte bei einem schweren Sturm im 19. Jahrhundert um. Sie bestehen aus pentelischem Marmor – die Steinbrüche liegen nordöstlich von Athen –, sind über 17 Meter hoch und geschmückt mit kelchartigen Akanthus-Kapitellen. Sie umgaben das Gebäude in Doppelreihen an den Längsseiten und in dreifacher Reihung an den Schmalseiten. Über die Einrichtung des Inneren ist wenig bekannt, nur so viel weiß man: Es war beherrscht von einer üppig vergoldeten Kolos-

Erechtheion, Athen Stoisch tragen die Karyatiden (auch Koren genannt) die Last des Gebälks.

salstatue des Zeus und einer weiteren, die Kaiser Hadrian darstellte und dem Kaiserkult diente. Im Mittelalter ging viel Substanz verloren durch Abbruch zu anderen Bauzwecken.

Göttertempel und Heroengrab

🏛 Nordwestlich der Akropolis blickt von einer leichten Anhöhe der dem Schmiedegott Hephaistos und der Athene geweihte Tempel auf die Stadt. Man kennt ihn auch unter dem Namen **Theseion**, da hier einige Zeit lang das Grab des mythischen Helden Theseus vermutet worden war. Obwohl viel kleiner als das Zeus-Pendant – die Grundfläche misst etwa 14 mal 32 Meter –, beeindruckt das weitgehend unversehrte Heiligtum umso mehr; nur der Figurenschmuck des Giebels und die Wandmalereien im Innern sind verschwunden. Der Tempel diente in späterer Zeit als christliche Kirche und wurde auch in den langen

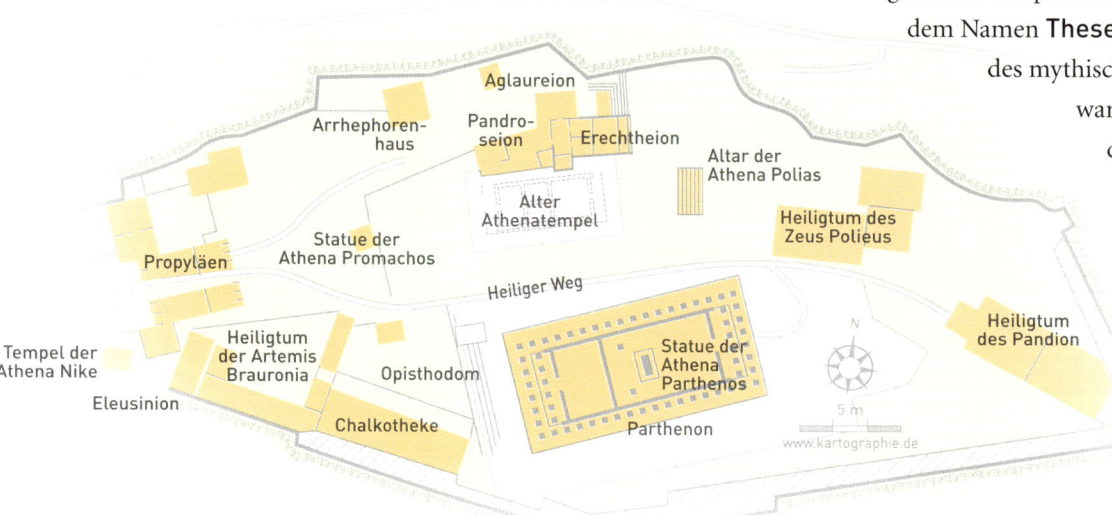

Akropolis, Athen Die Oberstadt war religiöses wie politisches Zentrum der Athener Bevölkerung.

Pallas Athene In der antiken Kunst wurde die Göttin häufig mit Helm, Speer und Aigis (Schild des Zeus) dargestellt.

„Theseion", Athen Eine „zweite Karriere" als
christlich-orthodoxe Kirche bewahrte den
Hephaistos-Tempel vor der Zerstörung.

Jahrhunderten der türkischen Herrschaft nicht angetastet.
Sechs meterdicke dorische Säulen zieren die Schmal-, je 13
die Längsseiten. Über drei Jahrzehnte dauerte es, ehe der
Bau an der Agora, dem Marktplatz und Zentrum des öffentlichen Lebens, 415 v. Chr. geweiht werden konnte – mitten
im Peloponnesischen Krieg zwischen Sparta und Athen.

Patronin Athens

🏛 Buchstäblich herausragender Kultplatz des antiken Athens
war die Oberstadt, die **Akropolis,** auf einem flachen Kalk-
felsen im Zentrum der altgriechischen Metropole. Hier resi-

Elgin Marbles Teile des berühmten Parthenonfrieses wurden zu Beginn des 19. Jahrhunderts von Lord Elgin nach London (heute Britisches Museum) gebracht.

dierten im 2. Jahrtausend und im beginnenden 1. Jahrtausend v. Chr. die Könige in einer Festung; die Stadt entwickelte sich an den Hängen und zu Füßen des rund 150 Meter über die Umgebung aufragenden Berges. Im 6. vorchristlichen Jahrhundert wurde die Akropolis zum Wahrzeichen der entstehenden Polis (Stadtstaat). Um der Stadtgöttin Athene ihren Reichtum und ihre Verehrung zu zeigen, errichteten ihr die Bürger einen prächtig geschmückten Tempel. Der Berg, auf dem er stand, wandelte sich damit zum Sitz der Götter. Das Bild der Athene, das Palladion (von „pallas", griech. für: wehrhaftes Mädchen), sollte Burg und Stadt mit Schild und Lanze beschützen. 566 v. Chr. weihten die Athener einen weiteren Tempel der mit Athene und ihrem Vater Zeus eng verbundenen Siegesgöttin Nike. Die heiligen Stätten aber fielen schon knapp 90 Jahre später den Persern zum Opfer, die zwar letztlich geschlagen abziehen mussten, zuvor aber die Tempel bis auf die Grundmauern zerstört hatten.

Die perikleische Zeit – sie ist benannt nach dem Staatsmann Perikles (um 500–429 v. Chr.) – ließ die heiligen Stätten auf der Akropolis in gesteigerter Pracht auferstehen. Mit vollendeten Schöpfungen der berühmtesten Baumeister und Bildhauer erstrahlten sie hoch über der Stadt in neuem Glanz. Beherrschend wurde der reich verzierte farbige **Parthenon** der jungfräulichen Athene geweiht, deren vollendetes Standbild von Phidias (um 500–um 432 v. Chr.) dem Allerheiligsten hohe Würde verlieh. Der 447 begonnene Bau konnte 438 geweiht werden, auch wenn noch weiter an der Dekoration gearbeitet wurde. Dazu gehörte auch eine kolossale, wohl neun Meter hohe Außenstatue der Athene, die schon vom Kap Sunion an der Ostspitze Attikas zu erblicken war und beim Geschichtsschreiber Plutarch ebenfalls als Werk des obersten Akropolis-Baumeisters Phidias erwähnt ist. Diese **Athena Promachos** („an vorderster Front kämpfend") wurde später nach Rom geschafft und ging dort im 13. Jahrhundert im Bildersturm fanatischer Christen unter. Ein Phidias-Werk ist zudem der 160 Meter lange **Marmorfries** an den Seiten des Tempels, der von den Kämpfen der Götter und Giganten („Gigantomachie"), dem Trojanischen Krieg und der wundersamen Geburt der Athene erzählt. Lange blieb der Parthenon intakt, auch wenn die Zeit ihre Spuren hinterließ. Zu größeren Schäden kam es erst 1687, als ein venezianisches Kriegsschiff Athen beschoss und den von den osmanischen Verteidigern als Munitionskammer genutzten Tempel auf der Akropolis traf.

65

Apollon-Tempel, Delphi Sockel und insgesamt sechs wieder aufgestellte dorische Säulen (fünf im Bild) sind die Relikte eines der berühmtesten Tempel der Antike.

Athen Die Rekonstruktion zeigt die antike Stadt im 4. Jahrhundert v. Chr., im Vordergrund die Heilige Straße nach Eleusis.

Demeter und Persephone

🏛 Nördlich vom Parthenon, wo einst der Palast des halblegendären Königs Erechtheus I. und der alte Tempel gestanden hatten, errichteten die athenischen Baumeister der klassischen Zeit das **Erechtheion**. Der zierliche, im ionischen Stil gestaltete Bau besaß zwei Säulenhallen und war mit aufwendigen Relieffriesen verziert. Er diente als eine Art Sammelheiligtum für verschiedene Gottheiten und wurde durch eine bemerkenswerte Vorhalle (Pronaos) erweitert: Ihr Gebälk trugen nicht Säulen, sondern sechs in Falten werfende Gewänder gehüllte Mädchenfiguren, die sogenannten Karyatiden (laut Vitruv nach dem peloponnesischen Ort Karyai bei Sparta benannt). Vor Ort sind nur Nachbildungen zu sehen; fünf der Originale stehen im Akropolis-Museum in Athen, eines im Britischen Museum in London. Wen die jungen Frauen darstellen sollten, ist nicht bekannt. Seit Beginn der Wiederherstellungsarbeiten

auf der Akropolis im Jahr 1833 sind alle Tempel und Gebäude Dauerarbeitsplätze für Restauratoren, die heute vor allem gegen Schäden durch Luftverschmutzung und Tourismus anzukämpfen haben.

🏛 Westlich aus Athen hinaus führte die „Heilige Straße" nach Eleusis, etwa 20 Kilometer von der Akropolis entfernt an der Nordküste des Saronischen Golfs gelegen. Der Hauptkult hier galt der Demeter, der Göttin der Fruchtbarkeit und des Erntesegens. Vor allem wegen fesselnder Mysterienspiele kamen die Menschen von weither nach Eleusis – Mysterien, die Demeter bei der Suche nach ihrer vom Unterweltgott Hades entführten Tochter Persephone gestiftet haben soll. Während des Festes im Herbst zogen die Gläubigen in feierlicher Prozession unter Jubelrufen tanzend auf der erwähnten Straße von Athen nach Eleusis. Hier fanden die eigentlichen Mysterien statt, und zwar bei Nacht in einem von Fackeln erleuchteten Weihehaus inner-

Das Orakel von Delphi Pythia sitzt über einer kleinen Erdspalte, deren Dämpfe sie in Trance versetzen (Illustration, 19. Jh.)

halb des heiligen Bezirks, zu dem nur „Myste", Eingeweihte, Zutritt hatten. Der Rang eines solchen Eingeweihten konnte jeder Grieche, selbst ein Sklave, erreichen, indem er schwor, das Gesehene für sich zu behalten. Dieses bestand im Wesentlichen im Nachspielen der Suche Demeters nach der Tochter und in deren Wiederfinden. In Eleusis vermuteten die Griechen den Eingang zur Unterwelt.

Das Orakel von Delphi

🏛 Wir wenden uns weiter westnordwestlich und erreichen in der Landschaft Phokis die Stadt **Delphi,** die mit ihrem Apollon-Tempel und Orakel als Kultort vielleicht noch Athens Bedeutung übertraf. Pythia, die Priesterin des Gottes Apollon, saß hier auf einem Dreifuß im sonst für Frauen unzugänglichen Allerheiligsten (Adyton) und hielt eine Schale in der Hand. Einmal im Monat fiel sie, vom Gott besessen, in Trance und verkündete im Beisein von Priestern Orakel, göttliche Botschaften, die von ihren Kollegen in kunstvolle Sprüche gekleidet wurden. Inwieweit bei ihrem religiösen Rausch aus einer Erdspalte aufsteigende betäubende Dämpfe eine Rolle spielten, wie gemunkelt wird, lässt sich nicht mehr klären. Es ist aber verbürgt, dass Pythia zur Vorbereitung ein Bad in der heiligen Quelle Kastalia nahm und Lorbeerblätter kaute. Ratsuchende aus allen Bevölkerungsschichten kamen zu ihr, Griechen ebenso wie aus fernen Ländern angereiste Menschen. Die gewaltige Zahl von Weihegeschenken verriet die überregionale Wir-

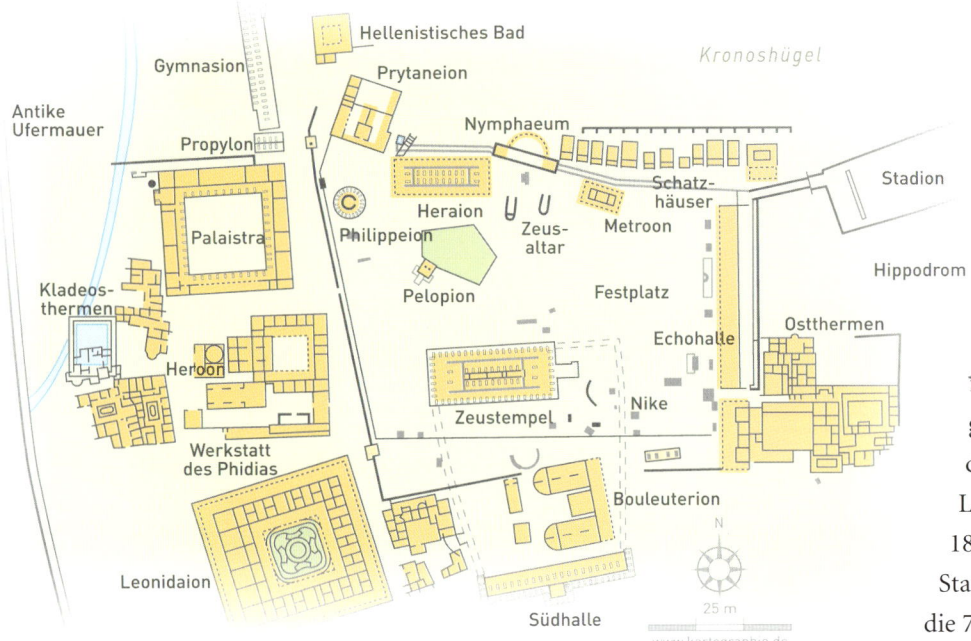

schaftlich von mittelgriechischen Stämmen unterhalten. Alle vier Jahr feierte man hier zu Ehren des Gottes die Pythien, panhellenische (allgemeingriechische) sportliche und musische Spiele.

Das antike Olympia

🏛 Zum nächsten Kultzentrum Altgriechenlands geht es über den Golf von Korinth auf die (oft auch: den) Peloponnes, die große Halbinsel im Süden des Landes. In deren Nordwesten liegt am Fluss Alpheios 18 Kilometer vor der Mündung ins Ionische Meer die Stadt **Olympia** am Fuß des Kronos-Hügels, nach der die 776 v. Chr. erstmals ausgetragenen Olympischen Spiele benannt sind. Sie wurden zu Ehren des Zeus veranstaltet, dem ein großes Heiligtum errichtet worden war;

kung des Orakels; meist waren es Siegesdenkmäler wie der „Wagenlenker von Delphi", die in Schatzhäusern gelagert oder im Freien – beispielsweise an der Heiligen Straße zum Tempel – aufgestellt wurden.

Da Delphis Priesterschaft bemüht war, über den Einzelfall hinaus gültige, zeitlose Mahnungen und Handlungsempfehlungen zu geben, hat das Orakel bis zur Mitte des 5. vorchristlichen Jahrhunderts maßgeblich an der politischen und kultischen Entwicklung des Landes mitgewirkt und ethische Normen gesetzt. Man befragte Delphi vor dem Erlass neuer Sakralgesetze, bei Einführung einer Kalenderordnung, bei verfassungsrechtlichen Problemen, im Fall von Kriegsplänen und ebenso bei Bündnisverhandlungen. Schon seit dem 9./8. Jahrhundert standen in Delphi ein Apollon-Heiligtum und zahlreiche Weihestätten für andere Gottheiten. Zentrum aber war Apollons Kult – dessen Ursprung war ein Mythos, demzufolge der Gott hier den Drachen (oder die Schlange) Python erschlug.

🏛 Großartig war der Anblick, der sich den Gläubigen bot: Wie in einem Amphitheater lag Delphi auf einer steilen Schieferterrasse an den Südabhängen des Parnass über der Schlucht des Flusses Pleistos. Der wuchtige **dorische Tempel** maß 60 mal 24 Meter mit 15 zu sechs Säulen und wurde im 4. Jahrhundert v. Chr. zum letzten Mal wieder aufgebaut. Er beherrschte die Mitte des heiligen Bezirks mit einer Fläche von 200 auf 130 Metern und wurde gemein-

Olympia Die Kultstätte entstand wohl bereits im 11. Jahrhundert v. Chr., 776 v. Chr. sah sie dann die ersten Olympischen Spiele.

auch seine Frau Hera genoss hier Verehrung. Beiden waren schon früh Tempel geweiht, die später durch größere Bauten ersetzt wurden. Zentral lag der 468 bis 456 v. Chr. im dorischen Stil erbaute Zeus-Tempel aus verputztem Muschelkalk mit sechs mal 13 Säulen auf einer Grundfläche von 64 auf 27,5 Metern. Die erhaltenen mythologischen Giebelfiguren sind bis heute ein eindrucksvolles Zeugnis für den sogenannten strengen Stil. Höchsten Ruhm aber beanspruchte das zwölfeinhalb Meter hohe gold-elfenbeinerne Kultbild des thro-

Rotfigurige attische Schale
Ein Waffenläufer (Hoplite) mit Helm und Schild. Der Waffenlauf ging über zwei Stadionrunden (ca. 385 m). »

Stadion, Olympia Durch diese Passage betraten die Athleten das rund 210 Meter lange Stadion, das 45 000 Zuschauern Platz bot.

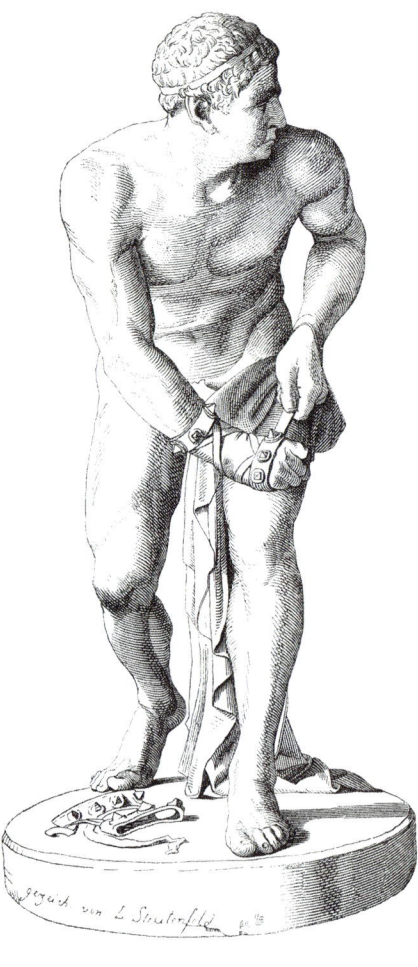

Faustkämpfer Der antike Faustkampf kannte keine Regeln wie im heutigen Boxen. Nicht selten verletzten sich die Kämpfer schwer.

Die Olympischen Spiele

Im 7. Jahrhundert v. Chr. entstand in Olympia das Stadion für die kultischen Wettkämpfe, das nach einer Restaurierung 1961 wieder eingeweiht wurde. Bei einer Laufbahn von gut 192 Metern misst die Anlage 213 Meter in der Länge. 45 000 Zuschauer fanden auf ihren Rasenwällen Platz. Im Verlauf der Zeit wurde das olympische Programm mehrfach ausgeweitet. Die nachfolgende Aufstellung gibt den Stand zur klassischen Zeit wieder:

1. Tag: Einzug der Athleten, Kampfrichter (Helladoniken) und Offiziellen, Eröffnungsfeier mit religiösen Ritualen und der Abnahme des olympischen Eides.
2. Tag: Vormittags Wagenrennen mit Zweier- und Vierergespannen und Reiten, nachmittags die ersten drei Übungen des Fünfkampfs (Diskuswerfen, Weitsprung aus dem Stand in Form eines Fünfsprungs, Speerwerfen).
3. Tag (Vollmond): Vormittags religiöse Feiern mit Opferung von 100 Ochsen (Hekatombe), nachmittags Wettkämpfe der Knaben.
4. Tag: Fortsetzung des Fünfkampfes mit Stadionlauf und Ringkampf; Läufe über ein Stadion (192,28 m), zwei Stadien (Diaulos, Doppellauf) und 24 Stadien (Dolichos, Langlauf über 4,6 km); Ring- und Faustkämpfe; Pankration (Allkampf, kombiniertes Ringen und Boxen); als Abschluss der Waffenlauf (mit Helm und Schild).
5. Tag: Religiöse Feierlichkeiten und Siegerehrung, anschließend nicht selten ausufernde Festgelage.

nenden Zeus, das der athenische Bildhauer Phidias um 435 v. Chr. geschaffen hatte. Seine hiesige Werkstätte konnte im 20. Jahrhundert freigelegt werden; dabei fand sich ein Trinkbecher, in den sein Name geritzt ist. Der Sieg des Christentums bedeutete für die antiken Kultbauten in Olympia das Aus. Auch die Spiele wurden vom christlichen Kaiser Theodosius 393 n. Chr. verboten.

Kriegerisches Sparta

Knapp 100 Kilometer südwestlich von Olympia liegt **Sparta,** die beherrschende Stadt der Landschaft Lakonien und Rivalin Athens. Wenngleich hier dieselben Götter verehrt wurden, setzten die Spartaner doch andere Akzente. Zeus und Apollon erhielten reiche Opfergaben, daneben

spielte aber Artemis eine zentrale Rolle. Reste ihres Heiligtums sind im Ruinenfeld des antiken Spartas noch zu sehen. Ihr Kult mutet rückblickend barbarisch an und spiegelt das Selbstbild der Spartaner als ein Herrenvolk von Kriegern: So sah das Ritual die Auspeitschung von Knaben vor, deren Blut die Göttin angeblich gefordert hatte. Ursprünglich waren dafür sogar Menschenopfer vorgesehen, der legendäre Gesetzgeber Lykurg milderte die Vorschrift jedoch zum Peitschenritus ab, bei dem ja auch Blut den Altar der Artemis traf und mithin die Forderung als erfüllt gelten konnte. Daneben gab es Opferhandlungen ambulanter Natur: Das spartanische Heer opferte zunächst am Heiligtum und brach zum Kriegszug erst auf, wenn die Antwort der Götter günstig ausfiel. Dann begann der Zug, bei dem Opfertiere mitgeführt wurden. Diese brachten Soldatenpriester an der

Sparta Einst war Sparta der schärfste Rivale Athens. Heute stehen die spärlichen Überreste (im Bild das Theater) aber deutlich im Schatten der „antiken Pracht" der griechischen Hauptstadt.

Asklepios-Skulptur, Epidauros Das klassische Attribut des Asklepios – der Schlangenstab des Gottes – fehlt bei dem Fragment aus dem frühen 4. Jahrhundert v. Chr.

Grenze des Landes den Göttern dar. Nur nach erneuter positiver Reaktion durfte der Vormarsch fortgesetzt werden. Überbauungen aus der Römerzeit haben viele archaische und klassische Spuren in Sparta ausgelöscht.

Kultort und Kurort

🏛 Richtung Nordosten geht es nach **Epidauros** am Südwestufer des Saronischen Golfs. Neun Kilometer landeinwärts fanden Genesungssuchende in einem von Bergen umschlossenen Waldtal nicht nur klares gesundes Wasser der glaubersalzhaltigen kalten Quelle, sondern auch innere Einkehr im Heiligtum des Asklepios (römisch Äskulap). Der Gott der Heilkunst soll hier am Berg Myrtio geboren und von einer Ziege und einem Hund aufgezogen worden sein. Priester und Ärzte umsorgten die Besucher gleichermaßen. Das Asklepieion umfasste einen dorischen Tempelbau, mindestens vier Brunnen, eine doppelstöckige Halle, in der Ruheräume für die bis

Theater, Epidauros Das 12 000 Menschen Platz bietende Theater ist berühmt für seine hervorragende Akustik.

Minoischer Palast, Knossos Im teilweise wiederhergestellten Säulenvestibül des Korridors am Nordeingang ist die Darstellung eines angreifenden Stiers zu sehen (erkennbar an den goldenen Hörnern).

Kreta Vorratsgefäß (Pithos) aus minoischer Zeit (ca. 1400–1200 v. Chr.)

zu 160 stationären Kurgäste untergebracht waren, ein Brunnenhaus, eine Großwasserkammer („Bad des Asklepios"), weitere Bäder und als Zentrum den Heiligen Hain mit einem Rundbau (Tholos), unter dem in labyrinthischen Gängen vielleicht heilige Schlangen gehalten wurden. Hinzu kam ein Sportplatz, wo Kampfspiele und Pferderennen veranstaltet wurden, sodass auch die entspannende Unterhaltung nicht zu kurz kam. Höhepunkt der Badesaison waren die Asklepieia, Feste zu Ehren des Gottes, die zugleich gesellschaftliche Ereignisse ersten Ranges waren. Die noch heute zu besichtigenden Bauten stammen größtenteils aus dem 4. Jahrhundert v. Chr., auch das wohl am besten erhaltene Theater Griechenlands, dessen Darbietungen bis zu 30 000 Zuschauer verfolgten.

Kreta und die griechische Inselwelt

🏛 Nach längerer Seefahrt Richtung Süden kommt Kreta in Sicht. Hier fesselt die riesige Palastanlage von **Knossos** die Aufmerksamkeit. Aus der ersten Hälfte des 2. Jahrtausends

v. Chr. stammend, war sie Zentrum der minoischen Kultur. Der Name leitet sich vom legendären König Minos aus dem griechischen Mythos ab, dem Sohn des Zeus und der Europa und Initiator des berühmten Labyrinths. Eine historische Entsprechung besitzt die in frühester griechischer Frühzeit feststellbare Machtballung im kretischen Reich, das enormen Wohlstand anhäufte. Erst dieser ermöglichte den Riesenbau mit 1300 Räumen, der aber sicher nicht nur die Königsresidenz beherbergte, sondern auch Wohnungen des Gefolges und kultische Bereiche; ja, es gibt sogar Verfechter der These, die Anlage sei gar kein Palast gewesen, sondern eine gigantische Nekropole (Totenstadt), deren riesige Vorratslager für den Appetit der hochgestellten Persönlichkeiten im Jenseits eingerichtet worden seien. Der zumindest teil-

Minoischer Palast, Kreta Der Thronsaal verdankt seinen Namen dem Alabasterthron; er wird von aufwendigen Fresken flankiert. »

weise kultische Charakter von Knossos jedenfalls ist unbestritten. Wie die Rituale und die Glaubensinhalte aber im Einzelnen ausgesehen haben, lässt sich heute nicht mehr rekonstruieren. Neuere Forschungen nehmen an, dass der minoischen Herrlichkeit durch verheerende Erdbeben, eine Vulkanexplosion und kriegerische Überfälle in einem längeren Prozess bis zum 14. Jahrhundert v. Chr. ein Ende bereitet wurde.

🏛 Auch auf allen anderen in der Antike bewohnten Inseln der Ägäis sind heute noch Relikte der damaligen Zeit zu besichtigen, darunter auch zahllose Heiligtümer. Ein Beispiel muss hier genügen: Viele kennen vielleicht aus der Schule die berühmten Eingangsverse der Schiller-Ballade „Der Ring des Polykrates": „Er stand auf seines Daches Zinnen / Und schaute mit vergnügten Sinnen / Auf das beherrschte

Samos hin." Diese 477 Quadratkilometer kleine Insel direkt vor der kleinasiatischen Küste und rund 300 Kilometer nördlich von Kreta war ein reicher Handelsplatz, im 6. Jahrhundert v. Chr. regiert vom Tyrannen Polykrates, der aus dem Ort Pythagorio im Südosten stammte. Auf **Samos** finden sich die meisten antiken Baureste, darunter vor der alten gleichnamigen Stadt das sogenannte Heraion, das der Göttermutter Hera geweihte Heiligtum. Der in klassischer Zeit immer wieder durch An- und Neubauten erweiterte, etwa 560 v. Chr. fertiggestellte Tempel gehört mit 105 mal 52 Metern Grundfläche zu den größten des gesamten Landes; von seinen 21 zu zehn Säulen steht nur noch eine. Der Kultort verlor nach den Perserkriegen an Bedeutung, erlebte aber in der frühen römischen Kaiserzeit durch Bauten der Kaiser Augustus und Tiberius eine Aufwertung.

Heraion, Samos
Einige mächtige Fundamente und dieser Säulenstumpf sind der traurige Rest des einst so bedeutsamen Hera-Tempels auf Samos. ◀◀

Großes Theater, Ephesos Zu den gut erhaltenen Ruinen in Ephesos zählt auch ein 25 000 Zuschauer fassendes Theater, das unter Kaiser Trajan (98–117 n. Chr.) fertiggestellt wurde.

Antikes Weltwunder

🏛 Damit auch die ionischen Griechen in Kleinasien in den Blick kommen, geht es über den kleinen Sund von Samos hinüber nach **Ephesos,** 70 Kilometer südlich vom heutigen Izmir in der Türkei gelegen. Die Stadt mit ihrem Hafen war in der Antike griechisch besiedelt und von eminenter handelspolitischer und kultureller Bedeutung. Beherrscht wurde das Stadtbild vom marmornen Tempel der Artemis, dem größten der Antike, der zu den Sieben Weltwundern gerechnet wurde. Er war über einem uralten Bildwerk der Göttin errichtet worden, das angeblich vom Himmel gefallen war. Etwa 120 Jahre hatten die vom Lyderkönig Krösus 560 v. Chr. in Auftrag gegebenen Bauarbeiten gedauert, ehe 127 je 18 Meter hohe Säulen das 115 mal 55 Meter messende Gebäude trugen. Keine 100 Jahre später wurde das Heiligtum Opfer einer Brandstiftung: Herostratos hatte das Feuer gelegt, um so unsterblichen Ruhm zu erlangen. Und wieder 100 Jahre später stand ein Neubau auf den Trümmern des imposanten Vorgängertempels. Obwohl von dem 262 n. Chr. von den Goten zerstörten Tempel kaum noch etwas zu sehen ist, gehört er neben dem herrlichen Theater der Stadt und der römischen Celsus-Bibliothek zu den Glanzlichtern von Ephesos, das auch zur Römerzeit eine Großstadt blieb und eine entsprechend große politische Rolle als Sitz eines Provinzstatthalters spielte.

Artemis-Statue, Ephesos Die vielbrüstige Fruchtbarkeitsgöttin (Ephesos-Museum, Selçuk). ◀◀

Die römische Götterwelt

Bereits früh nahm Rom griechische Einflüsse auf. Als Griechenland und Klein-asien ins Römische Weltreich eingliedert wurden, führte dies nur noch zu einer weiteren Verschmelzung des Götterhimmels oder – genauer – zu einem erneuten Gräzisierungsschub der ohnehin griechisch grundierten römischen Religion.

Dioskurentempel, Rom Die drei hoch aufragenden Säulen des Tempels bilden ein markan-tes Wahrzeichen des Forum Romanum. »

Saturn-Tempel, Rom Heute sind nur noch Überreste der Säulenfront des Tempels (rechts) zu sehen, die aus dem 3. Jahrhundert n. Chr. stammen.

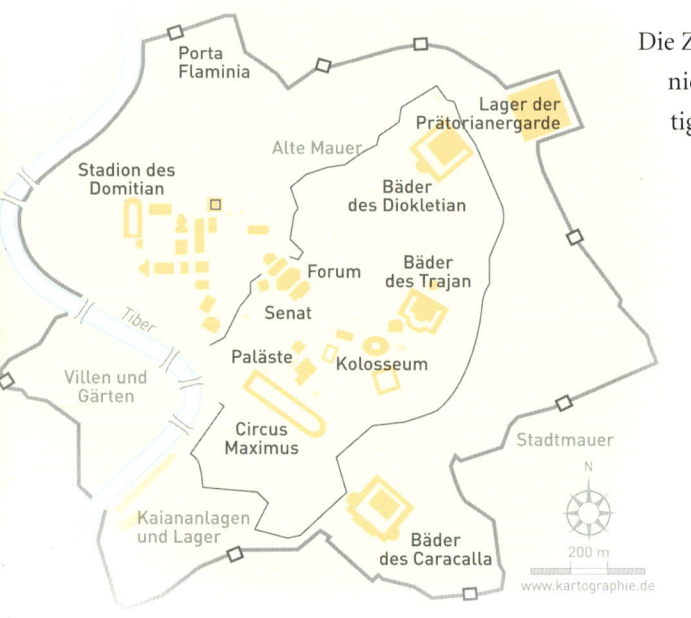

Die Zahl der Kultorte des Römischen Reiches, das von Britannien bis Arabien, Arme-nien bis Portugal, Afrika bis Rumänien reichte, ist gar nicht zu ermitteln. Die wich-tigsten, nach griechischem Vorbild gestalteten Weihestätten konzentrierten sich aber in dem ganz auf die Zentrale ausgerichteten Imperium ohnedies auf die Hauptstadt Rom und ihr Umland, sodass deren Monumente pars pro toto (Lateinisch: als Teil für das Ganze) stehen können. Es wird daher genügen, einige wenige dieser Stätten vorzustellen und zu versuchen, anhand ihrer einen Eindruck vom Kult der Römer zu gewinnen. Er unterschied sich in den meisten Fällen weniger in baulicher Hinsicht vom griechischen als von der Grundierung her. Die Römer formten das Fremde so um, dass es zu ihrer einfachen, nüchternen und aufs Praktische gerichteten Lebens-weise passte. Deren Säulen waren Respekt vor den Göttern, Hochschät-zung der Leistungen der Vorfahren, Achtung vor Gesetz und Recht, Wah-rung von Tugenden wie Treue, Fleiß, Wahrhaftigkeit und Familiensinn.

Haus der Vettier, Pompeji Das Altarbild zeigt zwei Laren, die das Familienoberhaupt, den „pater familias", beschützen

Eine stärker griechisch-hellenistisch-orientalische Färbung gewann der römische Kult erst in der Kaiserzeit.

Die höchsten Götter der Griechen verehrten, wie eingangs gezeigt, auch die Römer, doch fehlte den ihren die pralle Pracht der „Kollegen" auf dem Olymp. Mythen von den erotischen Eskapaden der obersten Gottheiten und ihren Zwistigkeiten waren bekannt, aber nicht Teil des Kultes. Der konzentrierte sich auf die Pflege der Bindung (religio kommt von religare = [sich] binden) an die Himmlischen und auf Bitten um Beistand bei der Bewältigung des Alltags oder besonderer Herausforderungen. Kein Wunder, dass sich zusätzlich eine vielfältige Schar von „niedrigeren", nicht aus dem griechischen Kult übernommenen Gottheiten bildete, jeweils

Doppelköpfiger Janus Kupfermünze aus dem 2. bis 1. Jahrhundert v. Chr. ◀◀

mit spezieller Zuständigkeit: Janus bewachte die Schwelle des Hauses und hielt Dämonen ebenso wie Feinde fern, Terminus schützte die Grenzen und das Eigentum, die **Laren** nahmen sich der Reisenden, der Familien und der Feldfluren an, und die Penaten behüteten die Vorräte.

Hinzu kam ein ausgeprägter **Ahnenkult**. Auf die Vorfahren und ihre Tüchtigkeit führte die Familie ja ihren sozialen Rang zurück. Zum Zeichen der ewigen Verbundenheit wurden bei Beerdigungen Bilder der Ahnen mitgeführt, zu denen der Verstorbene nun aufrückte.

Ihren Willen taten die Götter nach römischem Glauben durch allerlei Zeichen kund. Zu ihrer Deutung bedurfte es spezieller priesterlicher Kenntnisse. So entschlüsselten die Auguren, deren Amtszeichen der Krummstab war, Geschrei und Flug der Vögel in der Morgendämmerung als Götterwinke darüber, welche Aussichten eine anstehende Unternehmung hatte. Und so lasen die **Haruspices** (Einzahl: Haruspex) in den Eingeweiden von Opfertieren, ob mit einem glücklichen Verlauf einer Reise, eines Handels oder eines Feldzugs zu rechnen war. Die Lage der Organe, ihre Größe und Gestalt, insbesondere die der Leber als Sitz des Lebens, waren dabei zu beachten. Die Opferpraktiken hingegen unterschieden sich nicht wesentlich von denen anderer Kulte.

Auf dem Kapitolinischen Hügel

Der wohl älteste, auf jeden Fall aber wichtigste Kultort befand sich auf dem **Kapitol** (mons Capitolinus), dem kleinsten und zugleich bedeutendsten der sieben Hügel Roms. Der hohe Rang gebührte ihm eben wegen der religiösen, aber auch wegen der militärischen Bedeutung. Hier oben hatte schon in der Königszeit eine Festung gestanden, und hier suchten Römer Schutz bei Angriffen, etwa während der Bundesgenossenkriege oder 387 v. Chr. beim Eindringen der Gallier in die Stadt. Zu dieser Zeit beherrschte schon der 509 v. Chr. geweihte **Jupiter-Tempel** den Hügel, also das Heiligtum des höchsten Gottes, das einige Vorgänger-Kultstätten geschluckt hatte. In diesem Götterhaus wurden zugleich Juno und Minerva verehrt, es galt mithin der sogenannten kapitolinischen Trias und war daher im Innern dreigeteilt: Die beiden äußeren Kulträume (cellae) waren den Göttinnen gewidmet, der mittlere Jupiter. Der Tempelgrundriss inklusive der Säulen, die sich in je einer Reihe an den Längsseiten hinzogen und in Dreierreihe vor der Front standen, war mit 63 mal 53 Meter fast quadratisch. Drei Mal, in den Jahren 83 v. Chr. sowie 69 und 82 n. Chr., brannte der Tempel ab und wurde jeweils wieder aufgebaut, war er doch ein politisches Zentrum, an dem beispielsweise alle Triumphzüge siegreicher Feldherren mit einem Dankopfer endeten. In der christlichen Zeit ging er dann unter, weil er als Steinbruch für andere Bauten ausgeschlachtet wurde. Zu sehen sind nur noch Abbildungen auf Münzen und Teile der Grundmauer im Konservatorenpalast.

Auf dem Kapitol gab es noch eine Reihe anderer Weihestätten, darunter eine weitere für die Göttermutter, **Iuno moneta** genannt (mahnende, warnende Juno). Über diesen Beinamen gibt es einige Legenden. Eine besagt, die finanziell in Not geratene Stadt habe bei der Göttin Rat gesucht und sei durch Befolgen ihrer Tipps wieder zu Geld gekommen, weswegen jetzt nach dem italienischen „monete" und dem englischen „money" auch im Deutschen salopp von „Moneten" geredet werde. Es war aber eher umgekehrt: Der Name der Göttin färbte auf die Münzen der in der Nähe arbeitenden Prägestätte ab. Vermutlich jedoch spiegelt Junos Beiname nur sozusagen rückwirkend die Sage von den kapitolinischen Gänsen, die von der Priesterschaft der Juno gehalten

Kapitol, Forum Romanum und Tempel des Jupiter,

Rom Die Rekonstruktionszeichnung zeigt das Herz des antiken Rom.

**Forum Boarium, Tempel des Hercules Victor,
Rom** Der runde, säulenumstandene Tempel ist der
älteste erhaltene Bau aus Marmor in Rom.

Pantheon, Rom Kaiser Hadrian ließ an der
Stelle des zerstörten augusteischen Vorgängerbaus einen Rundtempel errichten. »

wurden. Die Gallier sollen bei ihrem erwähnten Überfall so
leise vorgegangen sein, dass nicht einmal die Hunde
anschlugen. Nur die Gänse wurden wach und warnten mit
Flügelschlagen und Geschrei die Wachen, sodass den Fein-
den nicht auch noch der Kapitolshügel in die Hände fiel.

Forum Boarium und Pantheon

🏛 Südlich vom Kapitol, am Ufer des Tibers ließ der Sage nach
schon Halbgott Hercules (griechisch Herakles) seine Rinder
weiden, als von Rom dort noch nichts zu sehen war. Und
tatsächlich fanden sich da, wo heute die Relikte des **Forum
Boarium** zu besichtigen sind, griechische Gefäße aus vorrö-
mischer Zeit und weitere Hinweise, dass bereits zu Beginn
des 1. Jahrtausends v. Chr. Händler am Tiber-Knie Waren
tauschten. Es muss damals auch schon eine Ara Maxima
(Altar) des Hercules bestanden haben, die unter anderem
für den Schutz der Händler zuständig war. Den Namen aber
erhielt dieses Forum nach seinen Tieren (lateinisch „bos"

für: Rind). Der Ort war für einen Viehmarkt bestens geeig-
net, da in der Nähe eine Furt durch den Fluss führte. Auch
später behielt er seine Handelsfunktion, obwohl mit der
Zeit, in der die Stadt ihn mehr und mehr schluckte, andere
Waren die Besitzer wechselten und im nahen Hafen, dem
Portus Tiberinus, angelandet und verschifft wurden. Im 2.
Jahrhundert v. Chr. ließ ein reicher Kaufmann auf diesem
Forum von einem griechischen Baumeister den immer noch
sehr gut erhaltenen Rundtempel des Hercules Victor (Sieger) errichten. Zwanzig korinthische Säulen fassen den von
der Ostseite her zu betretenden Bau ein. Vor dem Schicksal

des verschwundenen frühen Heiligtums blieb er bewahrt, weil er zu einer christlichen Kirche umfunktioniert wurde.

Die Göttervielfalt im römischen Himmel vermochte auf Dauer niemand mehr zu überblicken, sodass wohl immer ein Ungenügen empfunden wurde dahingehend, dass man womöglich den einen oder anderen Gott vernachlässigt habe. Vielleicht aber stand hinter dem im Jahre 27 v. Chr. vom soeben zum Augustus (dem „Erhabenen") erhobenen Caesar-Erben Octavianus in Auftrag gegebenen Sakralbau nur der Wunsch nach einem allgemeinen zentralen Heilig-

tum mit Bezug auf die Herrscherfamilie. Der erste römische Kaiser ließ jedenfalls seinen Schwiegersohn und Baumeister Agrippa am Südrand des Marsfelds das sogenannte **Pantheon** errichten, einen Tempel für alle Götter. Das rechteckige Gebäude brannte 80 n. Chr. ab und wurde bis zum Jahr 125 durch Kaiser Hadrian in einen runden Kuppelbau mit Vorhalle umgestaltet; die Statuen von Göttern und vergöttlichten Herrschern standen in Wandnischen. Da der oströmische Kaiser Phokas das Haus im Jahr 608 Papst Bonifaz IV. überließ, der es zur Kirche **Santa Maria Rotonda** umwidmete, ist das Pantheon eines der am besten

Forum Romanum, Rom Das politisch-administrative Zentrum der Römischen Republik war auch Ort mehrerer sakraler Bauten. Einer der ersten Tempel, der Dioskurentempel (links), wurde 486 v. Chr. eingeweiht und im 2. Jahrhundert n. Chr. umgebaut. «

Göttin Vesta Ihr dienten ausschließlich Priesterinnen. »

erhaltenen antiken römischen Architekturdenkmäler. Das 43 Meter aufragende Gebäude besteht aus einem Zylinder mit aufgesetzter Halbkugel, deren Weite die des Petersdoms übertrifft. Ihr Radius entspricht der Höhe des Zylinders, was zusammen mit dem durch eine neun Meter große Öffnung in der Kuppel hineinflutenden Licht einen überwältigenden Raumeindruck erzeugt.

Politisches und kultisches Zentrum

Dichteste sakrale Ballung finden wir auf dem **Forum Romanum,** dem Herzen des öffentlichen Lebens im alten Rom. Das einst sumpfige Talgelände zwischen den Hügeln Kapitol, Palatin und Esquilin war durch den Gewölbebau der Cloaca Maxima (größter Abwasserkanal) trockengelegt worden. Hier wurde Recht gesprochen, und am Rathaus, der Curia Hostilia, fand ursprünglich auf dem Comitium die Volksversammlung statt. Auf dem Forum standen Markthallen, Verkaufsbuden und Läden neben der Rostra, der großen Rednerbühne. Über das Forum paradierten die Triumphzüge der siegreichen Imperatoren zum Kapitol hinauf, die hier auch ihre mit Reliefs geschmückten Triumphbögen errichten ließen. Und hier standen Tempel für vergöttlichte Kaiser und für die verschiedensten Gottheiten. Vier Beispiele für die Letzteren sollen als typische römische Kultstätten vorgestellt werden:

🏛 Gleich am Nordwestrand stand der **Tempel der Concordia,** der Eintracht, die sich die Römer in einer Göttin verkörpert dachten und die sie besonders verehrten, weil die von ihr geförderte innere Einigkeit Rom stark gemacht hatte. Konkret erinnerte das Heiligtum an das Ende der Standeskämpfe zwischen Plebejern, dem einfachen Volk, und den Patriziern, der Oberschicht, im Jahr 367 v. Chr., weswegen hier zuweilen auch der Senat tagte. Vom mehrfach neu gestalteten 45 mal 24 Meter großen Bau, unter Kaiser Tiberius (regierte 14 bis 37 n. Chr.) als Museum genutzt, ist nur noch das Podium zu sehen. Das Fest der Concordia wurde alljährlich am 16. Januar begangen.

🏛 Vom Osthang des Kapitols noch leicht angehoben, schaute der **Tempel des Saturn** über das Forum nach Osten. Saturn, ursprünglich ein italischer Gott der Fruchtbarkeit und des Ackerbaus, gewann als Entsprechung des griechischen Kronos an Bedeutung und wurde als Mehrer des Wohlstands angerufen. Deswegen bewahrte man in seinem Gotteshaus auch den Staatsschatz auf. Sein Fest (die Saturnalien) am 17. Dezember hatte Ähnlichkeit mit unserem Weihnachten, dem Fest der Liebe, denn da beschenkte man einander und bat auch Arme und Sklaven an die Festtafel. Später nahmen die mehrtägigen Feiern Faschingscharakter an. Noch heute überragen einige Säulen der Vorhalle des Saturn-Tempels das Forum, die allerdings auf einen Wiederaufbau aus dem 3. nachchristlichen Jahrhundert zurückgehen.

🏛 Nur hundert Meter weiter östlich steht das Wahrzeichen des heutigen Ruinenfelds: drei hohe Säulen des einstigen **Dioskurentempels.** Mit diesem hatte es eine legendäre Bewandtnis: Als Rom im Krieg mit den Latinern lag, sollen vor der Schlacht am Regillus-See 499 v. Chr. zwei Reiter aufgetaucht sein, die den römischen Sieg voraussagten. Der trat dann auch ein, die Reiter aber sah man nur noch ein Mal, als sie auf dem Gelände des Forums ihre Pferde tränkten und dann spurlos verschwanden. Die Römer glaubten, in ihnen die göttlichen Zwillinge Castor und Pollux zu erkennen, eben die Dioskuren („Söhne des Göttervaters") und Götter der Freundschaft. Ihr Tempel wurde schon 484 v. Chr. geweiht und mehrmals restauriert, zuletzt 6 n. Chr. durch den späteren Kaiser Tiberius.

🏛 In direkter Nachbarschaft stand der **Rundtempel der Göttin Vesta,** die als Hüterin des Herdfeuers für die römische Familie von hohem Rang war. Ihr galt ein besonders erstaunlicher Kult. Als einziger Gottheit dienten ihr ausschließlich Priesterinnen, sechs an der Zahl. Sie wurden schon zwischen dem sechsten und dem zehnten Lebensjahr für ihre Aufgabe rekrutiert und waren direkt dem obersten Priester der Staatsreligion, dem Pontifex Maximus, unterstellt. Sie lebten direkt neben dem Heiligtum in einem repräsentativen Haus und gelobten Keuschheit für die gesamte Dauer ihrer Amtszeit, die dreißig Jahre betrug; auf einen Verstoß gegen das Gelübde stand die Todesstrafe. Nach Ableistung ihres Dienstes kehrten sie in die Welt zurück und durften auch heiraten, wenn sie in ihrem dann für damalige Zeiten schon hohen Alter noch einen Partner fanden.

In ihrem Tempel unterhielten sie ein ewiges Feuer, das die Ewigkeit der Stadt Rom verbürgen sollte. Mehrmals brannte der Tempel deswegen auch ab und wurde wiederaufgebaut.

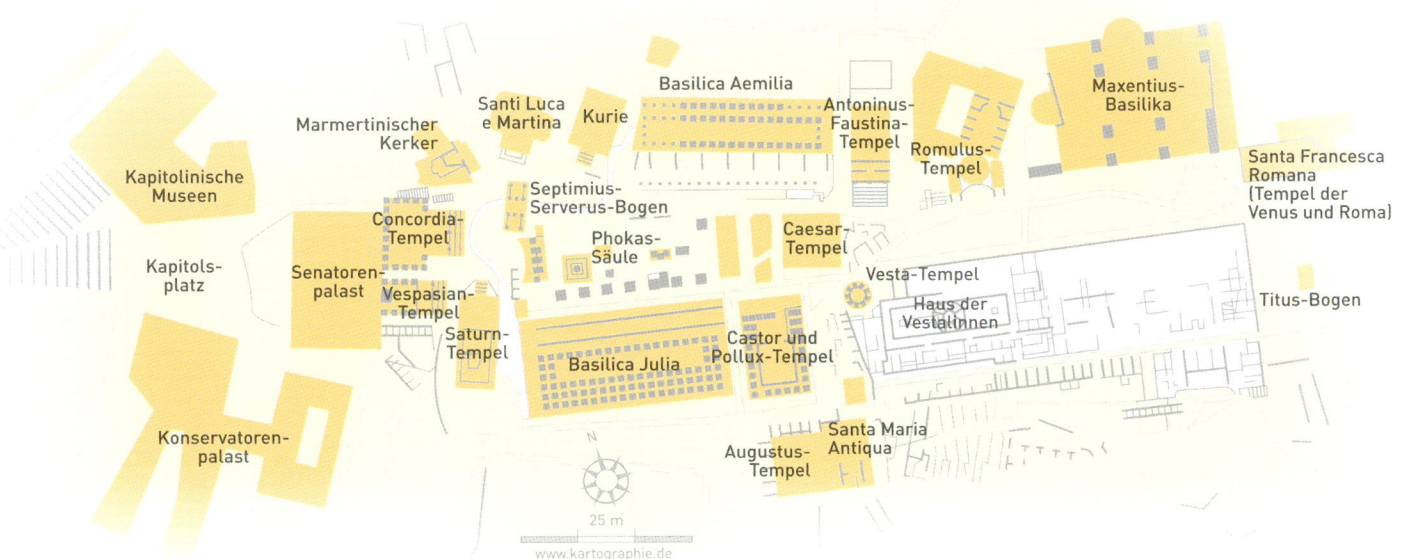

Die heute noch zu besichtigenden Reste stammen aus dem ausgehenden zweiten nachchristlichen Jahrhundert.

Von Apollo erwählt

Zwei Beispiele aus der unendlichen Fülle der geweihten Orte in Rom sollen den Überblick beschließen. Es geht hier zunächst um den typischen Fall einer engen Anlehnung an den griechischen Kult und um einen Gott, der für die Römer besonders bedeutsam war. Apollo ist fast buchstabengleich mit dem griechischen Pendant und fand über die Etrusker Aufnahme in den römischen Himmel. Bereits im 5. Jahrhundert v. Chr. ist sein Kult belegt. Als Sohn von Göttervater Zeus und der Titanentochter Leto stellte Apollon im griechischen Kult die Verbindung zwischen urtümlichen religiösen Vorstellungen und ausgeprägteren Praktiken in klassischer Zeit dar. Er galt als Gott des Lichts und der Musen, konnte von schwerer Schuld entsühnen und Krankheiten heilen, aber auch Pest und Tod über Frevler bringen. Wir sind ihm schon als Herr des Orakels im mittelgriechischen Delphi begegnet; er sprach dort aus dem Mund der Priesterin Pythia. Die Römer übertrugen diese Funktion auf die Sibylle (Seherin) von Cumae westlich von Neapel, deren von Apollo inspirierte und von Priestern gedeutete Weissagungen und Warnungen (prodigia) in den Sibyllinischen Büchern (libri Sibyllini) verzeichnet waren.

Als vom Schicksal auserwählter Mann und Repräsentant der römischen Tugenden verstand sich Octavianus, bekannter als Roms erster Kaiser Augustus. Er unterhielt daher zu Apollo eine besondere Beziehung. Sie fand dinglichen Ausdruck zu Beginn seiner Alleinherrschaft nach dem siegreichen Bürgerkrieg gegen Marcus Antonius im Befehl, im Herzen seiner südlich an das Forum Romanum angrenzenden Besitzungen einen **Apollo-Tempel** aus lunensischem Marmor (nach dem Ort Luna an der Grenze zwischen Tos-

kana und Ligurien) zu errichten. Im Jahr 28 v. Chr. konnte das Gotteshaus geweiht und allgemein zugänglich gemacht werden. Hier lagerte man nun auch die Sibyllinischen Bücher mit den Äußerungen des Gottes. Später befanden sie sich im Jupiter-Tempel auf dem Kapitol, wo sie 82 n. Chr. einem Brand zum Opfer fielen. Vom Tempel zu sehen sind heute noch der mächtige Sockel (Podium) und einige Bruchstücke von korinthischen Säulen.

Die Engelsburg

Zum Schluss ein Denkmal des Übergangs: Schon Augustus genoss göttliche Verehrung, wenn er das auch offiziell nicht zuließ. Spätere Herrscher nutzten ihre Stellung zur Etablierung eines Kaiserkults als Klammer für das sich lockernde Gefüge des Riesenreichs. Das erste markante Denkmal für diesen Kult ließ Hadrian (regierte 117 bis 138) errichten: sein gigantisches Mausoleum, das **Hadreaneum,** in dem

noch sechs weitere Kaiser zur letzten Ruhe gebettet wurden. Es liegt jenseits des Tibers und blieb prächtig erhalten, weil sich die Kirche seiner annahm. Über dem mächtigen Bau nämlich soll Papst Gregor I. dem Großen im Jahr 590 der Erzengel Gabriel erschienen sein. Die Lichtgestalt steckte das Flammenschwert in die Scheide zum Zeichen, dass die furchtbare Pestepidemie beendet sei, die Rom damals heimsuchte. Fortan nannte man die Festung nach dem göttlichen Boten **Engelsburg (Castel Sant' Angelo)** und schmückte die Spitze mit einer entsprechenden Figur. Sie verkörpert auch den Abschluss der über Jahrhunderte vollzogenen Verwandlung des heidnisch-römischen Weltreichs in die christlich-abendländischen Nachfolgestaaten.

Engelsburg, Rom Ursprünglich als Mausoleum für Kaiser Hadrian und einige seiner Nachfolger genutzt, wurde die Engelsburg später unter päpstlicher Herrschaft zur Festung umgebaut.

Judentum

Der Verlust des Tempels und die Zerstreuung in alle Welt ließ die Juden bei aller räumlichen Trennung eng zusammenrücken. Ihre Synagogen wurden Schatzhäuser des Glaubens, der die „Kinder Israel" im Namen des Herrn (Jahwe) verbindet und sie in ihrem Selbstverständnis als „auserwähltes Volk" stärkt.

Judentum

MITTELMEER

Meron | 101

Haifa | 99

See Genezareth

Tiberias | 100

Megiddo | 100

Jordan

Jerusalem | 94

Qumran | 102

Bethlehem | 98

Totes
Meer

Hebron | 98

Masada | 103

N

10 km

www.kartographie.de

Die Eingottlehre des Judentums

Fundamental unterscheiden sich die Glaubensinhalte der bis heute wirkenden Weltreligionen von prähistorischen Kulten, aber auch von den Vielgötterhimmeln der großen Kulturen des Altertums und der Antike. Das Judentum zeichnet sich durch eine frühzeitig entwickelte, radikale Eingottlehre (Monotheismus) aus und verehrt einen persönlichen, ewigen Schöpfergott.

Neue Synagoge, Berlin Auf der Kuppel der 1866 eingeweihten Berliner Neuen Synagoge thront der goldene Davidstern. ➤➤

Thora Die fünf Bücher Mose („Pentateuch") stellen den schriftlichen Teil des jüdischen Religionsgesetzes dar und werden durch den Talmud ergänzt.

Spanische Synagoge, Prag Im 19. Jahrhundert entstanden vielerorts in Europa Synagogen; der maurische Baustil war sehr beliebt. ◀◀

Der **jüdische Monotheismus** ist unmissverständlich in der Bibel festgeschrieben, Im ersten der zehn Gebote (2 Moses/Exodus 20,1) heißt es: „Ich bin der Herr, dein Gott, der dich aus Ägypten, aus dem Diensthaus, geführt hat. Du sollst keine anderen Götter haben neben mir!" Und noch ein weiteres Merkmal des jüdischen Glaubens finden wir in diesen Zeilen angedeutet: Zunächst als ambulanter Kult angelegt, waren ihm Weihestätten oder stationäre Gotteshäuser ursprünglich fremd, Pilger- und Wallfahren kannte er nicht. Und doch gibt es im Judentum drei hohe Pilgerfeste – und das wiederum hat mit seinem Charakter als einer Offenbarungsreligion zu tun.

Doch der Reihe nach: Im engeren Sinn kam das Judentum durch Urvater Abraham in die Welt, dem der Herr (Jahwe) sich mitteilte und dem er zusagte, dass er sein

Volk, also seine Sippe und alle seine Nachkommen, als von ihm auserwählt führen werde. Abraham verließ seine Heimat Ur im Zweistromland und wanderte mit den Seinen den Euphrat bis Mari aufwärts, zog noch weiter nördlich nach Haran und wandte sich dann zur Mittelmeerküste und von dort nach Süden, also ins heutige Palästina. Dieser Zug wurde wohl kaum in einem Menschenalter vollbracht. Der nomadisierende Stamm hat stattdessen sicher Jahrhunderte gebraucht, ehe er am Jordan relativ sesshaft wurde.

Staatsbildung und Diaspora

Und von langer Dauer war auch das nicht: Die Abkömmlinge Abrahams, seines Sohnes Isaak und seines Enkels Jakob, dem der Herr den Namen „Israel" („er streitet mit Gott") verlieh, hatten sich im Schnittpunkt der Machtsphären großer Reiche niedergelassen. Die Juden kamen daher nie zur Ruhe. Zunächst zogen sie vor Not und Bedrohung nach Ägypten. Von dort flohen sie um 1200 v.Chr. vor der Ausbeutung zurück nach Kanaan („Exodus"), was laut Bibel weitere 40 Jahre Nomadentum bedeutete. In dieser Zeit führten sie alle ihre kultischen Gegenstände in einer

Bundeslade mit sich. Es folgte eine Phase der Staatsbildung und der Errichtung eines ersten Tempels in Jerusalem durch König Salomo (10. Jahrhundert v.Chr.), ehe sie erneut in die Fremde mussten. Nebukadnezar II. von Babylon ließ den Tempel 597 v.Chr. zerstören; die Juden verschleppte er zur Sklavenarbeit in sein Reich.

Es folgten Rückkehr, wechselnde Fremdherrschaften, Bau eines zweiten Tempels und schließlich auch dessen Zerstörung und die Vertreibung durch die Römer (seit 132 n.Chr.) in alle Welt. Der Verlust des Glaubensmittelpunkts Jerusalem führte zur Verlagerung des Kults in Synagogen (Versammlungsorte) der Gemeinden in der Diaspora (griechisch für: Zerstreuung) und zur Ausbildung einer Gesetzesreligion. Deren Heiligtum trägt jeder Jude mit sich, der die göttlichen Vorschriften beherzigt. Sie und nicht Kultstätten halten seitdem das „Volk Israel" zusammen – jedenfalls nach dem Verständnis der Theologen. An den Festen wird nicht gepilgert, sondern die Flucht aus Ägypten ins „gelobte Land" rituell nacherlebt. Diese Feste sind:

Sukkot (Laubhüttenfest) erinnert an die Bewahrung der Israeliten durch Gott, als diese nach dem Auszug aus Ägyp-

Herodianischer Tempel, Jerusalem Die Rekonstruktion zeigt den zweiten jüdischen Tempel (Israel-Museum, Jerusalem).

Sukkot Jüdische Männer vor der Klagemauer halten Gebinde aus Palmzweigen (Lulaw) in ihren Händen.

ten durch die Wüste wanderten und dabei keine festen Behausungen hatten. Diesem Ereignis gedenken die Juden mit dem Bau provisorischer Hütten. Traditionell nutzten sie das Fest früher – und heute wieder vermehrt –, um nach Jerusalem zu pilgern und dort dem Brauch nachzukommen.

Pessach oder Passah, das dem christlichen Osterfest entspricht, erinnert ebenfalls an den Auszug der Israeliten aus Ägypten, der als Beginn der eigentlichen Volkwerdung verstanden wird. Es bestand ursprünglich aus zwei Erntefesten. Sie wurden zum siebentägigen „Fest der Ungesäuerten Brote" zusammengelegt, das der Eile bei der Flucht gedenkt, als keine Zeit zum Durchsäuern des Teigs war.

Pfingsten entspricht **Schawuot** (Wochenfest), das sieben Wochen nach Pessach gefeiert wird. Wie dieses war es anfangs nur ein Erntefest. Nach dem Exodus wurde es religiös gedeutet. Seitdem erinnert es an die Übergabe der Offenbarung am Berg Sinai und die Bestätigung durch Gott, das Volk Israel auserwählt zu haben.

Die heilige Stadt

Obwohl im Zusammenhang mit Sukkot von Pilgern die Rede ist, nötig wäre es nach jüdischem Glauben nicht. Es ist aber wie bei allen Menschen: Sie suchen den Kontakt zur Heimat der Ahnen. Juden in aller Welt legen besonders

Pessach Drei koschere, ungesäuerte Brotfladen (Matzen) symbolisieren die Stände der Gemeinschaft Israels: Priester, Leviten, „Israeliten".

großen Wert auf die Bindung zum „gelobten Land" (Erez Israel). Und da selbst Fernreisen heute nicht mehr sonderlich aufwendig sind, hat sich auch eine jüdische Pilgerkultur entwickelt. Gefördert wurde sie durch die Wiederversammlung vieler Juden in Israel und die Gründung des jüdischen Staates 1948 als Reaktion auf Antisemitismus und Holocaust im Dritten Reich. Zwar heißt es nicht nur in Pilgerkreisen, der Weg sei das Ziel, doch ohne Ankunft wird alles Reisen beliebig. Und wenn es auch wegen der Allgegenwart Gottes, der allein heilig ist, für Juden streng genommen heilige Stätten nur in direktem Bezug zu ihm geben kann, haben sich weitere besondere Orte der

Menora Der siebenarmige Leuchter ist ein zentrales religiöses Symbol des Judentums.

Alt-Jerusalem

Die Klagemauer bildet das religiöse Zentrum des jüdischen Viertels in der Jerusalemer Altstadt.

nach Damaskus

heutige Altstadtmauer

Festung Antonia

nach Jericho

Tempelberg

Klagemauer

Palast des Königs

Oberstadt

Unterstadt

nach Bethlehem

N

250 m

www.kartographie.de

Andacht herausgebildet. Begründet wird dies mit der Heiligkeit des „gelobten Landes" selbst, Gottes Eigentum, in dem er gegenwärtig ist und unter seinem „auserwählten Volk" wohnt:

Entsprechend ist **Jerusalem** die „Stadt Gottes" auf dem heiligen Berg Zion und ihr kultischer Mittelpunkt der Tempelberg. Hier habe Urvater (Patriarch) Abraham seinen Sohn Isaak opfern und damit einer Weisung Gottes folgen wollen, der aber nur seinen Gehorsam auf die Probe gestellt hatte und das Opfer im letzten Moment unterband. Und hier errichtete König Salomo den ersten Tempel als „Wohnung Gottes" und schuf damit endlich einen festen spirituellen Bezugspunkt für sein Volk. Er war fortan ein ständiger Quell der Stärke und Sicherheit der immer bedrohten jüdischen Gemeinschaft. Im Allerheiligsten des Tempels fand die Bundeslade ihren Platz. Wie sehr sich die Juden nach einem solchen sichtbaren Mal ihres Glaubens gesehnt haben, klingt nach in dem bis heute gültigen Schwur im 137. Psalm, den sie nach der Erstürmung Jerusalems durch die Babylonier und der Zerstörung des Tempels im mesopotamischen Exil anstimmten und bis heute beschwörend intonieren:

„An den Wassern Babylons, da saßen wir und weinten, wenn wir an Zion gedachten. / Unsere Harfen hängten wir an die Weiden dort im Lande. / Denn die uns gefangen hielten, / hießen uns dort singen und im Herrn fröhlich sein: / ‚Singet uns ein Lied von Zion!' / Wie könnten wir des Herrn Lied singen in fremdem Lande? / Wenn ich dein vergesse,

Tempelberg, Jerusalem Schnittpunkt der Religionen – im Vordergrund die Klagemauer, dahinter der muslimische Felsendom. **«**

Davidsgrab, Jerusalem Der Kenotaph ist mit einem prachtvollen Umhang aus dem 16. Jahrhundert verhüllt. Die Authentizität der Begräbnisstätte ist allerdings umstritten.

Jerusalem, verdorre meine Rechte. / Es klebe meine Zunge an meinem Gaumen, wenn ich deiner nicht gedenke."

Der Tempelberg

Nach der Zerstörung des salomonischen Gotteshauses dauerte es mehr als ein halbes Jahrtausend, ehe der Tempel wieder erstand. König Herodes, der gute Beziehungen zur römischen Besatzungsmacht unterhielt, konnte 20 v. Chr. einen zweiten in Auftrag geben. Er ließ den einstigen Tempelbezirk beträchtlich vergrößern und an der Nordwestecke die Festung Antonia hinzufügen. Eine aus gigantischen Steinquadern (bis zu 100 Tonnen Gewicht) gefügte Umfassungsmauer stützte den Tempelberg. Im Jahr 70 n. Chr. ließ der spätere römische Kaiser Titus im jüdischen Krieg auch diesen gewaltigen zweiten Tempel gründlich zerstören. Die jüdische Erlöser- oder Messias-Erwartung ist mit der Hoffnung verknüpft, dass hier dereinst ein dritter, „vom Himmel" kommender Tempel stehen wird.

☰ Als israelische Fallschirmjäger im Juni 1967 den vorher jordanischen Teil Jerusalems besetzten, versammelten sich viele gläubige Juden an einer uralten Ruine, bestehend aus nichts

als einer Mauer, und begannen Gebete zu sprechen. Es war die zerfallene Westwand des herodianischen Tempels. Sie symbolisiert für die Juden in der ganzen Welt den Bezugspunkt ihrer Geschichte in der Diaspora, sie ist die einzige räumlich fassbare Reminiszenz ihres Glaubens. Schon in früheren Zeiten waren Juden hierher gepilgert und hatten ihrem Gott das Leid der Verfolgungen geklagt, weshalb sie auch als **Klagemauer** bekannt ist. Sie ist aber auch Ort persönlicher Bitten, die gesprochen oder auf Zettel geschrieben und in die Mauerritzen gesteckt werden.

☰ Ebenfalls auf dem Tempelberg besuchen Juden das **Grab von König David** im unteren Geschoss eines zweistöckigen Gebäudes, in dem auch das letzte Abendmahl Jesu stattgefunden haben soll. Das Haus steht neben der Dormitio-Kirche. Sicher ist, dass der Leichnam des bedeutendsten Herrschers Altisraels an diesem Ort nicht beigesetzt worden ist. Da aber die tatsächliche Grablege nicht bekannt ist, haben hier im 12. Jahrhundert, also zur Zeit der Kreuzzüge, Christen eine Gedenkstätte geschaffen. Die islamischen Nachfolger als Herren der Stadt stellten im 16. Jahrhundert einen Kenotaph (Scheingrab) in Form eines steinernen Sarkophags unter einer Schmuckdecke auf, das ehemalige

Kloster verwandelten sie in eine Moschee, die David geweiht wurde. Die jüdische Verehrung ist erst jüngeren Datums.

Die zwölf Stämme Israels

Weit vor der Zeit Davids lebte Jakob, Sohn des Isaak, der als junger Mann auf Brautschau ging. Er verliebte sich in seine Cousine Rachel, eine Tochter Labans, dem Jakob fortan diente. Nach sieben Jahren sollte er Rachel zur Ehe bekommen. Der Vater aber – in Sorge um die Zukunft seiner älteren, weniger hübschen Tochter Lea – schob diese dem Neffen Jakob in der Hochzeitsnacht unter. Nun musste der Brautwerber erneut sieben Jahren Dienst verrichten, bis endlich die ersehnte Rachel sein wurde. Doch anders als Lea erwies sich die schöne jüngere Schwester zunächst als unfruchtbar. Erst spät bekam sie den Sohn Joseph und schließlich noch Benjamin, bei dessen Geburt sie zum unendlichen Leid Jakobs starb. Seine Söhne aus den verschiedenen Ehen wurden Begründer der zwölf Stämme

Israels, Rachel gilt mithin als Stammmutter der Juden. Ihr angebliches Grab am Nordrand von **Bethlehem,** in dem auch ihr Sohn Joseph ruhen soll, wird entsprechend in hohen Ehren gehalten. Ein Kuppelbau wurde in neuerer Zeit darüber errichtet. Auch die Muslime erheben Anspruch auf diesen heiligen Ort, der deshalb Gegenstand eines erbitterten Dauerstreits ist. Israelische Frauenrechtlerinnen sehen in Rachel eines ihrer Vorbilder. Andere betrachten sie als Überwinderin des Todes und als Heilige der Opfer des nationalsozialistischen Völkermords.

Etwa 40 Kilometer südlich von Jerusalem liegt in knapp 1000 Metern Höhe **Hebron,** das seit 1967 ebenfalls in israelischer Hand ist. Die Stadt kann in vielfältiger Weise als heilig gelten, lag doch hier Mamre, der erste Niederlassungsort des Patriarchen Abraham, den auch Christen und Muslime verehren. Er soll hier nach der Schrift den Bund mit Gott geschlossen und die **Höhle Machpela** als Grabstätte für seine Frau Sara gekauft haben. Sie wurde dann angeblich

Höhle Machpela Das Erzvätergrab gilt seit herodianischer Zeit als jüdisches Heiligtum; heute ist es mit einer Moschee überbaut.

auch seine eigene letzte Ruhestätte, ebenso die Isaaks und Jakobs sowie ihrer Frauen Rebekka und Lea. Später wurde in Hebron König David gesalbt, der die Stadt wegen ihrer erhabenen Vergangenheit zur Residenz erkor, ehe er nach Jerusalem zog. Auch Hebron wurde von der Römern zerstört; einige Juden kehrten erst wieder mit der Erlaubnis der späteren islamischen Herren hierher zurück, die selbst an der Höhle eine Moschee errichtet hatten. Nach dem Sechstagekrieg 1967 unter israelischer Militärverwaltung, wurde in der Grabeshöhle eine Synagoge eingerichtet, die 1976 von fanatischen Muslimen verwüstet wurde. Umgekehrt richtete ein jüdischer Extremist 1994 unter muslimischen Gläubigen ein Massaker an, das 29 Menschenleben forderte.

Propheten und Könige

☨ Mit einem größeren Sprung nach Nordwesten erreichen wir **Haifa,** die Hafenstadt am Berg Karmel. Hier suchen Juden die Höhle auf, in der sich angeblich der Prophet Elia vor

König David

Ende des 11. Jahrhunderts v.Chr. bedrohten Seevölker (biblisch: Philister) Palästina. König Saul bot ihnen einen Zweikampf an, den sein Spielmann David, ein Hirtenbub aus Bethlehem, gegen den riesigen Soldaten Goliath gewann. Obwohl es Saul zu verhindern suchte, wurde David um 1005 sein Nachfolger als König und führte die Juden in vier Jahrzehnten zur Vormachtstellung im Nahen Osten. Er erhob Jerusalem zur Hauptstadt und machte den Berg Zion zum geistlichen Zentrum des Judentums. Überdies schuf David Psalmen von unvergleichlicher poetischer und religiöser Strahlkraft.

BIOGRAFIE

dem Zorn des Königs Ahab (9. Jahrhundert v.Chr.) verborgen hielt. Bei den Juden zählt Elia zu den besonders populären Propheten. Allerlei Legenden ranken sich um ihn – bis hin zur Annahme, der Prophet sei nicht gestorben, sondern in einem feurigen Wagen gen Himmel gefahren. Die Beliebtheit des mutigen Mannes rührt vor allem her von seinem Einsatz für die Lehre des einen, ewigen Gottes. Vier Jahrhunderte nach der Landnahme in Kanaan hatten die Israeliten immer noch mit lokalen Götzenkulten zu kämpfen; sogar König Ahab war von seiner Frau Isebel zum Kult um den Gott Baal verleitet worden. Entschieden machte Elia dagegen Front und drohte dem König mit dem Strafgericht Gottes in Form einer verheerenden Dürre.

Nach heftigen Gegendrohungen beugte sich der König schließlich – Elia konnte das Volk von der Überlegenheit seines Gottes überzeugen, der einst Moses das Gesetz am Sinai übergeben hatte. Elia gilt als Fürsprecher bei Gott und Verkünder des Messias. Bei der Beschneidung der damit in den Bund mit Gott eintretenden männlichen Säuglinge ist der Prophet als unsichtbarer Ehrengast anwesend; eigens für ihn ist der Elia-Stuhl reserviert. Auch beim Pessach-Fest steht ein abgedeckter Becher Wein für ihn bereit. Die Elia-Höhle genießt als Pilgerziel entsprechend großen Zuspruch.

♆ Die nächste Station halten die Juden wegen ihrer Verbindung zum weisen Salomo heilig, der hier einen Palast mit umfangreichen Stallungen unterhielt – die ausgegrabenen

Ruinen ziehen die Pilger an: **Megiddo** im Südwesten einer weiten Ebene zwischen Haifa und dem See Genezareth erlangte in der Geschichte aber eher Berühmtheit als strategischer Punkt, wo so manche Schlacht geschlagen wurde: Der Ort liegt auf einer Anhöhe dem Berg Tabor gegenüber, sodass die dazwischen hindurch führenden Handels- und Heerstraßen von oben zu kontrollieren waren. Pharao Thutmosis III. stoppte hier im 15. Jahrhundert v. Chr. den Angriff der Syrer Richtung Ägypten. Zwei Jahrhunderte später schlugen die Israeliten die Kanaaniter, just an der Stelle, an der sie 608 v. Chr. den Ägyptern unterlagen; König Josia von Juda wurde dabei tödlich verwundet. Und 1799 schlug Napoleon bei Megiddo die Türken, deren Riegelstellung im Tal 1918 endgültig durch die Briten durchbrochen wurde. Megiddo steht also auch für das Pulverfass Palästina. Die dort Gefallenen mahnen zugleich zum Frieden.

Philosophen und Mystiker

♆ Weiter nach Osten zum See Genezareth. In der kurz nach der Zeitenwende entstandenen Stadt **Tiberias** an dessen Westufer – sie wurde nach ihrem Gründer, dem späteren Kaiser Tiberius (regierte 14–37), benannt – sind viele große Rabbiner beigesetzt. Der wohl bedeutendste war Mose ben Maimon, bekannter unter dem Namen Maimonides (1138–1204), der aus Spanien stammte, in Kairo lehrte und zugleich als Mediziner praktizierte. Sein Ruf drang bis zu

Elia-Höhle, Haifa Einst suchte der Prophet in der Höhle Zuflucht vor dem Zorn seines Königs, heute ist sie ein Ort des Gebets.

Megiddo Von 1000 v. Chr. an wurde der Ort zu einem militärischen Zentrum der israelitischen Könige ausgebaut. »

Sultan Saladin, der ihn zum Leibarzt ernannte. In seinen philosophischen Werken bemühte sich Maimonides, Wege vom Denken zum Glauben zu weisen. In den religiösen Gesetzen der Juden offenbarte sich für ihn göttliche Wahrheit, indem gerade ihre Vernünftigkeit überzeuge. Außerdem habe kein Philosoph, nicht einmal der große Aristoteles, eine Schöpfung ohne Gott zu begründen vermocht. Nur ein überweltlicher Schöpfer könne die Welt aus dem Nichts gerufen haben.

Maimonides wurde mit diesen Gedanken zum „Führer der Unschlüssigen", wie er 1190 sein Hauptwerk nannte. Als Kenner der heißen Quellen von Tiberias, ihrer Heilkraft und des milden Klimas am See verfügte er seine dortige Bestattung. Sein Grab ist weithin sichtbar durch eine leuchtend rote, offene Stahlkonstruktion, die in neuester Zeit in Form eines stilisierten Davidsterns darüber errichtet wurde.

☖ Eine wichtige rituelle Rolle spielt der **Meron,** mit 1208 Metern höchster Berg Galiläas. Er liegt neun Kilometer

Megiddo Das Stadttor aus der späten Bronzezeit (1550 bis 1150 v. Chr.) – damals waren die Staaten Palästinas Vasallen des mächtigen Ägyptischen Reiches.

nordwestlich des Ortes Safed und ist während der 49 Omer-Tage zwischen den Festen Pessach und Schawuot Ziel vieler Gläubiger. Sie begehen eine Trauerzeit (Omer), die den jüdischen Tragödien der Vergangenheit gilt: besonders dem blutigen Scheitern des Bar-Kochba-Aufstands 132–135, aber auch allgemein den Pogromen im Mittelalter, den Verfolgungen und Vertreibungen. Alle Freuden, zuvorderst Hochzeiten, sind in diesen Wochen untersagt. Strenggläubige Männer rasieren sich nicht, man meidet Musik, kümmert sich nicht um modische Kleider. Einzig der 33. Tag, der Lag ba-Omer, unterbricht die Trauer-Periode und wird festlich begangen. Besonders gern gehen an diesem Datum junge Paare die Ehe ein, da auf ihr dann besonderer Segen ruht. Es finden sportliche Wettkämpfe statt, Geselligkeit ist angesagt. Die Bräuche finden am Meron statt, weil der Begründer der jüdischen Mystik, Rabbi Simeon ben Jochai (2. Jahrhundert n.Chr.), im gleichnamigen Dorf seine Grabstätte hat.

Berg Meron Ausgelassen feiern Gläubige am Lag ba-Omer, der die 49-tägige Trauerzeit zwischen Pessach und Schawuot unterbricht.

„Trutzburgen" des Judentums

80 Kilometer den Jordangraben abwärts gelangt man in eine unwirtliche Felsengegend namens **Wadi Qumran.** Unweit des Nordwestufers des Toten Meeres sind auf der Höhe Jerusalems 1947 Siedlungsspuren und in Höhlen eine große Anzahl wichtiger Schriftrollen gefunden worden. Sie machen den Ort zwar nicht unbedingt zu einer heiligen Stätte, auch wenn hier der jüdische Kult offenbar mit besonderer Frömmigkeit ausgeübt worden ist. Die Tatsache aber, dass es sich bei den Texten um die ältesten Handschriften wichtiger Teile des Alten Testaments handelt, zieht Juden wie Christen an. Es ist nicht sicher, ob die Schriften auch hier entstanden oder nur (z. B. aus der Tempelbibliothek aus Jerusalem) dorthin ausgelagert worden sind. Anlass hierzu könnte der erste römisch-jüdische Krieg (66–73) gewesen sein, der in Qumran genauso Spuren hinterließ wie der Bar-Kochba-Aufstand 60 Jahre später. Diejenigen, die das Schriftgut in den Höhlen versteckt haben, müssen nicht in enger Beziehung zu den Bewohnern der Siedlung gestanden haben. Eine irgendwie geartete Beziehung aber ist schon zu

unterstellen – ohne Unterstützung der Anwohner wären die Schriftrollen-Retter kaum ausgekommen. Und so werden wohl beide Gruppen strenggläubigen Richtungen angehört haben, womöglich den Essenern, einer Sekte, von deren Lebensweise und Lehren einige der Text handeln.

⚜ Am Südwestufer des Toten Meeres erhebt sich in der Judäischen Wüste unweit der Oase Ein Gedi eine Art Tafelberg aus zerklüftetem Tal: **Masada**. Nach allen Seiten fallen die Ränder steil ab und nur über gewundene Pfade ist das Hochplateau zu erreichen. Hier oben stehen die Ruinen einer schlossartigen Festung, deren älteste Reste weit in die Jahrhunderte vor Christi Geburt reichen. Der leicht zu verteidigende Ort zog die Aufmerksamkeit des Königs Herodes (regierte bis 4 v. Chr.) auf sich. Der Herrscher ließ dort eine nahezu uneinnehmbare Burg bauen, die nach seinem Tod von römischen Besatzungstruppen übernommen wurde. Im Jahr 66 erhoben sich die Juden gegen die Fremdherrschaft. Die unaufmerksame Besatzung von Masada wurde von jüdischen Kommandos überrascht und vernichtet. Doch nachdem Jerusalem 70 n. Chr. gefallen war, konnten die römischen Truppen unter dem späteren Kaiser Titus schnell auch das restliche Land wieder weitgehend unter ihre Kontrolle bringen. Nur Masada harrte aus.

Die Römer schlossen die Festung mit 15 000 Mann ein und begannen eine rigorose Belagerung. Die zehnte Elite-Legion bezog rund um den Berg Stellung. Nach jahrelangem heldenhaftem Widerstand wurde die Lage der Eingeschlossenen aussichtslos. Trotz reicher Vorräte und einigermaßen gesicherter Wasserversorgung hatten Hunger, Durst und Dauerkampf die Kräfte erschöpft. Die 970 Verteidiger beschlossen den Freitod, den sie der römischen Sklaverei vorzogen. Als die Römer schließlich mit schwerem Gerät in das Fort eindrangen, trafen sie nur noch sieben Überlebende an, fünf Frauen und zwei Kinder. Forscher, die in den 1960er-Jahren mit systematischen Ausgrabungen begannen, fanden viele kleine Scherben mit den Namen der Verteidiger. Es waren die Todeslose, die die Reihenfolge des Sterbens festgelegt hatten.

Masada ist zum Symbol geworden: Kampf bis zum Äußersten, Durchhalten um jeden Preis, lieber Tod als Auf-

Qumran Angeblich fand ein Hirtenjunge in einer Höhle die in Tonkrügen aufbewahrten Schriftrollen.

gabe. Vor allem die Jugend Israels und junge Juden aus aller Welt ziehen heute zum Wallfahrtsort am Toten Meer und leisten den Schwur: „Masada wird nie wieder fallen!"

„Denkmal und Name"

⚜ Hintergrund dieser Entschlossenheit ist die Erfahrung der Shoa, wie die Vernichtung der europäischen Juden durch das nationalsozialistisches Regime in Deutschland hebräisch

Qumran Das Schriftrollenfragment enthält biblische Texte aus dem 3. Jahrhundert v. Chr. «

103

Masada Lange Zeit galt die Festung als
uneinnehmbar.

Yad Vashem In der „Halle der Namen" werden die
Daten jüdischer NS-Opfer gesammelt. **◀◀**

genannt wird. Ihr ist eine Stätte in Jerusalem gewidmet, die
letzte Station dieses Kapitels: **Yad Vashem,** das ein Ort des
Entsetzens und der Erinnerung ist, der Fassungslosigkeit
und des Gebets, der Klage und der Hoffnung. Der Name der
mit Beschluss des israelischen Parlaments 1953 ins Leben
gerufenen Gedenkstätte bedeutet „Denkmal und Name"
und bezieht sich auf ein Wort des Propheten Jesaja: „Ihnen
allen errichte ich in meinem Haus und in meinen Mauern
ein Denkmal, ich gebe ihnen einen Namen, der mehr wert
ist als Söhne und Töchter: Einen ewigen Namen gebe ich
ihnen, der niemals getilgt wird."

Aufgabe der Einrichtung ist es daher auch, die Opfer aus
der Anonymität der Zahlen zu befreien und sie persönlich
zu nennen, alles über sie zu Ermittelnde zu sammeln und
die Erinnerung an sie wachzuhalten. Es sollen aber ebenso
wenig die Helden des jüdischen Widerstands und die Nicht-
Juden vergessen werden, die unter Einsatz des eigenen
Lebens sich den Mördern in den Weg gestellt haben und als
„Gerechte unter den Völkern" in Yad Vashem geehrt werden.
Millionen von Besuchern strömen alljährlich zum Hügel am
Herzl-Berg im westlichen Jerusalem, wo das Gelände der
Institution liegt.

In den Jahrzehnten seit dem Bestehen ist Yad Vashem zum
größten Archiv der Shoa und zu einer Schule des Gedenkens
geworden, die mit Kursen und Seminaren, Veröffentlichun-
gen und Niederlassungen in vielen Ländern Aufklärung
betreibt. Vor Ort wird ein Rundgang angeboten, der immer
tiefer in den **Berg der Erinnerung (Har Hiskaron)**
hineinführt und in die Geschichte des von den Nazis als
„Endlösung der Judenfrage" propagierten
Vernichtungsprogramms. Dabei
geht es in die Gedächtnishalle aus
riesigen Basaltplatten mit zeltarti-
gem Dach. Hier brennt das ewige
Feuer, vor dem die Namen der
Mordstätten und Konzentrations-
lager in den Boden eingraviert sind. Das
Museum mit einer ständigen Ausstellung liegt
parallel zur Halle.

Besonders ein Raum ergreift die meisten Besucher von Yad
Vashem. Er gedenkt der ermordeten Kinder und Jugendli-
chen. Man betritt ihn vorbei an Stelen, die in unterschiedlicher Höhe abgebrochen sind – Symbol für die abrupt been-
deten Lebensläufe der jungen Opfer **(Denkmal für die
Kinder).** Im nachtdunklen Innern mit einem rundum ver-

spiegelten Gewölbe brennen drei Kerzen. Ihr Licht wird zig-
tausendfach zurückgeworfen von den glänzenden Flächen,
sodass sich die Halle ins Unendliche zu dehnen und der
Besucher wie unter einem Sternenhimmel zu wandeln
scheint. Von einem Band erklingen in monotoner Endlosig-
keit die Namen der eineinhalb Millionen vergasten und
erschossenen jungen Menschen – über ein volles Jahr
braucht das Gerät zur Verlesung aller Namen, auf dass die
zitierten Worte des Propheten erfüllt werden.

♆ Zum Ensemble von Yad Vashem gehören außerdem eine
Dokumentensammlung mit rund 60 Millionen Archiva-
lien, eine Bibliothek mit an die 100 000 Bänden, ein Kunst-
museum mit Zeichnungen und Gemälden aus den Konzen-
trations- und Vernichtungslagern, der von Staatsgästen
gepflanzte „Wald der Nationen", das Tal der zerstörten
Gemeinden, eine Synagoge für die jüdischen Besucher sowie
Schulungs- und Tagungsräume. Unter YadVashem.org lassen sich im Internet die Forschungsergebnisse aus über fünf
Jahrzehnten aufrufen, in denen die umfassendste Datenbank
entstand, die zum Mord an den Juden Europas während der
Zeit des Nationalsozialismus verfügbar ist.

Yad Vashem
Ein alter Reichs-
bahnwaggon und
ein im Nichts
endendes Gleis
erinnern an die in
Konzentrations- und
Vernichtungslager
deportierten Juden.

Christentum

Elendig am Kreuz starb Christus. Seine Lehre aber trat einen Siegeszug ohne Beispiel an. Sie verwandelte die antike Welt und wuchs noch in den Stürmen, in denen das Weltreich der Römer unterging. Ja, sie setzte dessen militärische Eroberungen spirituell fort, prägte das Abendland und die Neue Welt. Kein Kontinent ohne Kirchen, Klöster, Kathedralen.

N o r d s e e

Insel Iona | *161*

Insel Lindisfarne | *162*

Croagh Patrick | *160*

York | *162*

London | *164*

Gloucester | *163*

Canterbury | *165*

Kevelaer | *166*

Wartburg | *17*

Aachen | *169*

Köln | *167*

Vierzehnheiligen | *17*

Echternach

Mont Saint-Michel | *156*

Chartres | *153*

Paris | *154*

Reims | *154*

Wallfahrtskirche
Birnau | *172*

A T L A N T I S C H E R

Cluny | *151*

Taizé | *152*

O Z E A N

Ars-sur-Formans | *150*

Sankt Niklausen | *175*

Turin | *134*

Santa Maria
delle Grazie
in Mailand | *132*

Santa Maria del Fiore
in Florenz | *135*

Papstpalast in Avignon | *150*

Santiago de Compostela | *142*

Covadonga | *144*

Lourdes | *149*

Sagrada Familia in Barcelona | *145*

El Escorial | *141*

Fátima | *148*

M i t t e l -

Murcia | *140*

Pilgerstätte, Wallfahrtsort

Kloster

bedeutender Kirchenbau

N

100 km

www.kartographie.de

Christentum

Dreifaltigkeitskloster von Sergijew Possad | 185

Ostsee

Schwarze Muttergottes von Tschenstochau | 178

Höhenkloster von Kiew | 184

Gnadenkapelle in Altötting | 175

Mariazell | 176

Grabkapelle Kaiserin Galla Placidia in Ravenna | 135

Santa Casa in Loreto | 137

Medjugorje | 179

Schwarzes Meer

Assisi | 138

San Giovanni Rotondo | 138

Rom | 125

Kloster Montecassino | 138

...rsdom

Dom von Neapel | 138

Berg Athos | 180

Paulusgrotte in Ephesos | 123

Hosios Lukas auf Ägina | 180

Paulus-Haus in Tarsus | 121

Myra | 121

Malta | 124

meer

Grabeskirche in Jerusalem | 118

Geburtskirche in Bethlehem | 116

Heiliges Land und Kleinasien

Erst als der römische Staat ihre Religion anerkannt hatte, besannen sich viele Christen auf die Wurzeln ihres Glaubens in Palästina und die dortigen heiligen Stätten. Schule machte dabei Kaiserin Helena, die Mutter Constantins des Großen, die Jesu Spuren in seiner Heimat folgte und Kirchen errichten ließ.

Geburtskirche, Bethlehem Pilger bei einem Gebet in einer mit Gemälden und Öllampen ausgeschmückten Nische.

Eher noch weniger auf heilige Orte fixiert als das Judentum müsste eigentlich das Christentum sein. Sein jüdischer Stifter Jesus kannte zwar aus der Kindheit den Zug zum Tempel in Jerusalem, wo er als Zwölfjähriger der Priesterschaft vorgestellt worden war. Und seine vertrautesten Anhänger wies er mit seinem Missionsbefehl anlässlich seiner Himmelfahrt ins Weite (Matthäus 28,18–20): „Darum gehet hin und machet zu Jüngern alle Völker: Taufet sie auf den Namen des Vaters und des Sohnes und des Heiligen Geistes und lehret sie halten alles, was ich euch befohlen habe. Und siehe, ich bin bei euch alle Tage bis an der Welt Ende." Ein Rückbezug auf die Stätten seines irdischen Wirkens war darin jedoch nicht enthalten und auch keine Weisung, Kirchen oder Heiligtümer zu schaffen. Zur Vergewisserung seiner Gegenwart hatte er aber versprochen (Matthäus 18,20): „Wo zwei oder drei versammelt sind in meinem Namen, da bin ich mitten unter ihnen."

Grabeskirche, Jerusalem Über dem Dächermeer der Jerusalemer Altstadt thronen die beiden Kuppeln des Gotteshauses.

Labarum Dieser Denar aus der Zeit Constantins zeigt die römische Hauptheeresfahne mit Christussymbol.

Örtlichkeiten also spielen für das Leben der Christen höchstens insofern eine Rolle, als die „zwei oder drei" eine Stätte brauchen, wo sie sich versammeln und das begründen können, was Glauben an den Gekreuzigten ausmacht: Gemeinschaft in seinem Zeichen. In den ersten drei Jahrhunderten nach ihm waren Christen daher weniger unterwegs, um inspirierende Schauplätze aufzusuchen. Es ging bei ihren Reisen vielmehr um Erfüllung des genannten Auftrags: Erweiterung der weltweiten Gemeinde Christi in harten, feindlichen Zeiten. Die vielen Opfer, Blutzeugen oder **Märtyrer** genannt, die diese Missiontätigkeit kostete, haben paradoxerweise das Fundament zu dem gelegt, was sich später zu einer ausufernden Pilgerkultur und zu verzweigten Wallfahrtsbräuchen entwickeln sollte. Doch dazu brauchte es zunächst einmal die Besinnung auf die Heimat des Heilands – und die leistete eine Frau.

In hoc signo vinces

Man konnte von einer regelrechten Revolution sprechen. Waren noch vor wenigen Jahren die Christen im Römischen Reich zu Tausenden festgenommen, gefoltert und hingerichtet worden, weil sie ihrem Gott nicht abzuschwören bereit waren, so begegneten ihnen nun auf einmal die kaiserlichen Beamten mit ausgesuchter

Freundlichkeit: Im Jahr 306 war Kaiser Constantius Chlorus gestorben, und seine Truppen in Britannien hatten seinen Sohn **Constantin(us)** zum Nachfolger ausgerufen. Er eroberte in der Folgezeit eine Provinz nach der anderen und marschierte 312 auf Rom, wo Maxentius residierte und sich als rechtmäßiger Kaiser huldigen ließ. Eine Entscheidung mit Waffengewalt wurde unumgänglich.

Seinen Angriff trug Constantin mit relativ kleiner Streitmacht von 40 000 Mann vor, während seinem Gegner mehr als doppelt so viele Soldaten zur Verfügung standen – Hilfe von oben konnte Constantin da dringend brauchen. Sie wurde ihm, so berichtete er später, eines Mittags angekündigt, als er hoch am Himmel ein Kreuzeszeichen erblickte, das die Sonne noch überstrahlte und von den Worten begleitet war: „In hoc signo vinces – In diesem Zeichen wirst du siegen." Was es damit auf sich hatte, soll der Kaiser in der Nacht vor der Entscheidungsschlacht erfahren haben. Ihm erschien im Traum Jesus und wies ihn an, Kreuz und Chris-

tusmonogramm (griechische Buchstaben chi und ro) auf seine Feldzeichen zu setzen. Er tat wie geheißen und errang an der Milvischen Brücke einen so nicht für möglich gehaltenen Triumph. Das Labarum, so die lateinische Bezeichnung für die Kreuzesfahne, wurde Kaiserstandarte.

Nun beherrschte Constantin den gesamten Westteil des Reiches, den Osten regierte Licinius. Mit ihm vereinbarte er 313 in Mailand Toleranz gegenüber den Christen, er selbst förderte sie sogar nach Kräften, wenn er auch mit Rücksicht auf die vielen anderen Kulte selbst vorerst neutral blieb. Seine Mutter **Helena** indes musste solche Vorsicht nicht walten lassen und trat zum Christentum über. Aus einfachsten Verhältnissen stammend, hatte sie in der Jugend als Schankwirtin den damaligen Offizier Constantius kennengelernt und von ihm den Sohn Constantin empfangen. Später hatte sie der zum Kaiser aufsteigende Geliebte wegen einer standesgemäßeren Ehe verstoßen und sie war jahre-

Constantinsbogen, Rom Vor dem Colosseum in Rom erinnert der dreibogige Triumphbogen an den Sieg Constantins. **»**

Die Schlacht bei der Milvischen Brücke Ein Ereignis mit epochalem Charakter: Constantin schlägt seinen Rivalen Maxentius und ebnet fortan dem Christentum den Weg (Gemälde von Pieter Lastman, 1613).

lang von der Bildfläche verschwunden. Der Sohn aber hatte sie sofort nach Machtantritt zurückgeholt und mit Ehren überhäuft. Jetzt empfing sie sozusagen stellvertretend für ihn die Taufe und brachte ihm seinen unehelichen Sohn Crispus an den Hof, den er von ihr insgeheim hatte aufziehen lassen.

Die Wiederentdeckung des Heiligen Landes

Und stellvertretend für Constantin übernahm Helena 326, zwei Jahre nachdem ihr Sohn Herrscher über das Gesamtreich geworden war, eine schwierige Mission: Constantin hatte nach seiner Affäre mit Minervina, aus der Crispus her-

San Marco, Venedig Das Mosaik entstammt der Venezianisch-Byzantinischen Schule des 13. Jahrhunderts. Es zeigt Constantin und seine Mutter Helena.

Geburtskirche, Bethlehem Der sogenannte Silberstern oder Stern von Bethlehem markiert den Geburtsort Jesu.

vorgegangen war, Kaisertochter Fausta geheiratet. Sie war nur unwesentlich älter als der Stiefsohn, beide galten als ausgesprochene Lieblinge Constantins. Im Jahr 326 aber ereilte sie plötzlich kaiserlicher Zorn und ein gewaltsamer Tod. Ob sie die Ehe gebrochen oder Umsturzpläne geschmiedet hatten, darüber geben die Quellen widersprüchliche Auskünfte. Constantin jedenfalls hatte mit den Morden schreckliche Erinnerungen an tyrannische Vorgänger wie Nero oder Commodus heraufbeschworen – und dass er es mit den Christen hielt, machte die Bluttaten noch schlimmer. Seine neuen geistlichen Freunde verlangten nach Jesu Lehre Reue und Buße von ihm, seine heidnischen Feinde sahen die Verbrechen eben durch diese Lehre verursacht und als Rache der Götter für des Kaisers Abwendung von ihnen. Constantin ging daraufhin in die Propaganda-Offensive, indem er nun gerade die christliche Karte spielte. Und dazu gehörte eben besagte Mission seiner inzwischen weit über 70-jährigen Mutter.

Noch im Jahr 326 brach Helena von Byzanz am Bosporus, das sich in die neue Hauptstadt Konstantinopel zu verwandeln begann, nach **Palästina** auf. Dort wollte sie ihre Frömmigkeit bekunden, indem sie auf Jesu Spuren wandelte und in Constantins Auftrag an den wichtigsten Orten Kirchen errichten ließ. Bloß wo waren die? Nach der Austreibung der Juden seit dem Bar-Kochba-Aufstand (132–135) war auch die christliche Urgemeinde weitgehend verschwunden. Die Neusiedler aus allen Teilen des Reiches aber wussten nichts oder kaum noch etwas von der besonderen Geschichte des Landes, das einst bei Juden wie Christen das

Heilige hieß. Außerdem hatte sich bisher kaum jemand für die Wirkungsstätten Christi interessiert. Mithilfe einiger Schriftkenner in ihrem Gefolge gelang Helena schließlich doch die Auffindung des Geburtsorts in Bethlehem, der Hinrichtungsstätte, des Grabes und einiger anderer durch Jesus geheiligten Plätze. Wie vom Kaiser befohlen, ließ sie dort alles entfernen, was an Heidnisches erinnerte, und gab Kirchen in Auftrag.

Bethlehems Stall

Beginnen wir die christliche Pilgerfahrt mit den beiden wichtigsten Gotteshäusern – die Gebäude gibt es bis heute, allerdings nicht mehr die originalen, sondern immer wieder restaurierte, nach Zerstörungen neu errichtete und oft umgestaltete. Die **Geburtskirche in Bethlehem,** eine fünfschiffige Basilika über der Grotte (dem Stall), in der Jesus zur Welt gekommen sein soll, ist allerdings sehr alt.

Geburtskirche, Bethlehem Alljährlich zu Weihnachten wird die Geburtskirche zum Pilgerziel ungezählter Christen. ◀◀

Grabeskirche, Jerusalem Blick auf das Katholikon in der Mitte der Grabeskirche.

Der Kern des ersten, wohl 334 fertiggestellten Baus wurde in einen erweiterten Neubau unter Kaiser Justinian im 6. Jahrhundert einbezogen. Heute liegt die Kirche zwischen einem armenischen, einem griechisch-orthodoxen und einem katholischen Kloster, die alle drei verschiedene Zugänge zur Geburtsgrotte unter dem Hauptaltar haben. Die Geburtsstelle ist durch einen 1717 gesetzten vielzackigen, silbernen Stern markiert, der die lateinische Inschrift „Hier wurde Jesus Christus von der Jungfrau Maria geboren" trägt. Das Feld, auf dem die Hirten die Nachricht von der Geburt des Heilands erfuhren, befindet sich einen Kilometer entfernt im Osten der heutigen Stadt.

Das Gotteshaus heißt seit der Erneuerung durch Justinian **Marienkirche,** was die Parallelen zwischen der Gründerin und der Muttergottes bewusst macht. Wie die Madonna war Helena von niedrigster Herkunft, beide „Mägde" haben Erlösergestalten – unehelich – geboren, Maria den Himmelskönig, Helena den Herrn der Welt.

Heute klingt diese Form der Spiegelung wie Gotteslästerung, damals aber, in Zeiten des Kaiserkults, bestand in der allgemeinen Vorstellungswelt zwischen Kaiser- und Gottesthron keine allzu große Distanz. Und auch moderne Pilger kommen in dem Glauben, hier ihrem Heiland besonders nah zu sein. Zu Weihnachten hört man in der Geburtskirche und in den Straßen, die zu ihr führen, Sprachen aus aller Herren Länder. Denn jeder Christ möchte einmal dort die Heilige Nacht erleben, wo Gott das Licht dieser Welt erblickt hat. Dass sein Haus in den Jahrhunderten oft in einem Brennpunkt der Friedlosigkeit gestanden hat und heute wieder steht, erfüllt viele mit tiefem Schmerz, aber auch mit der Hoffnung, dass der Retter nah ist.

Kreuzigung und Auferstehung

Wie Helena den Ausgangsort der irdischen Laufbahn Jesu fand, so entdeckte sie unter einem römischen Heiligtum auch den Endpunkt: Golgatha, die Schädelstätte, wo der Erlöser für die Sünder am Kreuz starb, beigesetzt wurde, hinabstieg in das Reich des Todes und nach drei Tagen wiederauferstand. Auch hier – damals an der Nordwestecke der ummauerten Stadt Jerusalem, heute mitten in der Altstadt – ließ die Kaiserinmutter ein Gotteshaus errichten, die sogenannte **Grabeskirche**, von den griechisch-orthodoxen Christen hoffnungsfroher **Auferstehungskirche (Anastasis)** genannt.

Von diesem Bau sind nach mehrmaliger Zerstörung nur noch Reste erhalten, eingebracht in Neu- und Erweiterungsbauten späterer Zeit. Das heutige Aussehen prägen vorwiegend mittelalterliche Züge; mehrere Konfessionen teilen sich die Nutzung ebenso wie die der Geburtskirche. Diese Einigung nach langen erbitterten Streitigkeiten beruht auf einer seltsamen Regelung: Die Schlüssel des noch vor dem Petersdom wichtigsten Gotteshauses der Christenheit verwahren zwei muslimische Familien, ein Relikt aus der Zeit der jahrhundertelangen arabischen und dann türkischen Herrschaft über Palästina. Vor zuweilen heftigen Konflikten vor allem in der Osterzeit, wenn das Gedränge kaum noch unter Kontrolle zu halten ist, schützt das allerdings nicht immer.

⛪ Pilger betreten das Gelände der Grabeskirche von Osten her, durchschreiten einen Vorhof und treten von dort aus in die Basilika ein. Dort knien sie rechter Hand am **Golgatha-Felsen,** auf dem Christi Kreuz gestanden haben soll. In mehreren Reihen paradierende Säulen gliedern das Haus, darunter einige, die als Teil der ursprünglichen Helena-Kapelle identifiziert werden konnten. Auch deren massige Grundmauern sind bei Grabungen freigelegt worden. Es folgt im Westen der Anlage der wichtigste Teil der Kirche, die Rotunde mit der Kapelle über dem **Heiligen Grab** selbst, ein eigenes kleines Heiligtum. Es mutet fast barockschwülstig an mit seinen im Kerzenschein glänzenden Säulen, quellenden Rundungen und einem marmornen Aufsatz in Form einer flachen Zwiebel.

Helena, Constantin und spätere christliche Herrscher gründeten noch eine Vielzahl Kirchen an Jesu Wirkungsstätten in Jerusalem und im gesamten Heiligen Land: im Garten Gethsemane, wo er die letzte Nacht vor der Verhaftung verbrachte; auf dem Ölberg, dem Ort der Himmelfahrt; in Nazareth, wo er mit seiner Familie lebte und das Zimmermannshandwerk erlernte; an der Stelle am Jordan, wo er die Taufe empfing; auf dem Berg der Seligpreisungen, wo sein öffentliches Wirken begann; am See Genezareth, wo er mehrere Jünger berief; auf dem Berg Tabor, wo seine Verklärung eine Vorahnung seiner ewigen Herrlichkeit ahnen ließ; in Kana, wo er bei einer Hochzeit Wasser in Wein verwandelte;

Theodosius der Große

Trotz der Förderung des Christentums durch Kaiser Constantin gab es auch nach ihm immer wieder große Gefahren für die Kirche. So versuchte Constantins Neffe Julian, von den christlichen Geschichtsschreibern als „Apostata" (der Abtrünnige) bezeichnet, während seiner Alleinherrschaft (361–363) die heidnischen Kulte wiederzubeleben. Nur sein früher Tod verhinderte eine erneute Christenverfolgung. Endgültig sicherte erst Thedosius (regierte 379 bis 395) die Kirche, indem er das Christentum 391 zur Staatsreligion erhob und allen Götzendienst verbot, sogar die seit über 1000 Jahren abgehaltenen Olympischen Spiele. Das brachte ihm in der christlich geprägten Überlieferung den Beinamen „der Große" ein.

BIOGRAFIE

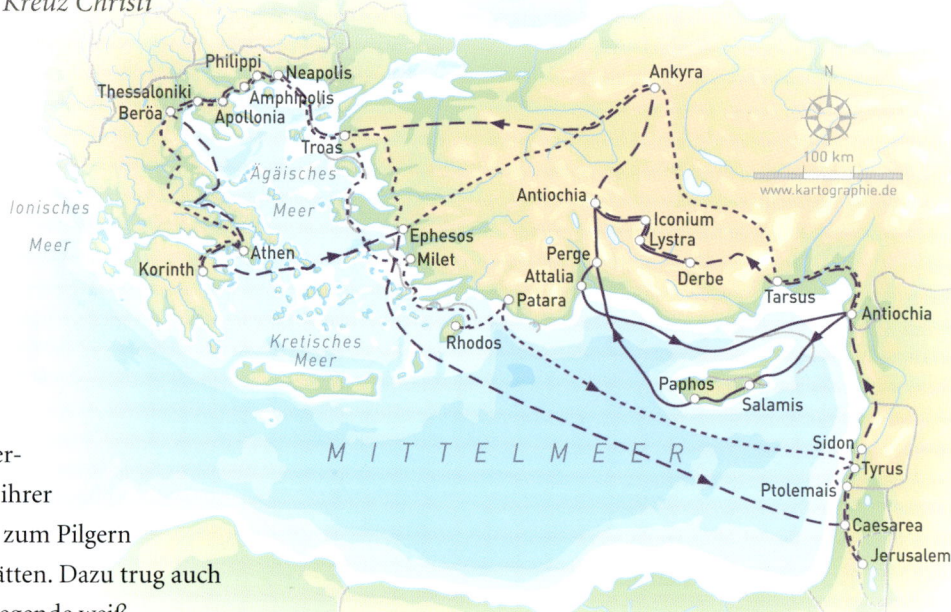

Reisen des Paulus Drei Reisen führten den „Apostel der Heiden" durch den Osten des Römischen Reiches.

in Kapernaum, wo er den Knecht eines römischen Hauptmanns heilte. Die Aufzählung ist fast beliebig fortsetzbar mit Orten, da er Blinde sehend machte, Aussätzige vom Leiden befreite, Tote erweckte, Tausende speiste und wo er den Menschen seine Botschaft verkündete. Helena jedenfalls gab mit ihrer Reise den ersten mächtigen Impuls zum Pilgern ins Heilige Land an die Heiligen Stätten. Dazu trug auch ein Wunder bei, von dem nur die Legende weiß.

Das Kreuz Christi

In den Evangelien, den Schriften der Apostel und der frühen Theologen spielt das Kreuz, das heute alles überstrahlende christliche Symbol, keine oder nur eine untergeordnete Rolle. Für Kaiser Constantin aber war es durch die Vision vor der genannten Entscheidungsschlacht der Schlüssel zu seiner Herrschaft geworden. Ihm musste sehr daran gelegen sein, die Balken zu finden, an denen Christus für die Menschen und auch für ihn, den sündigen Kaiser, gestorben war.

Und so kam die Geschichte in Umlauf, dass Helena auch das Kreuz in Jerusalem an sich gebracht habe: Im Traum sei ihr ein Engel erschienen und habe ihr die Stelle gewiesen, wo es vergraben worden sei. Die Kaiserin ließ nachgraben und wurde tatsächlich fündig. Leider aber stieß sie auf gleich drei Kreuze. Was tun? Kurz entschlossen ließ sie eine todkranke Frau vor sich bringen und die drei Kreuze berühren. Bei den ersten beiden geschah nichts, beim dritten aber sprang die Frau vom Krankenlager auf und war von Stund an geheilt.

Für die fromme Helena gab es keinen Zweifel mehr: Sie hatte das Kreuz des Heilands gefunden. Teile gingen nach Rom und Konstantinopel, andere blieben vor Ort. Die zentrale Reliquie wurde immer weiter geteilt, sodass nach einigen Jahrhunderten Späne davon in so vielen Kirchenschätzen gezeigt wurden, dass man auf ein Original von Tausenden von Metern Länge hätte schließen müssen. Entscheidend war aber, dass mit der Auffindung des Kreuzes und seiner – modern gesagt – Globalisierung die Möglichkeit entstand, Spuren Jesu und seiner Jünger auch anderswo aufzusuchen und dort um Segen zu bitten.

Bei der Vorstellung weiterer christlicher Pilgerziele orientieren wir uns an der Ausbreitung des Christentums über Kleinasien, Griechenland, den Balkan, Italien, Spanien, Gallien nach Britannien. Dabei geht es nicht um Chronologie, sondern um Reisen zur jeweils nächsten wichtigen Station. Es folgen die mittel-, nord- und osteuropäischen Orte, wohin die „frohe Botschaft" (Evangelium) erst deutlich

Christi-Himmelfahrts-Kirche, Dečani, Kosovo Das Werk griechisch-serbischer Meister (um 1340) zeigt Paulus.

Kirche des Heiligen Nikolaus, Myra Im Innern des Gotteshauses sind byzantinische Fresken zu bewundern – dieses Fresko hier trägt den Namen das „Letzte Abendmahl".

Nikolaus-Statue, Myra Das Standbild des Bischofs stammt aus jüngerer Zeit. »

später vorgedrungen ist. Den Abschluss bilden außereuropäische heilige Stätten.

Apostel der Heiden

Der spätere Siegeszug des Christentums im Römischen Reich ist vor allem mit dem Namen **Paulus**, dem „Apostel der Heiden", verbunden. Vom Verfolger zum glühenden Anhänger Jesu gewandelt, war er sozusagen das genaue Gegenteil späterer Pilger: Er verließ die Enge des Heiligen Landes und machte sich auf zu „allen Völkern" der damaligen Welt, um ihnen das Heilsangebot Christi zu bringen. Er stammte aus einer jüdischen Familie in **Tarsus**, das heute noch so heißt und an der anatolischen Südküste liegt, knapp 25 Kilometer landeinwärts, im Rücken die himmelhohen Gipfel des Taurusgebirges.

Damals verfügte Tarsus, Hauptstadt der römischen Provinz Kilikien, noch über einen Hafen am Fluss Kydnos und war ein blühender Handelsplatz. Heute ist diese Pracht fast vollständig verblasst, der Hafen ist verlandet und an den Apostel erinnert kaum etwas – der Paulus-Brunnen und das Paulus-Haus sind jüngeren Datums. Dennoch zog es schon im Mittelalter Pilger hierher, als Tarsus zum Byzantinischen Reich gehörte und zeitweilig von den Kreuzfahrern besetzt war. Unter osmanischer Herrschaft gelangten dann nur noch vereinzelte christliche Reisende zum Geburtsort des Apostels. In neuester Zeit aber bahnt sich eine Verständigung mit der türkischen Regierung an. Die Behörden in Ankara zeigen sich dem Wunsch der Christen im eigenen Land und der katholischen Kirche gegenüber aufgeschlossen, hier ein Paulus-Zentrum mit Kirche und geeigneten Unterkünften zu schaffen. Nicht mehr nur sonnenhungrige Touristen wünscht man sich, sondern setzt nun auch auf Pilger, die innere Erleuchtung suchen.

Vor der nächsten Paulus-Station ein Abstecher nach **Myra** (heute Demre) an der Südwestkurve der kleinasiatischen Küste. Hier lebte einer der beliebtesten Heiligen aller Kon-

fessionen, auch wenn es bei den Protestanten Heilige im Sinne von kultischer Verehrung nicht gibt: Gleich nach dem Christkind kommt bei den Kindern auf der Beliebtheitsskala der **Nikolaus,** der an seinem Festtag süße Sachen und andere Geschenke in die Schuhe legt. Er läutet sozusagen die Kernweihnachtszeit ein: „Vom drauß' vom Walde komm ich her …"

Der tatsächliche Nikolaus war Sohn frommer Christen. Um das Jahr 300 empfing er die Priesterweihe, also zu einer Zeit, da Christ sein lebensgefährlich war. Kaiser Diokletian machte die „jüdische Sekte" für Probleme des Staats verantwortlich und verfolgte sie mit grausamer Härte. Auch Nikolaus geriet in die Fänge der Häscher, die ihn einige Zeit einkerkerten. Erst unter dem Nachfolger Constantin kam er frei und unternahm zum Dank eine Pilgerfahrt ins Heilige Land. Nach der Rückkehr wurde er zum Bischof von Myra gewählt. Schon bald nach seinem Tod wohl um das Jahr 350 wurde sein Wirkungsort selbst zur Wallfahrtsstätte. Es kursierten zunehmend bunter ausgeschmückte Berichte über Wundertaten des Heiligen, der Patron Russlands sowie vieler Städte und Berufe ist; besonders die Seeleute verehren ihn, weil er einst durch seine Gebete ein Schiff vor dem Untergang gerettet haben soll. Eine in neuerer Zeit ausgegrabene und wiederhergestellte Basilika aus dem 8. Jahrhundert erinnert an Nikolaus. Davor steht ein modernes Denkmal des Wohltäters.

Nordwärts entlang der Küste werden die Ruinen der antiken Stadt **Ephesos** erreicht, die auch im altgriechischen Kult Pilgerstätte war. Hier wirkte der Apostel Paulus nach dem Jahr 50 längere Zeit, gründete eine christliche Gemeinde und blieb ihr ausweislich seines ins Neue Testament aufgenommenen Briefes an die Epheser verbunden. Die Hauptstadt der römischen Provinz Asia Minor war die viertgrößte Metropole des Reiches mit dem zentralen Heiligtum der Jagd- und Fruchtbarkeitsgöttin Artemis (römisch: Diana). Auf entsprechend erbitterte Feinde traf Paulus daher in Gestalt derer, die vom Kult um die Göttin und den Pilgerströmen zu ihrem Tempel profitierten. Die Lehre von dem einen ewigen Gott bedrohte die Geschäfte der Devotionalienhändler und Silberschmiede. Die Apostelgeschichte berichtet, dass Paulus der Schmähung der Göttin bezichtigt wurde. Ein aufgebrachter Mob ergriff zwei seiner engsten

Paulus predigt zu Ephesus Paulus hielt sich wohl nach 50 in der antiken Stadt an der Ägäisküste auf (Gemälde von Eustache Le Sueur, 1649).

Mitarbeiter und wollte sie unter dem Schlachtruf: „Groß ist die Diana der Epheser!" lynchen. Erst als sich römische Sicherheitskräfte ins Mittel legten und jeden Akt der Selbstjustiz zu bestrafen drohten, ließ man von den Christen ab.

Paulus aber wurde zum Gouverneur zitiert und der Aufwiegelei beschuldigt in Haft genommen. Er konnte nach einiger Zeit entfliehen und sich nach Griechenland absetzen; seine Gemeinde aber blieb erhalten und setzte sich in den folgenden Jahrhunderten als stärkste religiöse Kraft gegen die heidnischen Kulte durch. Papst Johannes XXIII. erhob Ephesos in den 1960er-Jahren wegen der Bedeutung für die paulinische Mission und als Platz früher Marienverehrung zum Wallfahrtsort.

Dieser ist seit 1998 um eine große Attraktion reicher: Die österreichische Archäologin Renate Pillinger untersuchte damals eine bereits 1906 erstmals beschriebene Grotte am Nordabhang des Hügels Bülbüldag und entdeckte unter Tünche Wandmalereien. Auf einem Bild ließ sich eindeutig der predigende Paulus mit seiner von ihm bekehrten Mitarbeiterin Thekla identifizieren. Da das farbenprächtige Fresko offenbar schon früh verborgen war, entging es in der nun **Paulusgrotte** genannten Höhle den sonst häufig zu beobachtenden Zerstörungen durch muslimische Bilderfeinde.

Kirche des Heiligen Nikolaus, Myra Lange Zeit war der Bau aus dem 8. Jahrhundert im Schlamm des Flusses Demre versunken.

Südeuropa

Das im Morgenland entstandene Christentum entwickelte sich im Abendland zur Weltreligion mit dem Zentrum Rom. Erst dadurch wurde aus der römisch-italienischen Metropole im Wortsinn die Ewige Stadt, von der aus sich die frohe Botschaft Jesu Christi vielstimmig über den gesamten Erdkreis ausbreitete.

St. Paul, Mdina Herrschaftlich erhebt sich am östlichen Stadtrand der alten Hauptstadt Maltas die Kathedrale, deren heutiges Erscheinungsbild aus den Jahren 1697 bis 1703 stammt.

Durch Paulus wurde eine ganze Reihe von Orten im Mittelmeerraum, etwa in Thessaloniki oder Korinth, zu Reisezielen frommer Menschen. Ehe wir zur wichtigsten Stadt des Reiches, zum „Caput Mundi" (Haupt der Welt) und Zentrum aller seiner Missionsbemühungen, dem „ewigen" Rom, kommen, soll noch eine Hauptpilgerstätte näher betrachtet werden, die in doppelter Weise bemerkenswert ist. Zum einen soll Paulus hier gestrandet und so in letzter Minute aus Seenot gerettet worden sein, als er als Gefangener von Palästina im Winter 60/61 nach Rom verbracht wurde. Zum anderen ist er hier vermutlich nie gewesen. Wie das?

Von Malta nach Rom?

In der Apostelgeschichte wird der Ort als Melita bezeichnet, was man zunächst auf die kroatische Adria-Insel Mljet, später dann auf das größere **Malta** zwischen Sizilien und Afrika bezogen hat. Jedenfalls hat sich auf Malta ein intensiver Paulus-Kult entwickelt, befördert durch die Johanniter, denen Kaiser Karl V. die Insel nach ihrer

Vertreibung von Rhodos durch die Osmanen 1530 zuwies. Historisch fassbar ist das Christentum auf Malta jedoch erst seit dem 4. Jahrhundert, eine eventuelle Verbindung zum Apostel nur schwach; neuere Untersuchungen bezweifeln, dass überhaupt je eine bestanden hat. Heute nimmt man an, dass das Schiff des Paulus von der kretischen Südküste kommend von Winterstürmen nordwestwärts getrieben worden ist und auf Kephallenia, einer der Ionischen Inseln an der griechischen Westküste, scheiterte. Dafür sprechen gute Gründe, unter anderem der, dass dort schon eine frühe Gemeinde festzustellen ist; zudem war von hier eine Weiterreise nach Rom in der fraglichen Jahreszeit weit eher zu bewerkstelligen. Gleichwohl wird Malta schon aus Gründen der Tradition und wegen der bunt und reich geschmückten Barockkirche **St. Paul in Mdina** (Rabat) weiterhin Paulus-Verehrer anziehen.

Der nach Rom überstellte Paulus konnte sich frei bewegen, da sich die Entscheidung über den Vorwurf der Anstiftung zum Aufruhr hinzog. In der Wartezeit entfaltete er eine rege Lehrtätigkeit. Zusammen mit Petrus, dem „Apostelfürsten", leitete er die Hauptstadtgemeinde und gewann viele neue Anhänger. Beide fielen der Christenverfolgung Kaiser Neros zum Opfer. Ihrem Wirken ist der Impuls zu verdanken, der aus Rom das neue Jerusalem und das geistliche Zentrum der Welt machen sollte. Im kirchlichen Kalender werden Petrus und Paulus am selben Tag (29. Juni) gefeiert. Wenn dennoch Petrus Namensgeber des bedeutendsten katholischen Gotteshauses wurde, dann wegen Christi Zusage, dass er auf ihn, den „Felsen" (so die Bedeutung des griechischen Namens Petrus), seine Kirche (Gemeinde) bauen wolle. Die Peterskirche wurde daher auch über dem vermuteten Grab des Petrus erbaut; Paulus soll dagegen vor den damaligen Mauern Roms seine letzte Ruhestätte gefunden haben, woran die Kirche San Paolo fuori le Mura erinnert. Mit diesen beiden Gotteshäusern beginnt die Vorstellung des Pilgerziels Rom.

Der Apostolische Thron

Über einer antiken Nekropole oder – bescheidener ausgedrückt – über einem Friedhof wurde auf Weisung Kaiser Constantins 326 die erste Peterskirche in Form einer fünfschiffigen Basilika errichtet. Sie erlebte während der folgenden Jahrhunderte manche Umgestaltung, verfiel aber schließlich, sodass sie Papst Julius II. 1506 abreißen ließ und den Grundstein zum Neubau des **Petersdoms** legte. Das Gebäude, vor und in dem Besucher heute bewundernd-staunend stehen, konnte nach 120-jähriger Bauzeit durch Papst Urban VIII. geweiht werden. Es ist das Ergebnis einer durch zahlreiche Entwürfe dokumentierten und von einer ganzen Reihe von Baumeistern geführten Auseinandersetzung um den Rang der beiden Hauptformen der Kirchenarchitektur: der traditionellen Basilika und des in der Renaissance neu entwickelten Zentralbaus.

Der Entwurf Bramantes (Bauleitung 1506–1514) zeigt als Grundriss ein Quadrat mit griechischem Kreuz darin, dessen gleichlange Arme in Absiden enden. Unter ihm ausgeführt wurden die vier Eckpfeiler des zentralen Kuppelbaus. Die Nachfolger Raffael und Sangallo der Ältere veränderten den Grundriss in ein lateinisches Kreuz, während Peruzzi und Sangallo der Jüngere – wenn auch in weniger geschlossener Form – zum Zentralbauschema zurückkehrten. Die deutlichsten Akzente setzte der bei Dienstantritt schon über 70-jährige Michelangelo Buonarotti (Bauleitung 1547 bis 1564), der von Papst Paul III. mit fast uneingeschränkter Vollmacht ausgestattet worden war. Er führte den Bau bis zum Tambour der **Hauptkuppel** fort, deren doppelschalige Wölbung mit abschließender Laterne von Giacomo della

Pietá, Petersdom, Rom Die ausdrucksvolle Skulptur trägt als einziges bildhauerisches Werk Michelangelos die Signatur des Künstlers (am Brustband).

Porta 1590 vollendet wurde (die Außenhöhe beträgt 132 Meter). Der letzte, seit 1603 amtierende Baumeister Carlo Maderna fügte ein dreischiffiges Langhaus mit Vorhalle und Seitenkapellen an; seitdem ist die Kirche in ihrer Gesamtheit 211,5 Meter lang. Den barocken Abschluss der Anlage bildet die von Bernini 1657 bis 1667 geschaffene Gestaltung des **Petersplatzes**: Trapez und Ellipse, begrenzt von Galerien und Kollonaden. Bernini schuf auch den von gewundenen Bronzesäulen gehaltenen 29 Meter hohen **Baldachin** über dem Altar des Kuppelraumes.

Die verwirrende Fülle von Kunstwerken im Dom stellt Besucher wie Beschreiber vor eine schwere Wahl. Deswegen hier nur ein einziger Tipp: Ein Muss für alle Romfahrer ist die **Pietà von Michelangelo.** Gelangt man vom Petersplatz in den Dom, findet man hinter der Vorhalle die Figurengruppe gleich rechts vor dem Denkmal für Königin Christine von Schweden. Nur wenige Werke ergreifen einen so wie diese Pietà. Daran hat ein zunächst meist nicht bemerktes Missverhältnis einen gewissen Anteil: Blutjung hat der bei der Gestaltung selbst erst 24-jährige Michelangelo die Muttergottes dargestellt, sodass der tote Sohn auf ihrem

Petersplatz, Rom Berninis prachtvolle Kolonnaden begrenzen den Petersplatz und damit auch vatikanisches Staatsgebiet. «

Schoß eher wie ein älterer Bruder wirkt. Jesus war bei seiner Hinrichtung etwa 33 Jahre alt. Vielleicht konnte sich der Künstler die Madonna gealtert einfach nicht vorstellen; eine ältliche Himmelskönigin widersprach allen ästhetischen Ansprüchen. Reinheit – und wer wäre reiner zu denken als Maria? – und Jugend gehören verehrend zusammen. Was der Kardinal, der die Pietà als Grabmal bestellt hatte, dazu gesagt hat, ist nicht überliefert. Seinen Auftrag aber hat Michelangelo beinahe übererfüllt. Er solle, hatte der Besteller gesagt, eine Skulptur schaffen, die schöner sei als alle bisherigen in Rom. Das ist sie bis heute.

Außerhalb der Mauern

Zurück zu Paulus, genauer: zu seinem Grab. Noch ehe die erste Peterskirche entstand, wurde ebenfalls auf kaiserliche Weisung mit den Arbeiten an einer fünfschiffigen Basilika

San Paolo fuori le Mura, Rom Das Apsismosaik mit dem Weltenherrscher Christus im Mittelpunkt bildet den prächtigen Schlusspunkt der Blickachse im Hauptschiff.

Rom Pilger wie Kunstliebhaber können Wochen damit verbringen, Roms Kirchen zu besuchen. Die Karte zeigt nur eine kleine Auswahl.

Santa Maria Maggiore, Rom Ferdinando Fuga schuf Mitte des 18. Jahrhunderts die Fassade mit Loggia.

über dem angenommenen Bestattungsort des wohl von den Christenverfolgern enthaupteten Apostels begonnen. Bis zum Neubau des Petersdoms war **San Paolo fuori le Mura** – der Name „außerhalb der Mauern" bezieht sich auf den Standort jenseits der antiken Stadtmauer – das größte Andachtsgebäude in Rom. Es brannte 1823 ab, wurde danach möglichst originalgetreu wieder aufgebaut, was nur in Ansätzen gelang, und 1854 geweiht. Es gehört zum Vatikan, wenn auch außerhalb gelegen, und ist eine der sieben Pilgerkirchen der Stadt. Der Innenraum beeindruckt durch mächtige Säulenreihen und dem Baldachin über dem Apostelgrab, an dessen zugehörigem Altar nur der Papst die Messe liest. Den meisten Besuchern aber bleibt eine Kuriosität am stärksten im Gedächtnis: Über den Säulen der Kirchenschiffe sind Porträtmedaillons von 265 Päpsten zu sehen – einer Legende zufolge werde Christus zum Jüngsten Gericht wiederkehren, wenn kein Platz mehr für weitere Medaillons sei. Das wäre Stand 1980er-Jahre sehr bald der Fall gewesen: Damals gab es nur noch drei freie Stellen; inzwischen sind 25 weitere vorgesehen. Das Ende bleibt also absehbar, wenn es auch nicht unmittelbar bevorzustehen scheint.

Schnee in Rom

Von den weiteren fünf Pilgerkirchen, die durch einen heiligen Weg miteinander verbunden sind, sei nur noch **Santa Maria Maggiore** vorgestellt: In der Nacht zum 5. August des Jahres 352 erschien dem reichen römischen Kaufmann Johannes die Gottesmutter und versprach ihm den lange vergeblich ersehnten Sohn, wenn er ihr dort eine Kirche errichten ließe, wo am kommenden Morgen Schnee in Rom liege. Hoffnungsvoll machte sich Johannes mit seiner Frau auf zum Papst Liberius (Pontifikat 352–366). Zu ihrer Freude hatte der Heilige Vater genau dasselbe geträumt. Beim ersten Morgenlicht schauten alle drei aus, wo denn nun Schnee läge. Auf dem höchsten Punkt des Esquilin zeigte sich eine weiße Fläche. Dieses Wunder führte zu eiliger Grundsteinlegung für den Kirchenbau, der dann allerdings erst unter Papst Sixtus III. (Pontifikat 432–440) fertiggestellt wurde. Bis heute ist er so erhalten, wie er damals errichtet worden ist, wenngleich allerlei An- und Umbauten Äußeres wie Inneres da und dort stark verändert haben. Vor allem der im 14. Jahrhundert errichtete Turm und die barocke Fassade haben den Auftritt gewandelt. Und im Inneren

Sixtinische Kapelle, Rom Fast 400 Figuren beleben das von Michelangelo geschaffene „Jüngste Gericht".

prangt eine Kassettendecke, die mit dem ersten Gold aus dem im 15./16. Jahrhundert entdeckten Amerika glänzt.

Die zu den vier Patriarchalbasiliken der Ewigen Stadt gehörende Kirche mit ihrem prachtvollen Papstaltar wurde nach dem Gründer zunächst Basilica Liberiana oder wegen des Schneewunders Maria ad Nives genannt. Der Name Santa Maria Maggiore setzte sich fest, weil sie unter den etwa 40 Marienkirchen Roms die größere (maggiore) – genauer – die größte ist. Auch sie gehört zum Territorium des Vatikans. Nicht nur die Mauern aus dem 5. Jahrhundert sind erhalten, sondern auch ein Kirchenschatz, der nicht unwesentlich zum Ruhm der altehrwürdigen Basilika beigetragen hat: lebhafte Mosaiken zu biblischen Themen, die ebenfalls aus der Frühzeit (5.–8. Jahrhundert) des Hauses stammen. Besondere Erwähnung verdient zudem die allerdings jüngere „Krönung Mariä" von Jacopo Torriti im Himmel der Apsis (13. Jahrhundert).

Ein geschichtsträchtiger Ort

🏛 Nicht eigens als Pilgerziel ausgewiesen, aber weit häufiger besucht als die meisten Kirchen, ist ein Andachtsraum der ganz besonderen Art: Im Jahr 1473 verlangte es den Heiligen Vater Sixtus IV. (Pontifikat 1471–1484) nach einer eigenen Hauskapelle im Vatikan, die dann acht Jahre später fertig, aber noch keineswegs das Schmuckstück war, als das sie Weltberühmtheit erlangte. Natürlich spielte bei dieser Karriere auch eine Rolle, dass in der **Sixtinischen Kapelle,** wie sie nach dem Erbauer heißt, seit 1878 die Papstwahlen stattfinden, die hohe öffentliche Aufmerksamkeit auf sich ziehen. Wie aufmerksam dabei die wahlberechtigten Kardinäle jeweils gewesen sein mögen, ist freilich eine andere Frage, denn den architektonisch wenig bemerkenswerten Raum schmückte in den Jahren 1508 bis 1512 und 1535 bis 1541 kein geringerer als Michelangelo mit Fresken, die – vorsichtig formuliert – recht fantasieanregend sein können. Bei Andachten und Messen jedenfalls förderten die Bilder nicht unbedingt die Konzentration der geistlichen Herren, weswegen die bedenklichsten Szenen auf päpstliche Anordnung hin schon gleich nach Michelangelos Tod übermalt wurden. Allzu nackte Gestalten erhielten an den Stellen Kleidung, wo das auch sonst die Schicklichkeit verlangt.

Die über und über bunt ausgemalte Kapelle – an den Wänden finden sich Arbeiten anderer berühmter Künstler wie Ghirlandaio oder Botticelli – musste mehrmals restauriert werden. Dabei litten die Fresken nicht selten mehr als

Santa Maria Nascente, Mailand Das Meisterwerk gotischer Baukunst zählt unbestritten zu den prächtigsten Kirchen der Welt.

durch den Zahn der Zeit und sonstige Schäden. Erst 1980 entschloss sich Papst Johannes Paul II. zu einer umfassenden Erneuerung. Über das Ergebnis staunten selbst ausgewiesene Kenner. Es kam eine Farbenpracht ans Licht, wie sie sich kühnste Einbildung nicht hatte vorstellen können. Und die Figuren erschienen wieder in der prallen Lebensfülle, wie sie Michelangelo im Bemühen um eine adäquate Darstellung der blutvollen biblischen Geschichten geschaffen hatte. Wer den hohen Raum betritt, weiß kaum, wohin er den Blick zuerst richten soll. Nach einigem Besinnen aber schaut fast jeder zunächst unwillkürlich empor in den Himmel des Tonnengewölbes. Dort entfaltet sich in den Feldern des Mittelteils das Drama von Gottes Schöpfung der Welt und der Menschen bis hin zur Sintflut.

Stein gewordenes Gebet

🏛 Nach den wenigen römischen Beispielen gilt die Aufmerksamkeit weiteren italienischen Orten von Nord nach Süd: In **Mailand** zieht vor allem der **Dom Santa Maria Nascente**

die Menschen an. Vom Baubeginn bis zur Weihe 1572 vergingen zwei Jahrhunderte, fertig aber war das Gebäude dann immer noch nicht. Bis ins 20. Jahrhundert wurde gebaut, wobei die vielen Beiträge des 19. nicht sehr auffallen – die Neugotik war ja intensiv bemüht, das mittelalterliche Vorbild nachzuahmen. Am Hauptportal sind allerdings Elemente des Jugendstils erkennbar, die eine reizvolle Mixtur hervorbringen. Die Dauerbauerei hat nicht zuletzt damit zu tun, dass die Bischofskirche das zweitgrößte Gotteshaus Italiens (nach dem Petersdom) und das drittgrößte Europas (nach der Kathedrale von Sevilla) ist. Rund 40 000 Menschen fänden darin Platz, wenn der 148 Meter lange und 89 Meter breite Raum ganz gefüllt würde. Und genug Luft bekämen dann immer noch alle, denn das Innere erreicht 68 Meter Höhe. Auf dem Domplatz und im hohen Haus trifft sich alle Welt; ein babylonisches Sprachengewirr weckt den Wunsch nach einem Pfingstwunder, bei dem alle alles in ihrer Muttersprache hören könnten, was gesagt wird. Und bis zu einem gewissen Grad grenzt das, was es hier zu sehen gibt, an ein solches Wunder – alle verstehen die Formen-

Abendmahl Wer ist der Verräter? Schaut man genau hin, kann man das Geldsäckchen erkennen, das Judas (ganz links) als Schuldigen entlarvt.

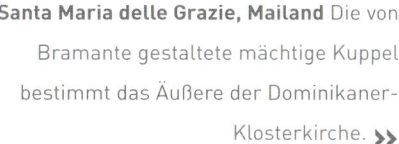

Santa Maria delle Grazie, Mailand Die von Bramante gestaltete mächtige Kuppel bestimmt das Äußere der Dominikaner-Klosterkirche. »

sprache der Kunst, je nach Kenntnissen und kultureller Herkunft zwar in unterschiedlicher Weise, den Kern der Botschaft begreift jedoch jeder.

Das beginnt bei der Annäherung über den Platz, den eine mit zahllosen figurengeschmückten Zacken zur Mitte ansteigende Westfassade überragt. Zwei vorgesetzte Scheintürme mit Doppelspitze weisen in den Himmel, alles krönt aber ein noch weit höherer Mittelturm, auf dem eine vier Meter große Marienfigur erglänzt. Stein gewordenes Gebet. Es ruft zu tieferer Einkehr ins Innere der Kirche, das einen trotz der vielen Besucher mit Stille umarmt. Winzig kommt sich der Eintretende vor beim langen Blick durch das Mittelschiff zum Hauptaltar hinter der Vierungskuppel oder

hinauf in deren Himmelhöhe. Ernst wird er durch die vielen Sarkophage und Grabsteine der einstmals Großen an den Wänden der Seitenschiffe erinnert, dass auch er auf Erden nur ein Gast ist. Die Strenge mildern herrliche bunte Glasfenster im nördlichen Querschiff und im Chorumgang.

In puncto Größe und Pracht kann die in der westlichen Innenstadt gelegene Dominikaner-Abteikirche **Santa Marie delle Grazie** natürlich nicht mit dem Dom konkurrieren. Architektonisch aber und vom inneren Wert her hat sie Unvergleichliches zu bieten. Der Orden bat den genialen Baumeister Donato d'Angelo, genannt Bramante (1444 bis 1514), um einen Entwurf, der dann bis 1498 verwirklicht wurde: Es entstand ein

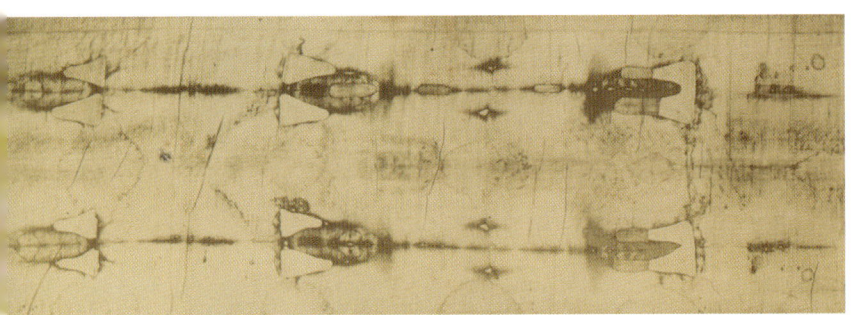

Turiner Grabtuch Die erste Aufnahme des Tuches 1898 steht am Anfang der wissenschaftlichen Beschäftigung mit der Reliquie.

harmonischer Zentralbau in mehreren Stockwerken mit einer mächtigen Kuppel und den ernsten Zügen der Renaissance, während das Langhaus noch die typischen spätgotischen Spitzbogen und Kreuzgewölbe aufweist. Auch den Kreuzgang entwarf Bramante, und dort ist ihm wohl zuweilen bei den Arbeiten ein anderer, später womöglich noch berühmterer Künstler begegnet: Leonardo da Vinci (1452–1519) schuf 1495 bis 1497 im Refektorium (Speisesaal) sein Wandgemälde „**Abendmahl**" (italienisch: Cenacolo). Die Darstellung hat unzählige Besucher in den Saal gelockt, darunter im Frühjahr 1788 auch den aus Italien heimreisenden deutschen Dichter Goethe, der seinen Eindruck so schilderte:

„Ungefähr zehn Fuß über der Erde nehmen die dreizehn Figuren, sämtlich etwa anderthalbmal die Lebensgröße gebildet, den Raum […] der Länge nach ein. Nur zwei derselben sieht man ganz zu den entgegengesetzten Enden der Tafel, die übrigen sind Halbfiguren, und auch hier fand der Künstler in der Notwendigkeit seinen Vorteil. Jeder sittliche Ausdruck gehört nur dem obern Teil des Körpers an, und die Füße sind in solchen Fällen überall im Wege […] Das Aufregungsmittel, wodurch der Künstler die ruhig heilige Abendtafel erschüttert, sind die Worte des Meisters: Einer ist unter euch, der mich verrät! Ausgesprochen sind sie, die ganze Gesellschaft kommt darüber in Unruhe; er aber neigt sein Haupt, gesenkten Blickes; die ganze Stellung, die Bewegung der Arme, der Hände, alles wiederholt mit himmlischer Ergebung die unglücklichen Worte; das Schweigen selbst bekräftigt: Ja es ist nicht anders! Einer ist unter euch, der mich verrät."

Das Antlitz Jesu

Westsüdwestlich nach Turin: An der hier zu sehenden Reliquie, der wohl bedeutendsten der Christenheit, ist so ziemlich alles umstritten: die Herkunft, die Entstehung und vor allem die Echtheit. Und das freut die Gläubigen, die das **Turiner Grabtuch** (italienisch: Sacra Sindone) als das ver-

ehren, in das der Leichnam Jesu nach der Kreuzigung eingewickelt worden ist und auf dem er bei der Überwindung des Todes sein Abbild hinterlassen hat. Und auch hier setzen Kritiker an: Theologen befürchten, dass fromme Menschen in ihrer innigen Hingabe den Gegenstand mit dem verwechseln, den das Bild darstellt, womit sie verwerflichem Götzendienst nahekämen. Diese Gefahr sei im Fall des Grabtuchs gerade deswegen so groß, weil hier sozusagen ein fotografisches Porträt des Heilands vorzuliegen scheine. Und in der modernen Zeit der Bildergläubigkeit verführe das leicht dazu, die Göttlichkeit des Erlösers auf den Gegenstand zu projizieren. Auch deshalb haben sich Wissenschaftler bis in jüngste Zeit mit allen Mitteln der Technik und der Analyse um den Nachweis bemüht, dass hier eine mittelalterliche Fälschung die Geister verwirrt. Trotz ungezählter Blut-, Schweiß-, Pollen- und Stoffuntersuchungen aufwendigster Art – bisher sind schlüssige Beweise für die Echtheit ebenso wie für eine Fälschung ausgeblieben.

Die gern zur Begründung der Unechtheit herangezogene Tatsache, dass definitive Belege für die Existenz des Tuches erst für das 14. Jahrhundert bekannt sind, verfängt nicht angesichts anderer vergleichbar später Funde und auch nicht

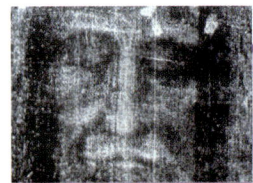

Reliquienkult

Körperliche Überreste von Heiligen oder Gegenstände, die mit ihnen oder sogar mit Christus selbst in Beziehung standen, nennt die katholische Kirche Reliquien (von lateinisch relinquere: zurücklassen). Ihre Verehrung setzte schon sehr früh ein und gewann durch das Aufkommen des Kultes um die Märtyrer der Kirche im 4. Jahrhundert weite Verbreitung. Sie setzte im Orient ein, während ihr im lateinischen Raum zunächst noch die altrömische Scheu vor der Totenruhe entgegenstand. Ganz überwunden wurde sie erst in der Zeit der Kreuzzüge, als die Ritter wertvolle Reliquien aus dem Heiligen Land mitbrachten. Die Verehrung der heiligen Überreste ist genau geregelt und an kirchliche Approbation gebunden.

wegen vielfältiger älterer Erwähnungen in schriftlichen Quellen. Das 110 mal 436 Zentimeter messende Tuch mit dem Abdruck eines Gekreuzigten kam 1453 in den Besitz des Hauses Savoyen, das es 1598 nach Turin überführte. Dort ließ man ihm durch den Barockbaumeister Guarino Guarini (1624–1683) einen eigenen, mit schwarzem Marmor ausgekleideten Andachtsraum, die **Capella della Sacra Sindone,** erbauen, die der Kathedrale hinzugefügt wurde.

Die Blüte Norditaliens

🏛 Den Po abwärts bis fast zur Mündung und dort im rechten Winkel nach Süden reisend, kommt bald **Ravenna** unweit der Adriaküste in Sicht: die Stadt, die zu Beginn des 5. Jahrhunderts Rom und Mailand als Residenz der weströmischen Kaiser ablöste. Hierher fahren Pilger vor allem um des Erlebnisses früher christlicher Frömmigkeit willen. Ein tiefer Wandel der antiken Architektur unter dem Einfluss des Christentums lässt sich an einem äußerlich fast schmucklosen Bau ablesen: Die Grabkapelle, die sich Kaiserin Galla Placidia seit 430 hat errichten lassen, duckt sich förmlich

und weist in ihrer schlichten Ziegelbauweise durch nichts darauf hin, dass sie unerhörte Schätze birgt. Alle künstlerische Mühe ist in die Gestaltung des Innenraums investiert worden: Marmorinkrustationen schmücken die Wände, leuchtende Mosaiken lassen die Gewölbe erstrahlen. Den Besucher empfängt über dem Eingang das Bild des guten Hirten in lieblicher Landschaft. Gegenüber an der Stirnseite schreitet der heilige Laurentius, dem die Kapelle geweiht ist, mit dem Kreuz auf der Schulter sieghaft dem glühenden Rost entgegen, auf dem er den Märtyrertod erleiden soll. Viel höher, als es tatsächlich ist, erscheint das Kreuzgewölbe mit dem golden bestirnten dunkelblauen Himmel.

Hinter dem Toskanischen Apennin westsüdwestwärts liegt mitten im Land die Blüte Norditaliens: **Florenz.** Poetisch heißt das größte Gotteshaus der Arno-Stadt, der Dom, **Santa Maria del Fiore** (Heilige Maria von der Lilie). Bis ins späte 13. Jahrhundert beschied sich die Perle der Toskana mit kleineren Kirchen; erst 1294 wurde der Grundstein für ein Gebäude gelegt, das alle Rivalen in weitem Umkreis in den Schatten stellen sollte. Architekt war zunächst Arnolfo di Cambio, dessen baldiger Tod zu langer Stagnation am Bau

führte. Erst 1379 wurde das Langhaus fertig, noch ganz im gotischen Stil. Es war schon recht imposant, doch bei Weitem noch nicht der bauliche Akzent, den sich die Großen der Stadt versprochen hatten. Das wurde er erst ein gutes halbes Jahrhundert später durch einen mutigen Mann: Filippo Brunelleschi. Nach langen Studien an altrömischen Vorbildern wie dem Pantheon legte er den Entwurf für eine Kuppel über dem Chorraum des Doms vor, der schier unglaubliche Maße (45 Meter Durchmesser) und eine so kühne Doppelschalen-Konstruktion vorsah, dass es allerlei bedenkliches Kopfschütteln gab. Doch der Baumeister setzte sich durch: 1420 begann der Bau, der sich 14 Jahre später 91 Meter hoch wölbte und mit der Laterne 1461 sogar 114,4 Meter erreichte. Schon aus großer Entfernung grüßt das mächtige Renaissance-„Ei" mit den gotischen Gewölberippen. Fast noch atemberaubender ist der Raumeindruck im Innern, wenn man hinaufschaut zum Kuppelhimmel, den 1572 Giorgio Vasari mit Fresken zum Thema des Jüngsten Gerichts auszumalen begann; das Werk vollendete 1579 Federico Zuccari.

Santa Maria del Fiore, Florenz Brunelleschis berühmte Kuppel des Florentinischen Domes.

Heiliges Haus, heiliger Mönch

Zurück über den Apennin an die Adria-Küste zum Marien-Wallfahrtsort **Loreto** südlich von Ancona. Gläubige pilgern hier zur sogenannten **Santa Casa,** dem Haus der Heiligen Familie, das der Legende nach gegen Ende des 13. Jahrhunderts von Engeln aus Nazareth entführt und am 10. Dezember 1294 hierher vor den Sarazenen gerettet worden ist. Obwohl die kirchenamtliche Anerkennung dieses Wunders erst 1507 erfolgte, war schon vier Jahrzehnte zuvor mit dem Bau eines Domes zu Ehren der Muttergottes begonnen worden.

Die berühmtesten Baumeister der Epoche wirkten mit, darunter Bramante und Sansovino, die das Haus im Stil der Spätrenaissance prägten. Es bezog die Santa Casa in den Kirchenraum ein. Leider ist das Original der Schwarzen Madonna von Loreto 1921 bei einem Brand zerstört und danach durch eine Nachbildung ersetzt worden. Die Farbe war vermutlich auf das verwendete dunkle Hartholz zurückzuführen und auf den Ruß der vielen Kerzen, die dauernd davor brennen. Am Fest der Versetzung des Heiligen Hauses werden Leuchtfeuer entzündet, damit die Engel den richtigen Weg finden.

⛪ Wieder tief ins Land nach Südwesten führt der Weg in die Heimat des **Franz von Assisis,** des italienischen Nationalheiligen. Hat die Amtskirche ihn je richtig verstanden? Sein Handeln jedenfalls war gelebte Kritik an ihrem Auftreten und Machtanspruch. Der schon zwei Jahre nach seinem Tod von Papst Gregor IX. 1228 Heiliggesprochene hat zwar nie in Worten gegen Rom Front gemacht, an seinem Tun aber lässt sich deutlich ablesen, was er vom kirchlichen und päpstlichen Streben nach irdischen Gütern hielt. Er hätte es kaum gebilligt, dass der Papst im gleichen Jahr den Grundstein für eine ihm, Franz, geweihte mächtige Basilika legte.

Nur der Ort hätte im wohl gefallen: Der Bau sollte über der einstigen Hinrichtungsstätte von Assisi am nordwestlichen Stadtrand emporwachsen. Hier, wo auf der im Volksmund Collo d'Inferno (Hügel der Verdammnis) genannten Anhöhe die armen Sünder dem Henker übergeben wurden, hier war er denen nahe, um die er sich zeitlebens gekümmert hatte: den Gescheiterten. 1253 wurde die Kirche geweiht. Der seitdem hochbeliebte Wallfahrtsort ist ein zweistöckig angelegtes Gebäude aus jeweils einschiffiger Unter- und Oberkirche. Die außen schlichte Basilika bietet im Inneren reichen Fresken-Schmuck. Die Oberkirche hat seit 1290 Giotto di Bondone mit Szenen aus dem Leben des Heiligen ausgemalt.

Im Süden des Apennin

⛪ Auf dem Weg nach Neapel liegt auf dem **Montecassino** die „Mutter aller abendländischen Klöster". 529 gründete der heilige Benedikt von Nursia die Abtei, die viel besucht wird, auch wenn nach den furchtbaren Zerstörungen im Zweiten Weltkrieg kaum noch etwas an die Ursprünge erinnert.

⛪ Weiter zur Stadt am Vesuv, wo ein immer wiederkehrendes Wunder die Gläubigen fesselt: Über dem Leben des hier verehrten heiligen Januarius weiß man wenig. Während der Christenverfolgungen unter Kaiser Diokletian seit 303 betreute er eingekerkerte Glaubensgenossen, ehe er selbst festgenommen und enthauptet wurde. Der Legende nach gelang es einer Christin, Blut des Hingerichteten in zwei Fläschchen aufzufangen und den Leichnam zu bergen. Diese Reliquien ruhen im Dom von Neapel, die Gebeine in der **Capella San Gennaro,** Haupt und Blutfläschchen in der Schatzkammer. Um diese beiden Reliquien nämlich geht es beim Kult des Heiligen. An seinen Hauptfesten wird das Kopfreliquiar auf dem Altar gezeigt. Dann bringt ein Geistlicher die beiden Fläschchen herbei, dessen seit 17 Jahrhunderten eingetrockneter Inhalt bei Annäherung an das Haupt flüssig wird und zu wallen beginnt. Verzögert sich dieser von niemandem zu erklärende Prozess oder bleibt er gar ganz aus, so gilt das den Neapolitanern als ein Vorzeichen von Unheil. Das Blutwunder zieht alljährlich unzählige Besucher aus aller Welt an, auch weil bisher immer neue wissenschaftliche Untersuchungen zu keinem befriedigenden Ergebnis geführt haben.

⛪ Zur letzten italienischen Station wieder an die Adria auf den charakteristischen Sporn des Stiefels zu einem „nagelneuen" Pilgermagneten: Lange konnte die Kirche ihren Frieden nicht machen mit einem Mann, den die einen als Scharlatan beargwöhnten, während die anderen ihn bereits zu Lebzeten als Heiligen verehrten: Der 1887 geborene Francesco Forgione stammte aus armer Bauernfamilie, trat mit 16 Jahren dem Kapuzinerorden bei und nannte sich nach der Priesterweihe 1910 **Padre Pio** (der Fromme). 1916 fand er im Kloster der Stadt **San Giovanni Rotondo** Aufnahme. 1918 zeigten sich bei dem asketisch lebenden Mönch die Wundmale Christi (Stigmata). Sie weckten den Argwohn der Kirche, die dem im Volk immer beliebter werdenden Pater zeitweilig sogar verbot, die Messe zu lesen.

Immer wieder erschienen Mediziner im Kloster und untersuchten die Wundmale, ohne sie letztlich erklären zu können. Pilger begannen zu ihm zu strömen, Gerüchte über Wunderheilungen und prophetische Gaben des Mönchs gingen um. Bei seinem Tod 1968 gaben ihm über 100 000 Gläubige das letzte Geleit. Und schließlich wehrte sich auch die Kirche nicht länger gegen seine Verehrung: Papst Johannes Paul II. sprach ihn 2002 heilig – im Beisein von über einer Million Menschen auf dem Petersplatz. San Giovanni Rotondo ist zum beliebtesten Wallfahrtsort Europas geworden. Sieben Millionen Menschen pilgern alljährlich ans Grab des Paters.

San Gennaro, Neapel Das von einem Laien gewunkene Taschentuch signalisiert die Verflüssigung des Blutes.

Basilika San Francesco, Assisi Der Maler Giotto di Bondone, einer der Wegbereiter der Renaissancekunst, schuf Fresken wie die „Vertreibung der Teufel aus Arezzo". ➤➤

San Pio da Pietrelcina, San Giovanni Rotondo Gläubige versammeln sich in der 2004 geweihten Kirche um einen Schrein Padre Pios. ◀◀

Westeuropa

Der rege Austausch zwischen Italien, dem Kernland des Römischen Reiches, und den lateinischen Provinzen im Westen bahnte auch dem Evangelium den Weg. Auf der Iberischen Halbinsel, im großen Gallien und in Britannien setzte sich das Christentum schon bald durch. Von hier aus verbreitete es sich weiter nach Osten.

Ungezählte wundervolle Andachtsstätten finden sich auch auf Sizilien, Sardinien, Korsika und den Balearen. Doch Konzentration tut Not, weswegen die Wallfahrtsorte des Iberischen Festlands erste Wahl sind: Im heißen Südosten Spaniens, wo sich die Herrschaft der islamischen Mauren am längsten hielt, wurde der schließlich errungene Sieg des Christentums mit imposanten Kirchenbauten gefeiert.

Im Zeichen des Triumphs

So auch in Murcia, wo noch 1224 ein maurischer König residierte. Nur zwei Jahrzehnte später wurde die Stadt von der Reconquista überrollt. Ende des 14. Jahrhunderts wurde **Murcia** Bischofssitz und sollte endlich die entsprechende Kathedrale bekommen. Wie üblich werkelten daran mehrere Jahrhunderte, sodass sich der gotische Grundstock heute mit manchen Stilelementen späterer Epochen arrangieren muss. Auffallend vor allem die offene barocke Fassade aus dem 18. Jahrhundert mit den klassizistischen Säulen davor. Auch im Innern zeugt ein solcher Stilmix von lebendiger Religiosität, die bedeutende Kunstwerke hervorgebracht hat. Zu den schönsten gehören die Figuren des Holzbildhauers Francisco Salzillo (1701–1773), die heute in einem eigenen Museum gezeigt und bei pracht-

Murcia Während der Karfreitagsprozession tragen Büßer der Bruderschaft Nuestro Padre Jesús Nazareno ein Jesus-Standbild durch die Straßen der Stadt.

Kathedrale Santa Maria, Murcia An der Stelle einer früheren Moschee entstand vom Ende des 14. Jahrhunderts an ein prächtiges Gotteshaus – im Bild die barocke Westfassade. »

El Escorial Ansicht der Südwestfassade des Klosterschlosses, das weltlicher wie geistlicher Mittelpunkt des spanischen Weltreichs war.

vollen Prozessionen durch die Stadt zur Kathedrale getragen werden – ein frommes Schauspiel, das Besucher aus nah und fern bewundernd und andächtig verfolgen.

⛪ Noch besser als die Dankes-Kathedralen für den Sieg Christi spiegelt die enge Verbindung von Thron und Altar eine Kirche 60 Kilometer nordwestlich von Madrid: Im 16. Jahrhundert grenzte Spanien auch im Süden an Frankreich, standen doch die Niederlande unter spanischer Herrschaft. Und an der dortigen Grenze kam es 1557 zur Schlacht von Saint-Quentin an der Somme. Die Spanier siegten – und da man den 10. August schrieb, den Tag des Heiligen Laurentius, gelobte König Philipp II. ihm zum Dank ein Kloster zu errichten. Ein Bauplatz für die zugleich als gigantische königliche Triumphburg geplante Anlage (Grundriss 204 mal 161 Meter) fand sich im Ort **El Escorial**. Herzstück ist die Kirche **San Lorenzo** mit ihrer 90 Meter hohen Kuppel. Alles an

Reconquista

Im achten Jahrhundert überfluteten islamische Heere die Iberische Halbinsel und drangen bis Mittelgallien vor. Erst dort gebot Ihnen Frankenherrscher Karl Martell 732 Einhalt. In Nordspanien hatten sich zudem christliche Inseln gehalten, von denen aus der Kampf zur Wiedereroberung (spanisch: Reconquista) begann. Er zog sich über sieben Jahrhunderte hin und endete 1492 mit der Einnahme Granadas.

reicher Ausstattung stellt im Kircheninnern der Hochaltar mit seiner 30 Meter hohen Retabel in den Schatten. Er ist der beherrschende Blickfang und fängt sogar allerhöchste Blicke: nämlich von links aus Nischen heraus die Kaiser Karls V. mit seiner Frau Isabella von Portugal und von rechts die seines Sohnes Philipp II. mit seinen drei Ehefrauen. Vierstöckig steigt das Wunderwerk auf roten Marmorsäulen empor bis zur Spitze mit dem Gekreuzigten; ausgemalt ist es mit biblischen Szenen, die die italienischen Künstler Zuccari (1540–1609) und Tibaldi (1527–1596) schufen. Das sonst kalte Licht aus der Kuppel erwärmt sich in der Andacht vor dem buchstäblich hochheiligen Bildwerk.

Pilgern quer durch Europa

î Nordwesten bleibt weiter die richtige Richtung, will man vom Escorial zu dem nach Rom wohl bedeutendsten abendländischen Wallfahrtsort gelangen: **Santiago de Compostela.** Nach frühen Apostelkatalogen soll Jakobus der Ältere,

Jakobsmuschel Die Muschel ist das Attribut des heiligen Jakobus.

einer der zwölf Jünger Jesu, Spanien als Missionsgebiet zugewiesen bekommen haben. Später dann kehrte er der Überlieferung nach zu seinen Brüdern in Palästina zurück, wo er den Märtyrertod erlitt. Anhänger sollen den Leichnam auf ein Schiff gebracht haben, das – geführt von einem Engel – in Galicien an der Nordwestecke der Iberischen Halbinsel landete, wo der Apostel einst auch zu Lebzeiten Spanien betreten habe. Jahrhunderte vergingen, ohne dass jemand an der windumtosten Atlantikküste nach dem Apostelgrab gefragt hätte. Erst 813 entdeckte ein Hirte die Gebeine des Heiligen Jakob (spanisch: Sant Iago); fündig wurde er auf einem Feld (campus) mithilfe eines Sterns (stella). Wir haben im unvermittelten Aufflammen der Ver-

Wege der Jakobspilger

Hauptwege der Jakobspilger mit UNESCO-Welterbe-Status (1993 Camino Francés in Spanien sowie 1998 die vier Hauptwege in Frankreich)

Kathedrale, Santiago de Compostela Die über der Grabstätte des heiligen Jakobus erbaute Kirche vereint Baustile verschiedener Epochen.

ehrung des Jakobus in dieser abgelegenen Gegend wohl einen Reflex der Abwehrkämpfe der christlichen Spanier gegen die islamischen Mauren zu sehen. Verehrungsorte wie das Grab des Heiligen waren unentbehrliche Stützen. Es kamen aus dem gesamten Abendland Pilger über den Jakobsweg nach Santiago. Der Strom schwoll bis ins 16. Jahrhundert an, bekam dann eine Delle durch die Reformation, erholte sich später und erhielt unter der Diktatur Francos 1937 einen neuen Impuls, als Jakobus zum Nationalheiligen des Landes erhoben wurde.

Dabei war zeitweilig in Vergessenheit geraten, wo die Gebeine des Apostels ruhten. Es hieß, in der Krypta unter dem Altar der 1060 bis 1211 erbauten Kathedrale, doch die Krypta war vernachlässigt. Erst 1879 wollen Ausgräber die Gebeine wiederentdeckt haben, was fünf Jahre später päpstlich bestätigt wurde. Seitdem liegen sie wieder in der Krypta in einem Silberschrein aus dem 19. Jahrhundert. Hier endet

die Pilgerfahrt, zu der sich alljährlich Hunderttausende aufmachen. Sie dringen natürlich nicht alle bis in die Krypta vor, sondern nehmen an prächtigen Prozessionen und Messen vor dem im 17. Jahrhundert mit barocker Fassade geschmückten Gotteshaus oder darin teil. Unvergesslich bleibt allen Pilgern und Schaulustigen das gewaltige, 50 Kilogramm schwere Räucherfass **Botafumeiro,** das in atemberaubender Geschwindigkeit an einem 35 Meter langen Pendel über den Gottesdienstbesuchern geschwenkt wird und seinen Weihrauchduft verbreitet. Weitere Rituale wie die Berührung der Apostelfigur auf dem Altar oder des Apostelfußes am Mittel- oder Trumeaupfeiler des Hauptportals sichern ebenfalls den Wallfahrtserfolg. Weniger gläubige Besucher werden es bereits als Erfolg werten, wenn sie auf dem langen, beschwerlichen Wanderweg im gemeinsamen Erleben sich selbst ein wenig besser kennengelernt haben.

143

Kathedrale, Santiago de Compostela Der Weihrauch des Botafumeiro erfüllte einst auch den Zweck, die Ausdünstungen der weit gewanderten Pilger zu überdecken.

Pelayo Der spanische Nationalheld, wie ihn der Maler Jose Madrazo (1781–1859) sah.

Göttliche Höhle

Wer aus irgendeinem Grund den Jakobsweg nicht ganz schafft, bleibt nicht ohne spirituellen Trost. An vielen Stationen rufen Kirchen oder Kapellen zur Andacht. Nur eine soll wegen ihrer Bedeutung für die Spanier näher angeschaut werden: 715 war fast das gesamte Westgotenreich in Spanien den Mauren zum Opfer gefallen. Nur im äußersten Norden und Nordwesten hielten sich noch versprengte Reste des spanisch-germanisch-christlichen Volkes. Einer ihrer Anführer war Pelayo (Pelagius). Er verfolgte im Sommer 718 in

der wilden Bergregion der Kantabrischen Kordilleren einen Feind, als ihm ein Eremit begegnete, den er nach dem Verbleib des Flüchtlings fragte. Der fromme Mann antwortete ihm, er wisse, wo dieser sich verborgen habe, doch dürfe Pelayo ihn dort nicht bestrafen, da es sich um einen Ort der Versöhnung und der Gnade handle. Tief bewegt von den Worten des Einsiedlers, versprach der hohe Herr, dem Frevler zu vergeben und wurde in eine Höhle geführt, wo sich die Gegner im Angesicht eines alten Bildes der Muttergottes die Hand reichten. Der Ort heißt seitdem **Covadonga** (von „cueva dominica“: göttliche Höhle) und wurde zu einem der wichtigsten Marienwallfahrtsorte.

Dazu trug ein ruhmreiches Gefecht bei, das Pelayo von hier aus gegen eine maurische Streitmacht führte. Der arabische General Alkama rückte 722 mit einigen tausend Mann ins Gebirge vor, um die letzten christlichen Widerstandsnester auszuschalten. Pelayo war zwar mit seinen rund 300 verwegenen Kämpfern zahlenmäßig deutlich unterlegen, doch er kannte jeden Stein im zerklüfteten Gelände und operierte zudem unter dem Schutz der Madonna aus ihrer versteckten Höhle heraus und von der Höhe herab. Kurz: Die Mauren wurden fast gänzlich aufgerieben. Die Keimzelle des späteren Staates Asturien hatte gehalten. Die Höhle aber, neben der Wasser in einen kleinen See stürzt, als käme es direkt vom Himmel in ein Taufbecken, gilt seitdem als Wiege Spaniens.

Wer sich Covadonga in den Picos de Europa etwa auf halbem Wege zwischen Santander und Gijon landeinwärts nähert, sieht hoch in den Felsen darüber eine Kapelle. Sie wurde erst im 19. Jahrhundert über der heiligen Grotte (Santa Cueva) errichtet. Der aufgeklärte Besucher mag manches darin und drumherum als Kitsch empfinden. Er wird aber durch die tiefe Gläubigkeit vieler Pilger bewegt werden, von denen nicht wenige die Stufen zur Höhle empor auf den Knien ersteigen, um ganz die Kraft auszukosten, die von La Virgen (Jungfrau) de Covadonga ausgeht.

„Predigt aus Stein“

🏛 Zurück ans Mittelmeer nach **Barcelona,** Hauptstadt von Katalonien. Fromme Orte gibt es auch in dieser Landschaft in beliebiger Auswahl, weswegen einmal ein moderner als Beispiel dient: Eine „Predigt aus Stein“ sollte sie werden, die vom spanischen Architekten Antoni Gaudí (1852–1926) entworfene Kathedrale **Sagrada Familia** nördlich der Altstadt. Sie wurde zu seinen Lebzeiten nicht mehr fertig, nur die Nordfassade und einer der 18 geplanten Türme (für die 16 Apostel und Evangelisten, die Muttergottes und ihren Gottessohn) standen. Bis heute ist sie unvollendet, obwohl sich eine ganze Reihe von Künstlern ihrer angenommen haben. Immerhin stehen nun acht der um hundert Meter hohen Aposteltürme – untereinander zum Teil mit Brücken verbunden –, der Baukörper auf dem kreuzförmigen Grundriss

145

bunden –, der Baukörper auf dem kreuzförmigen Grundriss ist geschlossen und Gaudís Vision so weit Stein geworden, dass manche schon befürchten, der Naturformen nachempfundene Dom könne tatsächlich fertig werden. Natur nämlich ist nie fertig und das Unvollendete ist gerade das Grandiose am himmelstrebenden Bau. Außerdem gilt Gaudís Wort: „Mein Bauherr hat es nicht eilig." Tatsächlich fehlt noch beruhigend viel bis hin zum Christusturm, der 175 Meter hoch aufragen soll. Zur Sagrada Familia zieht es sicher

auch fromme Pilger, denn Glauben braucht das Wunderbare, wie es hier Gestalt angenommen hat. Die meisten Besucher aber kommen wohl wegen Gaudís himmlisch inspirierter Kunst, die überrascht, wohin auch das Auge blickt.

Marienvisionen

Die Iberische Halbinsel darf ein Pilger nicht verlassen ohne Besuch an einem weiteren Wunderort neuester Zeit: Zu Portugals heiligen Stätten gehört seit 1917 **Fátima** bei Tomar rund 130 Kilometer nördlich von Lissabon im Distrikt Santarém. Den drei Hirtenkindern Lucia, Francisco und Jacinta erschien am 13. Mai hier auf einem Feld die „Muttergottes vom Rosenkranz" und weitere fünf Male an jedem 13. der Folgemonate. Außerdem hatten die Kinder Jesus-, Joseph- und Engelsvisionen. Die in verschiedenen Gestalten erscheinende Maria forderte zur Buße, zum Gebet und zur Weihe der Welt an ihr „Unbeflecktes Herz" auf. Die kirchlichen Behörden standen den Berichten zunächst äußerst skeptisch gegenüber. Erst nach gründlichster Untersuchung erklärte der zuständige Bischof 1930 die Erscheinungen für glaubwürdig. In Fátima entstand ein großes Marienheiligtum.

Jacinta und Francisco waren 1919/20 gestorben, Lucia indes entschlief erst 2005 im Alter von fast 98 Jahren. In den 1940er-Jahren hatte sie die „drei Geheimnisse von Fátima" niedergeschrieben, von denen die ersten beiden sofort veröffentlicht wurden. Das dritte hielt die Kurie auf Weisung von Papst Johannes XXIII. Jahrzehnte zurück. Erst im Jahr 2000 gab Kardinal Joseph Ratzinger, der spätere Papst Benedikt XVI., bekannt, dass es als Hinweis auf den Anschlag auf Papst Johannes Paul II. gelesen werden könne, der am 13. Mai 1981 auf dem Petersplatz verübt wurde. Johannes Paul selbst führte sein Überleben auf den Beistand der Muttergottes zurück, besuchte dreimal ihren Wallfahrtsort in Portugal und sprach die Hirtenkinder selig. Gegenüber der **Basilica Antiga in Fátima** wurde 2007 die Igreja da **Santissima Trinidade** (Kirche der Heiligen Dreifaltigkeit) geweiht.

Eng verbunden mit Fátima ist die erste Station jenseits der Pyrenäen in Südwestfrankreich. Auch **Lourdes** war Schauplatz einer Marienerscheinung: Der stolze Müller François Soubirous verstand nicht zu wirtschaften, geriet in Schulden, verlor seine Mühle und landete mit seiner Familie in

Kathedrale Sagrada Familia, Barcelona
Jahrhundertprojekt – ein Termin für die Fertigstellung steht in den Sternen.

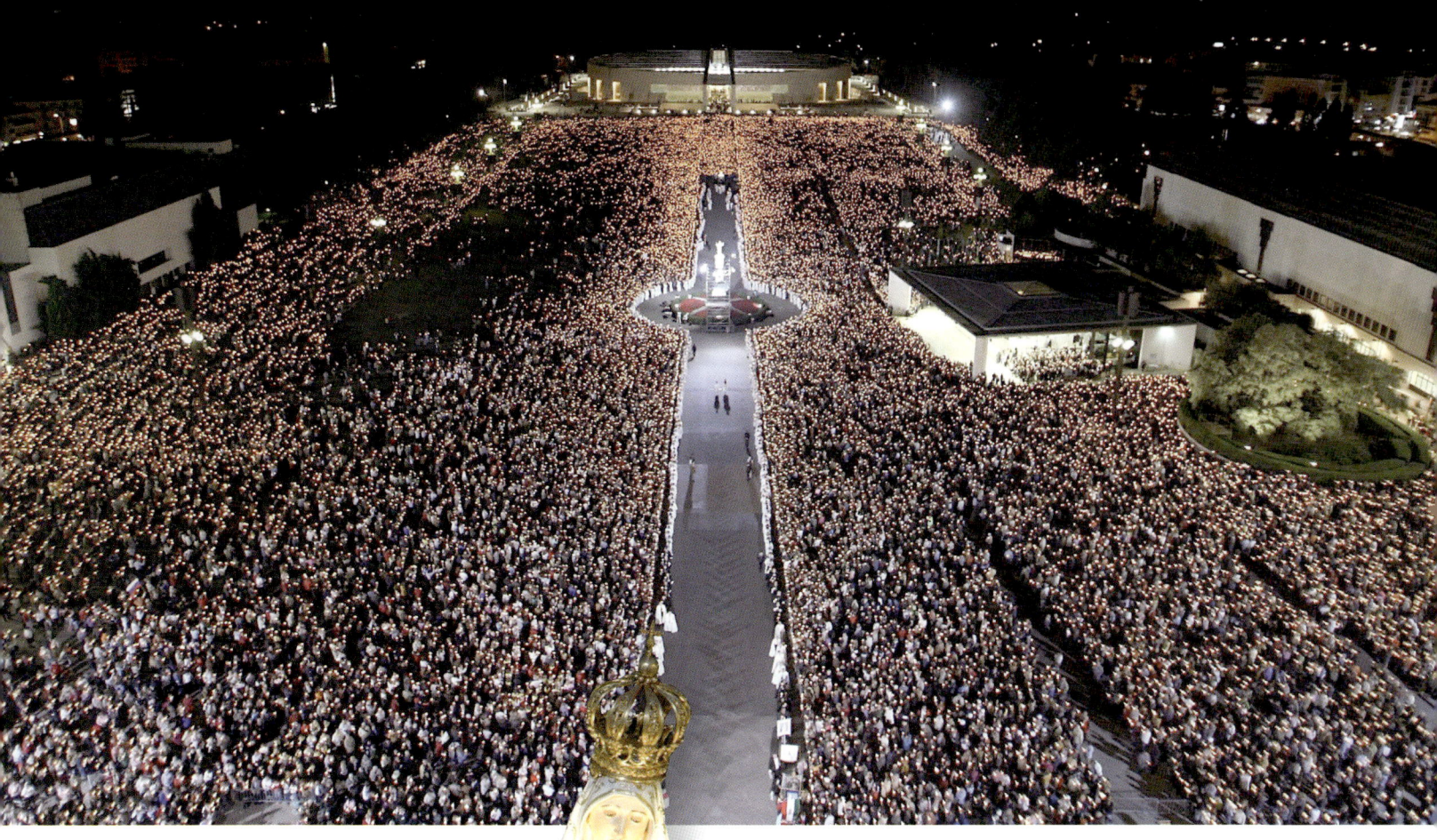

Fátima Unzählige Pilger gedachten am 12. Oktober 2007 mit einer Kerzenprozession der ersten Marienerscheinungen vor 90 Jahren.

Fátima Statue der Jungfrau Maria von Fátima. ➤➤

Grotte von Massabielle, Lourdes Statuengruppe am Ort der Wunderheilungen.

Cachot (Kerker). Schon als Kind musste seine asthmakranke Tochter Bernadette zum Familienunterhalt beitragen, sie sammelte Holz in den Wäldern am Gave, der aus dem Gebirge zu Tal schäumt und einige Höhlen aus den Felsen gewaschen hat, darunter die von Massabielle. Hier vernahm Bernadette am 11. Februar 1858 durch das Tosen des Flusses einen Windstoß „wie bei Sturm". Erstaunt sah sich das Mädchen um und erblickte in der Grotte eine wunderschöne junge Frau in einer goldenen Wolke, einen Rosenkranz über dem Arm. Noch 17 weitere solche Erscheinungen erlebte Bernadette.

Bei einer Gelegenheit forderte „die Dame", wie Bernadette zu sagen pflegte, sie auf, Wasser zu trinken, obwohl weit und breit keines zu sehen war. Das Mädchen kratzte

am Felsen, aus dem ein klarer Quell hervorsprang. Heilkräftiges Wasser, wie „die Dame" zu Bernadette sagte. Beweise durch wundersame Heilungen fanden noch zu Lebzeiten Bernadettes statt. 68 hat die Kirche bis heute anerkannt. Bei der vorletzten Erscheinung gab sich die Dame als „unbefleckte Empfängnis" zu erkennen, also als die Jungfrau Maria. Zweifler und Neider machten Bernadette in der Folgezeit das Leben schwer, auch der Rummel des anschwellenden Pilgerstroms stieß sie ab. Sie ging ins Kloster weit weg in Nevers in Zentralfrankreich. Dort beschloss sie ihre von körperlichem Verfall überschatteten Tage und starb im

Alter von 35 Jahren. Ihr unverwester Leichnam bestätigt ihre Erwählung. Papst Pius XI. sprach Bernadette 1933 heilig. Lourdes zieht heute Millionen Pilger an, darunter viele Schwerkranke, die sich von der Muttergottes Heilung oder doch Kraft zum Ertragen ihrer Leiden erhoffen.

Päpste im Exil

Im weiten Schwenk nach Osten erreichen wir etwas oberhalb des Rhône-Deltas **Avignon,** das bis zum Beginn des 14. Jahrhunderts ein unscheinbarer Platz in der Provence war. Erst dann begann seine Karriere als heiliger Ort. Wie das? Nicht freiwillig, sondern unter politischem Druck der französischen Krone hatten die Heiligen Väter Rom den Rücken zugekehrt. Ein weiterer Grund hierfür waren aber auch die unruhigen Zustände in der einstigen Hauptstadt der Welt, die nun heruntergekommen und in zahllose blutige Händel verstrickt war. 1309 wählte der in Lyon geweihte Papst Clemens VI. Avignon zum Amtssitz und begann mit

Papstpalast, Avignon Thronsessel der Päpste während der sogenannten Babylonischen Gefangenschaft in der Rhônestadt.

dem Ausbau. Der „alte Palast", der auf ihn zurückgeht, war 1342 bezugsfertig; bis 1370 wurde er unaufhörlich durch Bauten des „neuen Palastes" vergrößert zu einer von außen mächtigen Festung, im Innern aber zu einem erlesen geschmückten Schloss, wie es dem Oberhaupt der Christenheit nach eigener Ansicht zustand.

Als die Päpste 1376 aus der angeblich „Babylonischen Gefangenschaft" nach Rom zurückkehrten, blieb die Stadt am Ostufer der Rhône weiterhin ein geistliches Zentrum. Bis 1417 amtierten hier noch fünf Gegenpäpste und der Palast gehörte noch Jahrhunderte zum Kirchenbesitz. Seine Mächtigkeit beeindruckt bis heute, während von seiner Prächtigkeit wenig geblieben ist. Nur manches hat sich wiederherstellen oder restaurieren lassen. Dennoch sind unter den zahllosen Besuchern immer auch Pilger, die sich Inspiration vom Geist des Ortes erhoffen. Mögen manche Amtsträger auch wenig gottgefällig regiert haben, so ist doch ihr Amt von Gott gestiftet und gesegnet.

Im Dienste der Frömmigkeit

Rhône aufwärts nach Lyon und um die Stadt herum findet man nur gut 30 Kilometer nördlich von ihr den Flecken **Ars-sur-Formans,** wo man gewöhnlich viele Reisebusse antrifft. Was wollen die Leute hier? Sie besuchen den 1859 verstorbenen Curé d'Ars (Pfarrer von Ars) Jean-Marie Vianney, dessen unverwester Leichnam in der Kirche zu sehen ist. Der heute als Heiliger verehrte, 1786 geborene Mann wuchs als Sohn armer Bauersleute auf. Vom Wunsch angetrieben, Priester zu werden, besuchte er seit 1812 ein Priesterseminar. Nur dank seiner Frömmigkeit konnte er sich halten, denn bei Prüfungen scheiterte er immer wieder. Der Bischof von Grenoble sah die glühende Gottesliebe des ein-

Papstpalast, Avignon Die Residenz am Ufer der
Rhône entstand aus dem früheren Bischofspalast.

Cluny Bis zum Bau des Petersdoms war die Klosterkirche das größte Gotteshaus der Christen. »

fachen Mannes und weihte ihn trotz Bedenken 1815 zum
Priester: „Gebildet ist er wohl nicht", sagte der Bischof.
„Offenbar aber legt der Heilige Geist Wert darauf, ihn zu
erleuchten." Jean-Marie erhielt die Pfarrei in dem geistlich
heruntergekommenen Ars. Ein aufgeweckterer Priester wäre
wohl verzweifelt ob der Zustände dort. Jean-Marie aber
begriff die Rettung der Seelen als von Gott gestellte Aufgabe.
Er lebte den unwilligen Schäfchen vor, was er unter Christentum verstand: Aufopferung im Dienst für die Armen,
unermüdliches Gespräch mit Gott und Buße zur Vergebung
der Sünden. In wenigen Jahren hatte er Ars zu einer vorbildlich lebendigen Gemeinde gemacht. Neugierige kamen von
weither. Ars und sein Pfarrer wurden zu Wallfahrtszielen.
Der Zustrom hält unvermindert an. Die Menschen erhoffen
sich Fürbitte vom 1925 heiliggesprochenen Jean-Marie
Vianney, besonders die Pfarrer, deren Patron er seit 1929 ist.

⛪ Gleich zwei Andachtsorte, wie sie nicht unterschiedlicher
gedacht werden können, liegen nördlich von hier nahe beieinander Richtung Chalons-sur-Saône: Zunächst kommt im
Städtchen **Cluny** die Benediktinerabtei in den Blick, die in
großen Teilen rekonstruiert und restauriert ist; von den
alten Bauten sind nach den Zerstörungen während der
Französischen Revolution nur noch Reste erhalten. Die
Anlage lässt aber erahnen, welch ungeheure religiöse Kraft
einst von hier auf das Klosterwesen des gesamten Abend-

lands ausgegangen ist. In Cluny amtierten im 10./11. Jahrhundert Äbte, die wieder ernst machten mit der Regel des heiligen Benedikt von Nursia. Sie geißelten die Verweltlichung des Klerus und machten Front gegen den Einfluss der Fürsten und Könige, ihr Kloster sahen sie als fromme Festung gegen moralischen und geistlichen Verfall. 1500 Klöster übernahmen von hier die nach dem Ort benannte Kluniazensische Reform; selbst die Papstkirche orientierte sich an der neuen Frömmigkeit und schöpfte daraus Selbstbewusstsein in der Auseinandersetzung mit dem Kaisertum.

Spirituelle Erneuerung

⚜ Es ist, als sei dieses geistliche Kraftzentrum nur wenige Kilometer nach Norden gewandert und dort im Städtchen **Taizé** nach langem Schlaf zu pulsierendem religiösen Leben

wieder erwacht. Auch hier schlossen sich Männer zu einem Orden zusammen, auch hier formierte sich eine Erneuerungsbewegung. Und doch ist alles anders: Nicht Rückbesinnung steht im Vordergrund, sondern Aufbruch zu neuen spirituellen Ufern. Gewiss, es geht auch hier um die eine Kirche Jesu Christi, aber um die eine, in der alle Platz finden. Nicht Rechtgläubigkeit stiftet die Gemeinschaft, sondern umgekehrt: Die Gemeinschaft vertieft das religiöse Erleben, wie auch immer es konfessionell grundiert sein mag. Die Ordensmänner organisieren nur die Gemeinschaft, ohne die einzelnen der in Scharen herströmenden Christen aller Couleur missionieren zu wollen. Die heute etwa 100 Brüder stammen selbst aus zwei Dutzend Nationen. Vor allem die Jugend zieht es nach Taizé zu Gebet und Gesang, Gespräch und gelebtem Glauben im ökumenischen Geist des Gründers:

Versöhnungskirche, Taizé Moderne Architektur prägt den Kirchenbau, der am 6. August 1962, dem 17. Gedenktag des Atombombenabwurfs auf Hiroshima, geweiht wurde.

Kathedrale Notre-Dame, Chartres Ein ungleiches Paar – die beiden Türme bilden das Wahrzeichen der „Akropolis Frankreichs" (Auguste Rodin).

Roger Schutz, geboren 1915 in der Schweiz, stammte aus einem reformierten Pfarrhaus und studierte evangelische Theologie. 1940 kam er nach Taizé in Burgund und kümmerte sich dort um Flüchtlinge, die von den Nazis in Deutschland aus rassischen oder politischen Gründen verfolgt wurden. 1942 musste er selbst vor den deutschen Besatzern fliehen. 1944 zurückgekehrt, nahm er sich der Kriegswaisen und deutschen Gefangenen an und gründete mit einigen Helfern 1949 die Communauté de Taizé, einen Orden, dessen männliche Mitglieder wie Mönche Ehelosigkeit, Armut und Gehorsam geloben. Armenpflege vor Ort und in den Notgebieten der ganzen Welt gehört ganz oben zum Programm, wobei Schutz auch mit Mutter Teresa zusammenarbeitete. Überhaupt war er bemüht, konfessionelle Gräben zu überbrücken und eine Versöhnung der Christen zu erreichen. Eine weitere Säule war und ist die Jugendarbeit.

Auch dort, wo so viel Güte herrscht, kann das Böse lauern. 2005 fiel Schutz dem Messerattentat einer geistig verwirrten Frau zum Opfer. Nachfolger als Prior der Gemeinschaft wurde der von ihm schon acht Jahre zuvor dazu ausgewählte deutsche Bruder Alois Löser (geboren 1954), der Taizés Bestimmung als ökumenisches Pilgerziel bewahrt.

Die französische Gotik

Mit großem Schritt in die südwestliche Nähe von Paris: Man schaut unwillkürlich zweimal hin, wenn die Stadt **Chartres** an der Eure in Sicht kommt: Stehen da zwei Kirchen direkt nebeneinander? Über die Dächer nämlich ragen zwei sehr unterschiedliche Türme, die aber beim näheren Hinsehen eben doch zu einer Kathedrale gehören, zu einer der schönsten gotischen in ganz Europa. Sie blieb von der antikirchli-

Kathedrale St. Denis Gotische Eleganz – dünne Streben unterteilen die zehn Meter hohen, aber meist modernen Fenster.

Kathedrale Notre-Dame, Reims Blick ins Mittelschiff des Meisterwerks der Hochgotik. »

nach Fertigstellung des Neubaus der Kathedrale im 13. Jahrhundert auch die Könige von Frankreich bis hin zu Ludwig XVIII. (regierte 1815–1824). Die von den Revolutionären verwüstete Kirche wurde 1858 in der ursprünglichen Form und Schönheit restauriert. Patriotische Pilger können anhand der Gräber die gesamte französische Geschichte bis ins 19. Jahrhundert durchwandern – besonders eindringlich ist die Vergänglichkeit aller irdischen Macht nachzuempfinden beim Blick auf die Grabfiguren des 1793 hingerichteten Königspaars Ludwig XVI. und Marie Antoinette, die als fromm kniende Beter dargestellt sind; der klassizistische Künstler hat aus seiner Zuneigung keinen Hehl gemacht.

chen Wut der französischen Revolutionäre in den 1790er-Jahren verschont, weil man nicht recht wusste, wohin mit dem Mordsberg an Trümmern, der beim Abbruch unweigerlich entstanden wäre. Die im 12. Jahrhundert begonnene und 1260 geweihte Bischofskirche **Notre Dame** wuchs zunächst nur mit dem Südturm (Clocher Vieux) auf 106 Meter Höhe noch schlicht spätromanisch heran und erhielt erst im Verlauf der Bauzeit die gotische Prägung. Den Abschluss bildete der Nordturm (Clocher Neuf), der noch später im 16. Jahrhundert seine spätgotische Spitze bekam und zehn Meter höher als der „Kollege" emporstrebt. Ähnlich beeindruckend erhebt sich zwischen den beiden ungleichen Brüdern das mit zahlreichen Skulpturen geschmückte Portail Royal.

⛪ Einmal quer durch ganz Paris in den Norden der Stadt nach **Saint-Denis,** das durch ein buchstäbliches Himmelfahrtskommando zu seinem Namen kam: Papst Fabianus (Pontifikat 236–250) entsandte den frommen Dionysius in die gallische Hauptstadt Lutetia (heute: Paris), um dort Christi Lehre zu verbreiten. Der Glaubensbote wurde umgehend verhaftet und enthauptet. Danach soll er sich wieder erhoben haben und mit dem Kopf unter dem Arm etwa zehn Kilometer nordwärts gegangen sein, wo er sich niederlegte und bestattet wurde. Nach diesem heiligen Dionysius (französisch: Denis) wurde auch die Abtei benannt, die hier um 625 entstand. Auf ihrem Gelände wurde von 1137 an die erste Kirche des Abendlandes erbaut, an der gotische Stilelemente dominieren. Behutsam löst sie sich von der romanischen Wucht.

Schon im Vorgängerbau fanden die fränkischen Könige seit Dagobert I. (regierte 623–638) ihre letzte Ruhestätte,

Chartres-Blau

Im Inneren der Kathedrale von Chartres nimmt das bunte Dämmerlicht eines himmelhohen Hauses (37 Meter) den Besucher in Empfang. In Richtung Chor sieht sich der Blick gezwungen, ehe er abschweifen kann in die beiden Seitenschiffe, ins Querhaus und zu den Seitenkapellen. Schnell wird klar, woher die bläuliche Tönung des Inneren rührt: 172 insgesamt 2500 Quadratmeter große Fenster weisen unzählige blaue Motive auf, die vom Leben Karls des Großen berichten, Legenden erzählen, die Muttergottes preisen, biblische Themen gestalten, geschichtliche Ereignisse wiedergeben. Das alles lässt sich mit einem Fernrohr gut bis in die höchsten Höhen erkennen. Dennoch sollte man einige Fenster auch aus nächster Nähe betrachten – dann werden Details sichtbar, die sonst leicht zu übersehen sind. Da gibt es Monatsbilder mit typischen jahreszeitlichen Requisiten, es sind Berufe verewigt, die einen Eindruck von Arbeit und Werkzeug der mittelalterlichen Menschen vermitteln.

Krönungskirche Frankreichs

⌂ Etwa 150 Kilometer ostnordöstlich folgt ein Ort, den die Römer Civitas Remorum nannten, da hier der Stamm der keltisch-belgischen Remer siedelte. Daraus wurde **Reims,** eine Stadt, die in der deutsch-französischen Geschichte mindestens zweimal eine Schlüsselrolle spielte: Wohl 496, so genau weiß man das nicht, ließ sich dort der Frankenkönig Chlodwig I. mit 3000 seiner Mannen, wie das in Heldensagen heißt, vom seit 458 amtierenden Bischof Remigius taufen (Taufkirche waren einstige römische Thermen). Später teilten sich die Franken, die unter diesem König die letzten Reste römischer Herrschaft in Gallien tilgten, in einen östlichen Zweig (Deutsche) und einen westlichen (Franzosen). Das zweite Datum steht dem im Rang nicht nach: Am 7. Mai 1945 unterschrieb Generaloberst Jodl im Hauptquartier von US-General Eisenhower in Reims die bedingungslose Kapitulation der deutschen Wehrmacht. Da ahnte noch niemand die Tragweite für das deutsch-französische Verhältnis, das sich in den Jahren darauf zu freundschaftlicher Partnerschaft wandelte. Nicht zuletzt auf ihr gründet das vereinte Europa, das auf der Basis eines neuen Bewusstseins für die gemeinsame Kultur des Abendlands zusammengefunden hat.

⌂ Kathedralen wie die unvergleichlich schöne **Notre-Dame** von Reims sind ihre Zeugen und können zu ihren Garanten werden, wenn es glückt, das Aufbrechen neuer Gräben zu verhindern. Der gotische Bau mit den stumpfen Türmen und der majestätischen Westfassade aus dem 13. Jahrhundert steht dort, wo einst Chlodwig das Haupt zur Taufe geneigt hat. Das prädestinierte die Bischofskirche für Krönungen französischer Könige. Schon vor ihrer so herrlichen Fertigstellung, nämlich genau seit 988, fanden in Reims diese allerhöchsten Handlungen statt, die dann im herrschaftlich geschmückten Haus bis ins Jahr 1825 fortgesetzt wurden. Von den früheren Krönungen zeugt einer der wichtigsten Schätze der Kathedrale: Die Galerie der Könige über der Fensterrose am Haupt- und Westportal. Hier stehen in 50 Metern Höhe überlebensgroß (viereinhalb Meter) die Statuen von Chlodwig und dem halben Hundert seiner Nachfolger bis zur Vollendung des Gebäudes. Sie schauen aus Spitzbogennischen unter rankendem Maßwerk ins Land, das sie einst regiert haben, und wachen über die ein- und ausgehenden Besucher, über die frommen und die nur neugierigen, über Kunstfreunde und Beter.

Fels in der Brandung

⌂ Ein Riesensatz nach Westen auf den Felsen **Mont Saint-Michel** vor der Nordküste der Bretagne. Der Legende nach ist Frankreichs Sehenswürdigkeit Nummer eins eine „englische" Gründung: Im 8. Jahrhundert nämlich erschien der Erzengel Michael mehrmals dem Bischof von Avranches und forderte ihn auf, eine Kapelle auf den Inselberg Tombe im Wattenmeer zu errichten. So kam eine karolingische Kirche auf den meerumschlungenen Felsen. Erst aber als die Benediktiner von ihm im 10. Jahrhundert Besitz ergriffen, entstand ein solider Bau. Das Kloster erhielt 100 Jahre später eine wuchtige romanische Abteikirche; vom Vorgängerbau blieb nur ein Rest, der als Krypta für den neuen diente. Wiederum ein Jahr-

Kathedrale Notre-Dame, Reims Ursprünglich sollten die beiden gedrungen wirkenden Westtürme noch gotische Turmspitzen erhalten.

Kloster Mont St. Michel Le Merveille – der dreigeschossige Klostertrakt stellt das „Wunderwerk" der Anlage dar.

hundert darauf kamen zwei Türme hinzu. Und in den Jahren 1212 bis 1228 entstand das, was heute als Herz der Anlage gelten darf: **la Merveille** – das Wunder. Dazu gleich. Hier zunächst das weitere Schicksal von Kloster und Kirche: Der weithin sichtbare Vorposten erregte das Interesse anderer Mächte, allen voran Englands, das sich dort sehr gut einen Stützpunkt für „Ausflüge" auf den Kontinent vorstellen konnte. Das blieb dem französischen König nicht verborgen, weshalb man begann, das sakrale Ensemble höchst profan mit Bastionen zu befestigen. Sie bewährten sich: Im Hundertjährigen Krieg (1339–1453) hielt die längst nach dem „englischen" Gründer Mont Saint-Michel genannte Festung allen englischen Angriffen stand.

Später verfielen die Bauten auf dem Erzengelsberg. Erst 1863 besann man sich auf den Wert des Denkmals, das schon seit 1879 mit einem Fahrdamm ans Festland angebunden ist. Seit den 1960er-Jahren leben wieder Benediktiner auf dem Mont im Meer. Sie haben renovie-

rungsbedürftige Gebäude vorgefunden, aber so schöne, dass die Mühen sich vielfach gelohnt haben. Auch finanziell – die Besucher strömen in Scharen herbei und sorgen für Umsatz und Spenden. Ein großer Teil davon wird zur Instandhaltung gebraucht, braucht doch so ein Wunder wie die Merveille Pflege. Es handelt sich dabei um einen zweiflügligen, je dreistöckigen gotischen Bau an der Nordseite der Kirche, der so kunstvoll aufgetürmt ist, dass man kaum begreift, wie das die Baumeister im 13. Jahrhundert technisch bewerkstelligt haben. Im Westen steigt das Haus vom Keller über den Rittersaal und den Kreuzgang auf, im

Kloster Mont Saint-Michel Statue des Erzengels Michael, der den Teufel in Gestalt eines Drachens tötet. «

Kloster Mont Saint-Michel Victor Hugo nannte das imposante Ensemble treffend „Pyramide im Meer". »

157

Croagh Patrick Am letzten Sonntag im Juli, dem sogenannten Reek Sunday, strömen bis zu 25 000 Pilger auf den im Volksmund auch Reek bezeichneten Berg.

Osten befinden sich Almosen-, Speise- und Gästesaal. Die raffiniert ausgeleuchteten Gänge und Gewölbe bieten nicht nur einen überwältigenden Raumeindruck, sondern auch einen tiefen Blick ins Mittelalter und seine Frömmigkeit.

Die iroschottische Mission

Über den Ärmelkanal und um die englische Halbinsel Cornwall herum kommt Irland in Sicht, dessen Nationalheiliger Patrick ist. Er wurde um 385 als römischer Offizierssohn in Britannien geboren und als 16-Jähriger nach Irland verschleppt. Nach seiner Flucht nach Gallien beschäftigte er sich dort mit Theologie und gewann die Überzeugung, er müsse dem noch im Glauben schwachen Irland Jesu Botschaft einprägen. Um 432 kehrte er daher zurück und missionierte in zum Teil erbitterten Auseinandersetzungen mit heidnisch-keltischen Druiden vor allem den Norden und Westen des Landes. Geschickt griff er Verwaltungsstrukturen und heimische Bräuche auf und schuf eine effektive Kirchenorganisation. Schon gleich nach seinem Tod 453 setzte

die Heiligenverehrung Patricks ein (Fest 17. März), dem eine ganze Reihe von Gedenk- und Wallfahrtsorten gewidmet ist. Hier einer der wichtigsten: 764 Meter hoch erhebt sich in der Grafschaft Mayo in Nordwestirland der Kegel des **Croagh Patrick,** auf dem 441 der Heilige 40 Tage lang fastete und mit der Kraft seiner Gebete die Insel von Schlangen befreite. Ende Juli wird es auf dem Berg lebendig. Dann steigen viele Zehntausende von Pilgern jeden Alters hinauf – entweder mühselig querfeldein oder auf den vorgesehenen Pilgerpfaden. Viele gehen zur Verstärkung der Buße barfuß über die stellenweise scharfkantigen Geröllfelder. Oben an der Statue des segnenden Patrick entschädigt ein weiter Blick über die atlantische Unendlichkeit für die Mühen und erfüllt das Herz mit Dank für die Schöpfung.

Patricks Missionstätigkeit trug reiche Frucht nicht nur auf der „Grünen Insel", sondern bis weit nach Mitteleuropa und Skandinavien hinein: Sein Beispiel wirkte ansteckend auf spätere irische Mönche, darunter der ältere Kolumban (520 bis 597), der sich ein Jahrhundert nach Patrick mit zwölf Brü-

Saint-Mary-Kathedrale, Iona Die restaurierte Abtei der Klosteranlage aus dem frühen 13. Jahrhundert.

Croagh Patrick Statue des heiligen Patrick am Fuß des Hügels.

aus der Zeit der Benediktiner, die sich hier im 13. Jahrhundert ansiedelten, waren schon um 1900 wieder aufgebaut worden. Heute trotzt dem atlantischen Wind die malerische **Saint-Mary-Kathedrale,** die diese Bezeichnung durchaus verdient. Der kreuzförmige Saalbau aus rötlichem Granit trägt frühgotische Züge und beeindruckt mit baulicher Wucht, repräsentiert durch den quadratischen Vierungsturm. Nach Osten führt der Weg an einem reich verzierten über vier Meter hohen Steinkreuz vorbei zum St. Oran's Cemetery, wo viele schottische Könige begraben sind, darunter auch der von Shakespeare als schurkische Dramenfigur verwendete Macbeth. Leider sind die meisten Grabsteine und -kreuze im Zuge der Reformation im 16. Jahrhundert zerstört worden. Dennoch spüren Besucher etwas vom Geist der iroschottischen Missionare, die sich von der Unwirtlichkeit des Platzes nicht entmutigen, sondern inspirieren ließen.

⚜ Apropos Reformation: Die Loslösung der anglikanischen Kirche von Rom war zunächst nur ein Willkürakt König Heinrichs VIII. Dieser fühlte sich vom Papst gegängelt, weil der seine Ehe nicht wie gewünscht hatte annullieren wollen. Im vollen Sinn protestantisch wurde die Hochkirche auch später nicht, weswegen sich Abspaltungen wie die der Puritaner bildeten. Sie hatten mit dem Wallfahren nichts im Sinn, während die Anglikaner weiterhin sowohl für reichen Kirchenschmuck wie für die Verehrung heiliger Orte empfänglich waren. Insofern gibt es auch in England Pilgerziele in großer Zahl. Fünf sollen südwärts besucht werden.

Das erste steht in direkter Beziehung zu Iona. Bruder Aidan kam im Jahr 635 von dort nach Northumberland und

dern aufmachte, das Evangelium auch in Schottland zu verkünden. Er schlug sein Quartier auf der zu den Inneren Hebriden gehörenden Insel Hy auf, später **Iona** genannt, knapp neun Quadratkilometer groß im Westen der erheblich größeren Insel Mull vor dem Firth of Lorne. Kolumban baute eine Kirche und gründete ein Kloster, in dem er Missionare ausbildete, die Schottland und Nordengland christianisierten, bis nach Friesland und ins spätere Deutschland vordrangen und überall den Keim zu christlichen Kirchen legten. Beim Anblick des kargen Eilands mit den Ruinen der Feldsteingebäude will es heutigen Besuchern kaum in den Kopf, dass hier zwei Jahrhunderte lang das geistliche Zentrum Nordeuropas mit Ausstrahlung bis zu den Alpen gelegen haben soll. Nur die urwüchsige Natur, das raue Meer und der scharfe Wind vermitteln eine Ahnung davon, wie den Brüdern und später auch Schwestern auf dem Felsenfloß im Ozean unerschütterliche Glaubenskraft hat zuwachsen können.

Die im 8. und 9. Jahrhundert zerstörten Gebäude wurden 1958/59 von Archäologen wieder freigelegt. Andere Ruinen

erhielt für sein Vorhaben, den Bewohnern das Evangelium zu bringen, Unterstützung von König Oswald. Aidan fand auf der Insel **Lindisfarne** vor der Ostküste das geeignete Gelände für eine Klostergründung. Hierher würden sich Feinde nur selten verirren: Das Eiland ist auf dem Landweg nur bei Niedrigwasser zu erreichen und war zudem nicht besonders interessant. Das aber wurde gerade mit dem Kloster anders, blühte es doch in dem Maße, in dem Aidan mit seiner Mission Erfolg im Lande hatte. So nahm es nicht Wunder, dass die Nordmänner oder Wikinger nur 100 Jahre nach Aidans Tod bei ihren Beutezügen auch Lindisfarne heimsuchten, brandschatzten und schließlich zerstörten. Vom ersten keltischen Kloster ist so gut wie nichts mehr zu sehen. Die malerischen Ruinen stammen von einer Abtei der Benediktiner, die vom 11. bis zum 16. Jahrhundert bestand. Fromme Pilger nehmen durchaus noch das geistige Gründerklima wahr, besonders während der stillen Stunden

bei Flut. Dann kann man auf den steilen Hügel mitten im Land emporsteigen, wo eine zum Schloss umgebaute Burgruine steht, im Angesicht der See die eigene Kleinheit spüren und Aidans Ortswahl für sein Kloster verstehen.

Die englische Gotik

Viel weiter nach Süden drangen die iroschottischen Mönche auf den Britischen Inseln nicht vor, denn dort hatte das Christentum schon zur Römerzeit Fuß gefasst. Die ersten Kirchenbauten waren denn auch in den Orten entstanden, die Legionen als Hauptquartiere dienten. Ein solches unterhielt die 6. Legion im nordenglischen Eburacum, das 876 von den Dänen besetzt und in Jorvik umbenannt wurde, woraus der heutige Name **York** entstand. Die spätantike Kirche war zu der Zeit längst verfallen. Mitte des 13. Jahrhunderts begannen die Arbeiten an einer neuen Kathedrale

York Minster Rund 250 Jahre dauerte der Bau der im gotischen Perpendicular Style errichteten Kathedrale.

der inzwischen zum Erzbischofssitz aufgestiegenen Stadt. Diese ist der größte gotische Bau nördlich der Alpen und ein Musterbeispiel des Perpendicular Style, wie die englische Spätgotik wegen ihrer Betonung der Senkrechten genannt wird. Ihm verdankt das Gotteshaus auch den aufwendigen Schmuck und die für damalige Zeit außerordentlich kostbaren Fenster, wie sie vor allem den Nordflügel abschließen: ein Lichtensemble aus fünf lanzettenförmigen, durch schlanke Streben getrennten Fenstern, genannt Five Sisters (Fünf Schwestern). 16 Meter hoch und nur 1,50 Meter breit, ragen sie über die geschwungenen Arkaden des Schiffes hinaus und werden von fünf unterschiedlich hohen kleineren und enger stehenden Fenstern darüber zum Kreuzrippengewölbe emporgespitzt. Die Blicke der zur Andacht Gekommenen wie die der Baukunstbewunderer folgen ihnen unwillkürlich himmelwärts.

🏛 Nächste Station: Nur wenige Kilometer, ehe der Severn sich nach Westen zur Trichtermündung des Bristol Channel weitet, liegt am linken Ufer die Stadt **Gloucester**. Ihr Name verweist auf den römischen Ursprung – die Endung „cester" entstand aus dem lateinischen „castra", was so viel wie „Lager, Garnison" bedeutet. Eine Furt im Fluss machte den Platz strategisch wichtig als Übergang ins damals wilde Wales. Noch lange hielten sich dort heidnische Bräuche; Sakralbauten an dieser Stelle waren daher lange christliche Vorposten. Schon im 7. Jahrhundert siedelten sich Mönche an und gründeten ein Kloster, das im 11. Jahrhundert zur Benediktinerabtei wurde. Die frommen Brüder brauchten eine Klosterkirche – und so begann man 1089 mit einem

Klosterkirche, Lindisfarne Die Überreste des romanischen Kirchenbaus, den Benediktermönche 1140 fertigstellten. Vom keltischen Vorgängerbau ist nichts erhalten geblieben.

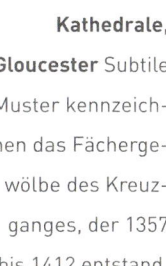

Kathedrale, Gloucester Subtile Muster kennzeichnen das Fächergewölbe des Kreuzganges, der 1357 bis 1412 entstand.

Bau, der sich zu einem christlichen Triumphhaus entwickeln sollte. Von den ersten Bauabschnitten der normannischen Frühzeit ist kaum etwas erhalten. Das heutige Aussehen besticht mit feinem spätgotischem Maßwerk und strengen Streben. Der massige und doch elegante Turm mit den vier Eckspitzen erhebt sich in seiner ganzen Majestät erst seit dem 15. Jahrhundert über der Vierung. Er thront direkt über dem stilistisch makellosen Chor im Innern. An die Apsis schließt sich noch eine Marienkapelle mit einem Fächergewölbe vom Ende des 15. Jahrhunderts an.

Die Gewölbeform, auch Palmen- oder Trichtergewölbe genannt, findet sich noch eindrucksvoller im Kreuzgang zwischen Hauptschiff und Kapitelhaus, beides vom klösterlichen Ursprung der Anlage herrührend. Dabei gehen von einem runden Schaft zahlreiche Rippen aus, sodass im Scheitel leicht eingewölbte Spiegel in Form von flachen Kugelschalen entstehen. Es ist eine Weiterentwicklung des Netzgewölbes und erzeugt den Eindruck eines Laubenganges, was durch das lichte Maßwerk zum Hof hin Unterstützung findet. Die 45,5 Meter langen Gänge des um 1400

Westminster Abbey, London Heiligenfiguren schmücken die Lady Chapel, in der auch die Gräber von Elisabeth I. und Maria Stuart liegen.

vollendeten Kreuzgangs erhalten dadurch eine Art perspektivischen Sog, dem sich der Wandelnde geborgen überlassen kann. Im Südgang sind Nischen in den Wänden ausgespart, wo einst Pulte standen, an denen die Mönche ihre Schreibarbeiten erledigten. Der Nordgang hielt Waschgelegenheiten bereit, da Reinheit zu den mönchischen Tugenden zählte und beim Gang ins Gotteshaus vorgeschrieben war.

Für Gott und die Krone

Im Herzen der Hauptstadt steht der bedeutendste Sakralbau des Königreichs. Schon der Begründer plante ihn als Beisetzungsstätte: König Eduard, Jahrgang 1003, hatte den englischen Thron 1042 bestiegen und sich ganz unköniglich vor allem um die Armen in seinem Reich und um Kirchen und Klöster gekümmert. Er ließ die Abtei Sankt Peter am Westrand des damaligen Londoner Stadtgebiets, der heutigen City, errichten. Am 5. Januar 1066, zehn Monate, ehe die Normannen kamen, starb er und fand seine letzte Ruhestätte in seiner Gründung. Das Grab des Herrschers mit dem Beinamen „der Bekenner" ist erhalten und war lange ein prominentes Pilgerziel. Die nachfolgenden Könige ließen sich bis 1760 ebenfalls in der zur **Westminster Abbey** wachsenden Kirche beisetzen. Und Eduards Nachfolger Wilhelm der Eroberer begründete mit seiner dortigen Krönung 1066 einen bis in die Gegenwart beibehaltenen Brauch. Eine Krönungskirche aber verlangt nach angemessenen Dimensionen und herrscherlichem Schmuck. Und so

Westminster Abbey, London Die prächtige Westfassade, deren beide Türme erst in der ersten Hälfte des 18. Jahrhunderts entstanden sind.

bauten denn die Könige der nächsten Jahrhunderte immer weiter und schließlich sogar gänzlich neu, da das Flickwerk auf Dauer nicht befriedigte. Heinrich III. (König 1216 bis 1272) setzte an die Stelle des normannischen Vorgängerbaus eine von der französischen Gotik beeinflusste Kirche.

Die Grablegen von Westminster künden von vergangenem Ruhm, von Tragödien und Triumphen. Alle aufzuzählen führte hier zu weit, ein Blick in den östlichen Gebäudeteil hinter dem Hochaltar soll genügen: Er beginnt mit Grab und Kapelle des Gründerkönigs Eduard, das verschiedenen Heiligen geweihte Andachtsräume umkränzen, und geht dann über in den historisch wie architektonisch wichtigsten Teil, die Kapelle König Heinrichs VII., des 1485 bis 1509 regierenden Begründers der Tudor-Dynastie. Im nördlichen Umgang darum liegt das Grab der großen Elisabeth I. (Königin 1558–1603), im südlichen das ihrer unglücklichen Rivalin Maria Stuart, der schottischen Königin, die Elisabeth 1587 nach fast 20-jähriger Haft hinrichten ließ. An der Ostspitze dann folgt eine für ein Gotteshaus ungewöhnliche Gedenkstätte aus neuester Zeit: die Royal-Air-Force-Kapelle mit dem Battle of Britain Memorial Window, das an die Rettung Englands 1940/41 im Kampf gegen die deutsche Luftwaffe erinnert.

Königlicher mag Westminster Abbey ja sein, kirchlich gesehen steht sie in England aber höchstens an zweiter Stelle. Tra-

Kathedrale, Canterbury Blick in den Chor (Trinity Chapel), der nach einem Brand 1174 im gotischen Stil neu erbaut wurde.

ditionell war und ist der Erzbischof von **Canterbury,** ein wenig weiter südöstlich in der Grafschaft Kent, Primas der englischen Kirche. Seine Kathedrale war ein hochrangiges Pilgerziel gerade wegen des grausigen Dramas, das sich dort im 12. Jahrhundert abgespielt hat: König Heinrich II. hatte seinen Lordkanzler Thomas Becket 1162 auf den Erzbischofs-stuhl gesetzt und gehofft, so entscheidenden Einfluss auf die Kirche gewinnen und sie zu einem Werkzeug seiner Politik machen zu können. Doch Gott lenkte auch hier, nämlich das Herz des bis dato so weltlichen Thomas. Wie der staatlichen Aufgabe zuvor, nahm der neue Erzbischof sich nun der kirch-lichen energisch an und veränderte auch den bisherigen Lebensstil radikal. „Der König hat ein Wunder vollbracht", spotteten die Leute. „Er hat einen Ritter in einen Mönch ver-wandelt." Schwere Konflikte blieben nicht aus. Schließlich musste Thomas 1164 nach Frankreich ausweichen. Mit einem Friedensangebot wurde er 1170 zurück nach Canter-bury gelockt und konnte einen Monat lang in trügerischer Ruhe amtieren. Dann kamen die Mörder: Vier Ritter drangen in den Dom ein und töteten den Erzbischof vor dem Altar. Der Grad der Verstrickung des Königs in die Bluttat ließ sich

nie ganz aufklären. Thomas indes wurde schon 1173 als „Märtyrer des Kirchenrechts" heiliggesprochen.

Wer fortan nach Canterbury pilgerte, tat das auch zur Betonung des kirchlichen Gegengewichts gegen die Politik, sei sie von Königen oder gewählten Regierungen gemacht. Natürlich lockt auch das herrliche Gotteshaus Kunstfreunde wie Sucher nach innerer Einkehr an. Baubeginn war etwa 100 Jahre vor Beckets Tod, die Weihe erfolgte 1130. Natür-lich wurde in der Folgezeit eifrig am Ausbau und an der Ver-schönerung gearbeitet, Quer- und Hauptschiff wurden im 15. Jahrhundert durch spätgotische Neubauten ersetzt, der Vierungsturm oder Bell Harry entstand um 1500. Im Innern herrscht farbiges Dämmerlicht, das durch die prächtigen Fenstermalereien hereinflutet und die fantastische Chor-schranke umspielt. Nur die Krypta stammt noch aus nor-mannischer Zeit, der Kreuzgang hingegen ist gotisch geprägt. Zur Kathedrale gehören weitere imponierende Gebäude, darunter eine Bibliothek voller Schätze. Canter-bury war im Rahmen der Baedeker-Angriffe 1942 Ziel deutscher Bomber, die Kathedrale blieb aber wie durch ein Wunder vor schwereren Schäden bewahrt.

Mitteleuropa

Vergleichsweise spät drang die christliche Lehre nach Germanien vor. Doch so schwer sie es hier anfangs hatte, so tief prägte sie Menschen und Kultur. Das heute deutschsprachige Gebiet weist fromme Orte ohne Zahl auf. Einige davon erinnern auch daran, dass die Reformation von hier ihren Ausgang nahm.

Gnadenkapelle, Kevelaer Pilger vor dem sechseckigen Kuppelbau – durch eine große portalartige Öffnung blicken die Gläubigen auf das Gnadenbild.

Zurück auf den Kontinent nach Deutschland, und zwar zunächst in den Westen: Hinter der niederländischen Grenze erreichen wir **Kevelaer,** das denn auch durch eine Weisung in niederländischer Sprache zum Wallfahrtsort wurde: „Op deze plaats sult gij mij een kapelleken bouwen! – An dieser Stelle sollst du mir ein Kapellchen bauen!" Diese Worte einer unsichtbaren Sprecherin hörte der Wanderhändler Hendrick Busman 1641, als er an einem Hagelkreuz betete. Da ihn der Befehl mehrmals am gleichen Ort erteilt wurde, beschloss er, ihn zu befolgen, obwohl er die Mittel dazu eigentlich gar nicht hatte. Eine Vision seiner Frau und ein Andachtsbild, das sie von Soldaten bekommen hatte, zeigten Hendrik, wie er das „Heiligenhäuschen" für die Muttergottes gestalten sollte. Die Kirche nahm sich nach eingehendem Verhör der Sache an – 1654 war um das einfache Heiligtum des 1649 verstorbenen Busmans eine sechseckige Kapelle entstanden mit einer Fenster-

öffnung, durch die Vorübergehende das Bild der Himmelskönigin im weiten Ornat
mit dem gekrönten Jesuskind auf dem Arm sehen können. Es strömten mit der
Zeit immer mehr Menschen nach Kevelaer (heute jährlich an die 100 000 in den
Monaten Mai bis Oktober), weshalb im 19. Jahrhundert neben der Gnadenkapelle
eine große Wallfahrtsbasilika für die Gottesdienste errichtet werden musste.

Kirchenschatz am Rhein

Die ins 50 Kilometer weiter südlich gelegene **Köln** pilgernden Gläubigen kommen
natürlich auch wegen des mächtigen **Doms,** aber mehr noch wegen seines Kir-
chenschatzes. Er verwahrt eine Kostbarkeit, die Rainald von Dassel (1120–1167),
Reichskanzler und Erzbischof von Köln, im Juli 1164 an den Rhein gebracht und
die Stadt zu einem bedeutenden Wallfahrtsort gemacht hat: Rainald hatte im zerstörten Mailand die Reliquien der Heiligen Drei Könige geborgen und sich ange-
eignet. Nikolaus von Verdun und die Künstler seiner Werkstatt fertigten gegen
Ende des 12. Jahrhunderts einen goldenen Schrein (Breite, Höhe, Länge: 1,1 mal
1,5 mal 2,2 Meter), der an Pracht fast alles übertrifft, was an mittelalterlicher Kunst
überliefert ist. Er trug mit seinem Inhalt, aber auch mit seinem Schmuck – in Zahlen: 300 geschnittene Steine, über 1000 Perlen und Edelsteine, 74 wundervolle
Figuren aus vergoldetem Silber – wesentlich zur „Colonisierung" (Verkölnung) der

Kirchenkranz

Im 10. Jahrhundert nahm das Stadtbild von Köln die Gestalt an, die bis heute den Kern christlich prägt. Entscheidend dafür war Erzbischof Bruno, der einen Kranz von Kirchen um die einstigen Mauern der römischen Stadt legte und dafür sorgte, dass Besucher Kölns überall zunächst auf ein Gotteshaus stießen. Beim Näherkommen erschien die Silhouette der Stadt dem Betrachter wie ein Bild des vieltürmigen Himmlischen Jerusalems; man sprach daher vom „Heiligen Köln". Bruno positionierte seine Neubauten zudem so, dass die Linien, die sie untereinander verbinden, ein virtuelles Kreuz bilden. Von St. Severin im Süden schlossen sich im Halbkreis an: St. Pantaleon, St. Aposteln, St. Gereon, St. Ursula und schließlich St. Kunibert am Rhein im Norden.

Pfalzkapelle, Aachen Karl der Große weiht in seiner „Lieblingspfalz" Aachen die Kapelle (Gemälde von Bernard Van Orley, 1492– 1542).

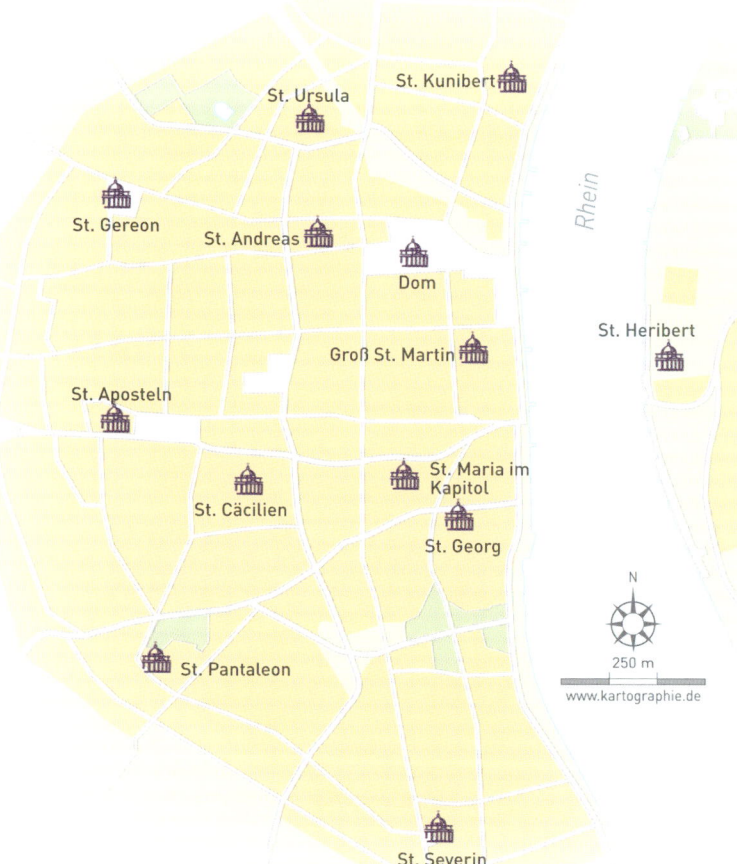

Mailänder Beute bei. Obwohl die Heiligen wohl keine Könige, sondern Magier oder Sterndeuter waren, hat die Stadt Köln ihnen zu Ehren drei Kronen in ihr Wappen aufgenommen.

Fast noch wichtiger ist vielen der Besuch einer anderen Kölner Kirche, in der eine besondere Heilige verehrt wird: Auffallend schön soll die englische Königstochter Ursula gewesen sein. Sie war einem Fürsten in der Bretagne versprochen. Zu ihm machte sich Ursula mit angeblich 11 000 Gefährtinnen im Jahr 451 zu Schiff auf. Ein Sturm aber trieb die Flotte in die Nordsee und dann in die Rheinmündung. In Köln gingen die Frauen an Land. Die Stadt allerdings war von den Hunnen besetzt, die nach ihrer Niederlage auf den Katalaunischen Feldern nach Rache dürsteten. Die frommen Frauen kamen ihnen gerade recht. Die Krieger vergewaltigten sie und ermordeten sie allesamt. Nur Ursula, auf die der Hunnenkönig Attila höchstpersönlich ein Auge geworfen hatte, blieb am Leben. Doch als sie sich dessen lüsternen Zugriff standhaft verweigerte, tötete er auch sie mit einem Pfeil. Die Legende berichtet, dass daraufhin 11 000 Engel vom Himmel gekommen seien und die Hun-

im Innern aber formenreich und feierlich ausgestaltet. Der Zentralbau war eine ungewöhnliche Bauform; bisher hatte jedenfalls nördlich der Alpen das Langhaus dominiert. Das Aachener Gotteshaus hatte drei Aufgaben: Es sollte Reliquien bergen, einen würdigen Rahmen für liturgische Feiern bieten und die Stellung des Königs betonen. Der hohe Zentralraum wurde umschlossen von einem sechzehneckigen, zweigeschossigen Umgang, im Osten ein kleiner Altarraum (später durch den gotischen Chor ersetzt) und im Westen ein wuchtiger Eingangsbau mit angefügtem Turm, davor ein großer Säulenvorhof (Atrium).

Zu Gottesdiensten versammelten sich die Geistlichen des Hofes im Erdgeschoss des Achtecks, der König und sein engstes Gefolge wohnten der Zeremonie im Obergeschoss bei; sein Thron aus Marmorplatten, schlichtes, aber kraftvolles Prunkstück des Münsters, stand und steht sechs Stufen erhöht im Umgang über dem Eingangsbereich. Durch ein Fenster im Rücken des Throns bestand Sichtverbindung ins Atrium, in dem sich das Volk aufhielt. In der Anordnung der Altäre drückt sich Karls Auffassung von weltlicher und geistlicher Herrschaft auf sinnfälligste Weise aus: Im Erdgeschoss der Kirche, dort also, wo sich der Klerus versammelte, standen der Marien- und der Petrusaltar; der Altar des Erlösers jedoch befand sich im Obergeschoss, dem Königsthron gegenüber und auf gleicher Höhe mit diesem. Darin wird Karls Anspruch deutlich: Er sah sich als Abbild Christi und seine Macht als von ihm verliehen an.

⛪ Weiter südwärts ein Wechsel ins Luxemburgische hinüber zu einer Stippvisite im Grenzort **Echternach.** Das schon

nen buchstäblich zum Teufel gejagt hätten. Die schwer geprüften Einwohner der Stadt erbauten zum Dank über Ursulas Grab eine Kirche, von der in der **Sankt-Ursula-Basilika** noch heute ein Stein aus dem 5. Jahrhundert zeugt. Die Gebeine der Heiligen ruhen in einem kostbaren Goldschrein aus dem 12. Jahrhundert.

Thron und Altar

⛪ Südwestwärts zur belgischen Grenze nach Aachen: Hier residierte einst Karl der Große, über dessen Kirchenbau Notker der Stammler (um 840–912) schrieb: „Als der rüstige Kaiser Karl zu einiger Ruhe gelangen konnte, wollte er doch nicht in Muße feiern, sondern für den Dienst Gottes arbeiten, sodass er es unternahm, in seinem Vaterland eine Kirche, herrlicher als die alten Werke der Römer, nach eigenem Plan zu erbauen, und in kurzer Zeit sein Ziel erreicht sah." Die um 800 geweihte Kapelle der **Pfalz zu Aachen** entstand nach byzantinischen Vorbildern. Während von der Pfalz fast nichts übrig blieb, ist die Kapelle – inzwischen eingerahmt durch spätere Anbauten – im Kern erhalten: ein markantes, hoch ragendes Oktogon, von außen einer Festung ähnlich,

Springprozession, Echternach Traditionell tragen die Teilnehmer des frommen Zuges schwarze Hosen und weiße Hemden.

zur Römerzeit besiedelte Städtchen erlebte seit der Gründung seines Benediktinerklosters im 7. Jahrhundert durch den irischen Mönch Willibrord einen Aufschwung. Die Gruft des Heiligen befindet sich in der Krypta der mit prächtigen hochmittelalterlichen Fresken ausgemalten Basilika aus der Merowingerzeit. Im beschaulichen Echternach geht es an jedem Pfingstdienstag höchst turbulent zu, wenn Pilger und Schaulustige zur sogenannten Springprozession (Procession dansante) in die Stadt strömen. Dabei tanzen die Teilnehmer in seltsamen Sprüngen vom Kloster zur Basilika, wo der dort beigesetzte heilige Willibrord um Hilfe

gegen Fallsucht (Epilepsie), Krämpfe, Nervenleiden und Kinderkrankheiten angerufen wird.

Helfer in der Not

Mit großem Schritt nach Osten: Warum zwischen Coburg und Bamberg eine der schönsten barocken Wallfahrtsbasiliken Europas zu finden ist, weiß die Legende so zu begründen: Der Tag neigte sich, die Herde musste in den Stall. Der junge Schäfer Hermann Leicht begann, die Tiere zum Zisterzienserkloster Langheim zurückzutreiben, als er erschro-

Thesenanschlag zu Wittenberg Gemälde des
Historienmalers Ferdinand Pauwels (1872).

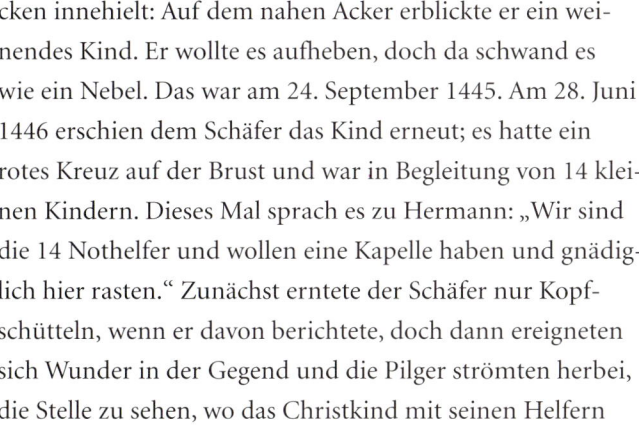

Vierzehnheiligen Der prächtige Gnadenaltar erhebt sich direkt über der Stelle, an der dem Schäfer die 14 Nothelfer erschienen sein sollen. **«**

cken innehielt: Auf dem nahen Acker erblickte er ein wei-
nendes Kind. Er wollte es aufheben, doch da schwand es
wie ein Nebel. Das war am 24. September 1445. Am 28. Juni
1446 erschien dem Schäfer das Kind erneut; es hatte ein
rotes Kreuz auf der Brust und war in Begleitung von 14 kleinen Kindern. Dieses Mal sprach es zu Hermann: „Wir sind
die 14 Nothelfer und wollen eine Kapelle haben und gnädig-
lich hier rasten." Zunächst erntete der Schäfer nur Kopfschütteln, wenn er davon berichtete, doch dann ereigneten
sich Wunder in der Gegend und die Pilger strömten herbei,
die Stelle zu sehen, wo das Christkind mit seinen Helfern

erschienen war. Und nach nur zwei Jahren konnte bereits
eine Kapelle geweiht werden.

In der heutigen prachtvollen Gestalt war die **Basilika
Vierzehnheiligen** im Landkreis Lichtenfels allerdings erst
über drei Jahrhunderte später vollendet. Bei wachsendem
Andrang von Wallfahrern musste die Kirche ständig erweitert werden. Im 18. Jahrhundert fasste dann der Abt des
Klosters den Entschluss, eine große Abteikirche zu bauen.
Gottlob – hier passt der Seufzer wirklich einmal – besann er
sich eines Besseren und lenkte die dafür vorgesehenen Mittel um in einen Neubau der Wallfahrtskirche am Ort der
Erscheinung. Mit der Planung beauftragte er Balthasar Neumann (1687–1753), den bedeutendsten deutschen Baumeister des Barock. 1743 konnte der Grundstein zu einer drei-
schiffigen, doppeltürmigen Säulenbasilika aus dem gelben
Sandstein der Gegend gelegt werden, welche die heilige
Stätte in den Innenraum einbezog. Neumann wäre von der
Umsetzung seines Entwurfs und vor allem davon begeistert
gewesen, dass in der vorgesehenen Hauptrotunde am Ort
des Wunders der freistehende Gnadenaltar von Johann
Michael Feuchtmayr (1710–1772) platziert wurde. Er ist der
eigentliche Schatz dieser an Schätzen so reichen Kirche. Der
Figurenschmuck, vor allem natürlich die Skulpturen der
14 Nothelfer, sucht seinesgleichen.

Kaiser und Papst getrotzt

Die meisten Besucher in Eisleben, Wittenberg und auf der Wartburg werden sich kaum als Pilger bezeichnen. Und doch hat sich so etwas wie eine Wallfahrt dorthin herausgebildet. Sie wird 2017 ihren Höhepunkt erleben – dann nämlich jährt sich dessen Tat zum 500. Mal, dem die Reisen hierher gelten: Martin Luther (1483–1546) hämmerte am 31. Oktober 1517 seine 95 Thesen gegen den Ablasshandel und gegen die Missstände in der Kirche an die Tür der **Wittenberger Schlosskirche.** Vielleicht ist das Hammerbild eine spätere Legende zur Unterstreichung der Wirkung, die Luthers Proklamation zeitigte. Sie zerstörte die Einheit der katholischen Weltkirche und legte den Keim zur Befreiung vieler Christen aus klerikaler Vormundschaft in einer neuen evangelischen, also im Wort des Neuen Testaments wurzelnden Gemein-

schaft. Der in **Eisleben** geborene (und gestorbene) Mönch, der 1521/22 auf der **Wartburg** eben dieses Testament in ein ungeheuer wuchtiges, betörend klangvolles Deutsch übersetzte, der es im Vertrauen auf Gottes „feste Burg" mit Kaiser und Papst aufnahm und der es nicht nur wagte zu heiraten, sondern als Ehefrau auch noch eine entlaufene Nonne wählte – dieser Mann ist als Reformator zum fast sakralen Verehrungsobjekt geworden, dem sogar die Führung der DDR 1983 einen glanzvollen 500. Geburtstag ausrichtete. Er selbst hätte sich solches Beweihräuchern unwillig verbeten und Bewunderer an den verwiesen, vor dessen Richter-Thron alle dereinst treten müssen, um mit Luthers letzten Worten zu erkennen: „Wir sind Bettler, das ist wahr."

Perle des oberschwäbischen Barocks

Ein Schwenk nach Süden bringt uns zu einem Schmuckstück am Nordufer des Überlinger Sees, des nordwestlichen Astes

Wallfahrtskirche Birnau Ganz schön kess – der „Honigschlecker" von Feuchtmayer.

Wallfahrtskirche Birnau Unweit vom Ufer des Bodensees erhebt sich das Kleinod, das an der Oberschwäbischen Barockstraße liegt.

des westlichen Bodensees. Über einer Terrasse inmitten von Weinreben erhebt sich ein Schloss, das sich erst beim näheren Hinsehen als Sakralbau erweist: apfelblütenfarben die Fassade, nicht übermäßig hoch und doch mit einem Mittelturm, der unmissverständlich gen Himmel weist – so präsentiert sich die Wallfahrtskirche, kurz „die Birnau", dem Betrachter. Drei der bedeutendsten Barock-Künstler haben dem lieblichen Gotteshaus Form und Zier verliehen: Baumeister Thumb (1681–1766), Stuckateur und Bildhauer Joseph Anton Feuchtmayer (1696–1770) und Freskenmeister Gottfried Bernhard Göz (1708–1784). 1746 war Baubeginn der Kirche, die schon nach vier Jahren geweiht werden konnte.

Unvergleichlich ist nicht nur die äußere Eleganz, sondern auch ihre Innenraumwirkung: Betritt man das lichtdurchflutete Haus, weiten sich seine Wände und erzeugen ein Gefühl der himmlischen Entgrenzung. Farbensprühende Altäre, Büsten von Aposteln, Gott preisende Engel, anrührend gestaltete Kreuzwegstationen, vergoldete Marmorsäulen,

Nikolaus von der Flüe Das Altarbild (1492) in der Pfarrkirche von Sachseln betont die Frömmigkeit des Einsiedlers, der auch Bruder Klaus genannt wird.

dynamische Schwünge – all das bildet ein lebhaftes Miteinander zum Lob des Höchsten, der das menschliche Wirken hier sichtbarlich gesegnet hat und dem Betrachter das Herz erwärmt für das, was er hofft, und den Glauben stärkt an das, was er trotz der gebotenen Fülle nicht zu sehen vermag.

Bei aller andächtigen Ausrichtung geht es allerdings stellenweise auch recht irdisch zu. Das berühmteste Beispiel dafür ist der sogenannte Honigschlecker, ein Putto der neckischen Art am Bernhard-Altar des rechten Querschiffs. Er ist dem berühmtesten aller Zisterzienser, dem heiligen Bernhard von Clairvaux (1091–1153), geweiht, dem seine Gelehrsamkeit und Redegabe den Beinamen „Doctor mellifluus" (honigfließender Lehrer) eingetragen hat. Das naschhafte Engelchen soll eine Anspielung sein auf die „Süße" der Worte des Heiligen. Feuchtmayer freilich hat das nur als Impuls dafür genommen, ein verschmitztes Kerlchen zu schaffen, das sich heimlich am Honigfass zu schaffen macht und nonchalant so tut, als könne es kein Wässerchen trüben. Schließlich kann es sich auf die Heilige Schrift berufen, wo es in den Sprüchen Salomos (24, 13) heißt: „Mein Sohn, iss Honig, denn er ist gut."

„Gott genügt"

Wir setzen über den Bodensee und pilgern weiter bis ins Herz der Schweiz an den Sarnersee. Dort kam im Ort Sach-

Gnadenkapelle, Altötting Papst Benedikt XVI. besuchte den bayerischen Wallfahrtsort im September 2006.

Fußwallfahrt Etwa 500 000 Gläubige pilgern jährlich nach Altötting (im Bild links Bischof Reinhard Marx). »

seln 1417 Nikolaus – oder kurz: Klaus von Flüe – zur Welt. Er wurde zunächst Offizier, wobei er sich eher durch Gebetsübungen als durch Heldentaten auszeichnete. 1444 heimgekehrt, übernahm er den elterlichen Hof, wurde Ratsherr und Richter seiner Gemeinde. Als sein Sohn die Arbeit übernehmen konnte, erfüllte sich Klaus die Sehnsucht nach einem Leben als Einsiedler. 1467 zog er sich in die Ranft-Schlucht unweit seines Hofes zurück. Der heute Sankt Niklausen genannte Ort erwies sich als ideal für stille Andacht und Vertiefung in Christi Leiden, Tod und Auferstehung. Bruder Klaus, wie ihn die Leute nannten, lebte in den letzten 20 Jahren praktisch ohne Nahrung. „Gott genügt", sagte er. In seinem Lieblingsgebet heißt es: „Mein Herr und mein Gott, nimm mich mir / und gib mich ganz zu eigen dir." Schon zu Lebzeiten stand Nikolaus im Ruf der Heiligkeit. Menschen aus nah und fern suchten seinen Rat. Sein Grab ist bis heute Wallfahrtsort. 1669 wurde Nikolaus unter die Seligen der Kirche aufgenommen, 1947 von Pius XII. heiliggesprochen. Er ist Patron der Schweiz.

Wundertätiges Gnadenbild

Hochbeliebtes Pilgerziel ist **Altötting,** das wir quer durch Bayern ostwärts erreichen. Die über dem Inntal gelegene Kreisstadt kann sich des wohl ältesten Kirchenbaus Deutschlands rühmen: Die **Gnadenkapelle** steht auf den Fundamenten eines

um 700 erbauten Taufhauses. Sie war Ende des 15. Jahrhunderts Schauplatz unerhörter Wunder, bei denen tödlich verunglückte Kinder der gekrönten „Schwarzen Muttergottes" dargebracht und von ihr – wie wäre das sonst zu erklären gewesen? – wieder zum Leben erweckt worden waren. Damals war die gekrönte Madonna, die das ebenfalls eine Krone tragende Jesuskind hält, vermutlich schon schwarz vom Ruß der vielen Kerzen, die vor dem um 1330 hier aufgestellten frühgotischen Bildwerk aus Lindenholz angezündet worden waren und seitdem in noch größerer Zahl ständig davor brennen.

Traditionell beginnt die Fußwallfahrt nach Altötting im 111 Kilometer entfernten Regensburg und führt über Mangolding, Dingolfing und Gangkofen zur segensreichen Maria. Dort umrunden die Pilger mit bereitliegenden Kreuzen, die sie auf den Rücken nehmen, die Gnadenkapelle oft auf den Knien und sprechen ihre Bittgebete. Tausende von Votivtafeln zeugen von der Art ihrer Sorgen und von ihrem Dank für den Beistand der Madonna. 2006 kam selbst Papst Benedikt XVI., der im nahen Marktl geboren

Schwarze Muttergottes, Altötting Das frühgotische Werk entstand wohl im Burgund oder am Oberrhein.

Basilika, Mariazell Die Marienstatue des Bruder Magnus steht im Zentrum des von Joseph Emanuel Fischer von Erlach geschaffenen Gnadenaltars.

wurde, hierher und legte seinen Bischofsring vor dem Gnadenbild nieder. Welche Bitte er nach Übernahme des vielleicht schwersten Amtes der Welt an die Himmelskönigin gerichtet hat, ist nicht überliefert.

Um die Pilger kümmern sich die Mönche des Kapuzinerklosters, dessen **Bruder-Konrad-Kirche** den Namen eines Heiligen trägt: „Ich nehme alles mit Dank vom lieben Himmelsvater an, seien es Leiden oder Freuden; er weiß wohl, was besser für uns ist", schrieb der als Johannes Birndorfer 1818 geborene Kapuziner-Bruder mit dem Ordensnamen Konrad. Der schlichte Satz sagt mehr über den Heiligen, als es eine dickleibige Biographie könnte. Von Kindesbeinen an war der Bauernsohn ein tiefreligiöser Mensch. Ursprünglich sollte er den elterlichen Hof erben, doch war absehbar, dass er mönchisches Leben vorziehen würde. Einfach aber wurde ihm der Weg nicht gemacht, denn manchem Klostervorsteher schien der junge Mann etwas zu einfältig, als dass er ihn

unter seinen Novizen hätte haben wollen. Schließlich fand er 30-jährig Aufnahme bei den Kapuzinern in Altötting, musste aber mit dem Posten des Pförtners vorliebnehmen. Über vier Jahrzehnte lang versah Konrad den Dienst an der ewig bimmelnden Pforte. Bettler baten um Almosen – Konrad suchte und fand für jeden eine Gabe. Reisende stellten endlose Fragen – Konrad gab geduldig und gütig Bescheid. Kinder neckten den Bruder – Konrad sagte kein böses Wort, sondern freute sich an der pfiffigen Jugend. 18 Stunden am Tag war er wach für andere. Die wenigen freien Zeiten gehörten dem Gebet. 1934 sprach Papst Pius XI. den 1894 gestorbenen demütigen Diener Gottes heilig.

Worte stärker als Stein

Es geht weiter in südöstlicher Richtung nach **Mariazell** in der Obersteiermark, dem bedeutendsten Wallfahrtszentrum Österreichs und nach wie vor auch Ungarns. Natürlich findet man unter den vielen Hunderttausenden von Pilgern, die alljährlich ins Zellertal strömen, auch Besucher aus anderen Ländern, ist doch seit der Gründung des Ortes 1157 der heilige Ruf Mariazells in alle Welt gedrungen.

Den Anfang machte der Mönch Magnus, der mit einer Marienstatue hierher kam und sich auch nicht von einem Felsen aufhalten ließ. Mit einem Gebet zerbrach er das Hindernis und baute eine Kapelle um das Bildwerk, die er zugleich als Mönchszelle nutzte – daher der Ortsname. Nach einigen wundersamen Heilungen, die sich in Mariazell ereigneten, begannen die Pilger herbeizuströmen. Eine gotische Kirche entstand, von der nur noch Mittelturm und Langhaus erhalten sind, wobei man das Letztere kaum noch als gotisch erkennt. Als die beiden weiteren Türme im 18. Jahrhundert errichtet wurden, schmückte man auch das Innere so üppig aus, dass dabei eine fesselnde Stilmixtur herauskam. Mehr noch als die barock-gotische Dreitürmefassade verblüffen die farbenprächtigen Verkleidungen der gotischen Säulen und des Kreuzgewölbes. Mittelalterliche Strenge und barocke Sinnenfreude ringen um die Vorherrschaft – und je nach Stimmung und Geschmack lässt man sich so oder so davon inspirieren. Und in der an der ursprünglichen Stelle erhaltenen, wenn auch mehrfach umgestalteten Gnadenkapelle ruht noch immer die Marienstatue von Bruder Magnus.

Basilika, Mariazell Zwei barocke Türme mit Zwiebeldach rahmen den gotischen Mittelturm ein.

Osteuropa und Übersee

Die Trennlinie, die einst weströmisches und oströmisches Reich schied, existiert im kirchlichen Sinn bis heute. Während Dalmatien katholisch geblieben ist, beginnt in Griechenland die orthodoxe Welt. Nach Norden verlängert sich diese Teilung bis zur Ostsee: Polen ist katholisch, Russland orthodox.

Jasna Góra, Tschenstochau In der Klosterkirche drängen sich die Pilger; hinter dem Eisengitter das Gnadenbild der Schwarzen Madonna. «

Königliche Muttergottes

Eine Städtepartnerschaft verbindet Mariazell mit anderen Orten der Marienverehrung, darunter auch **Tschenstochau (Częstochowa)** in Südwestpolen, wo die Schwarzen Madonna verehrt wird. Herkunft wie Karriere, künstlerische Qualität wie Beschädigungen des berühmtesten Bildes Polens sind nicht genau zu klären. Deswegen zuerst die fromme Legende: Der Evangelist Lukas soll das Bildnis der Muttergottes auf ein Brett von Zypressenholz gemalt haben, das vom Tisch der Familie Jesu aus Nazareth gestammt habe. Im Lauf der Jahrhunderte sei das Bild vor allem da, wo wenig Farbe war, nachgedunkelt. Da es sich aber um Farbe auf Stoff (Leinwand) und eindeutig um eine Lindenholztafel handelt, bleibt von der Legende nicht viel, lässt man sich von solchen irdischen Einwänden beeindrucken. Die Kunsthistoriker jedenfalls schwanken in der zeitlichen Zuordnung zwischen dem 6. und 14. Jahrhundert, in der regionalen zwischen Byzanz der Frühzeit und Siena des Hochmittelalters.

178

Schwarze Madonna, Tschenstochau Geheimnisumwobene Sakralkunst – weder Entstehungsort noch -zeit konnten bisher auch nur annähernd geklärt werden.

St. Jakob, Medjugorje Noch ist das Wallfahrtsziel in der Herzegowina nicht vom Vatikan anerkannt – den Menschen spendet es dennoch Trost.

Erstmals erwähnt wurde das 82 mal 122 Zentimeter große Bild 1384, als die Ikone von Wladyslaw von Opole (Oppeln) dem kurz vorher gegründeten Paulinerkloster Jasna Góra (Heller oder Lichter Berg) im heutigen Tschenstochau vermacht wurde. Dass die Madonna Wunder vollbringen kann, bezweifelten Gläubige nie, seit 1655 aber war daran schon gar nicht mehr zu rütteln: Das inzwischen mit Bastionen wehrhaft ausgebaute Kloster überstand in diesem Jahr eine 40-tägige Belagerung durch ein schwedisches Heer, dessen Geschosse von Maria in ungefährliche Richtungen gelenkt wurden. So erklärte man sich dass „Wunder von Tschenstochau", das den Zulauf von Wallfahrern noch verstärkte und den damaligen König Jan Kazimierz (Johann Kasimir) II. zu einer großen Geste veranlasste: In der Kathedrale von Lemberg legte er seine Krone auf den Altar und weihte sein Land der Gottesmutter als „Königin von Polen". Zu ihr pilgern inzwischen jährlich dreieinhalb Millionen Menschen (2006), davon Hunderttausende zu Fuß, wobei die klassische Strecke von der Hauptstadt Warschau ins 230 Kilometer entfernte Tschenstochau führt. Der Trend nahm noch zu, nachdem Papst Johannes Paul II. bei seinem ersten Besuch in der Heimat 1979 auf die Jasna Góra gepilgert war und dem Bild der Schwarzen Madonna eine goldene Rose gestiftet hatte.

Schwer dagegen tut sich die katholische Kirche mit einer angeblichen oder tatsächlichen Erscheinung der Gottesmutter aus neuester Zeit: In **Medjugorje** unweit der dalmatischen Küste in der Herzegowina wollen Jugendliche am 24. Juni 1981 eine Marienvision gehabt haben, die sich seitdem ständig wiederholt und inzwischen über eine Million Pilger jährlich in den kleinen Ort (4300 Einwohner) strömen

lässt. An die Jakobskirche musste ein Außenaltar angeschlossen werden, vor dem in einer Art Amphitheater 5000 Gottesdienstbesucher Platz finden. Besonders bewegt die Menschen, dass die Himmelskönigin ausgerechnet hier mit ihrer dringlichen Mahnung zum Frieden auftritt – hier, wo zehn Jahre nach der ersten Erscheinung die Brandfackel des Krieges zu lodern begann. Zwar blieb der Ort nach Aussage von Wundergläubigen eben wegen der allerheiligsten Madonna vor Gräueln und Schäden bewahrt – Maria soll sogar drei Luftangriffe durch Blenden der Piloten und Entschärfen ihrer Bomben unwirksam gemacht haben –, Land und Ort scheinen jedoch dennoch wie geschaffen für ihre Botschaft der Liebe und der Versöhnung. Bisher verweigert Rom die Anerkennung von Medjugorje als Wallfahrtsziel; die Abstimmung mit den Füßen aber hat 2008 immerhin dazu geführt, dass eine vatikanische Kommission mit der Prüfung der Vorgänge betraut worden ist.

Das „rechtgläubige" Christentum

An diesen östlichen Vorposten der römischen Kirche grenzt das Gebiet, in dem die griechisch-orthodoxe (wörtlich: recht-, strenggläubige) Ostkirche ihre Wurzeln hat. Und in Griechenland liegen ihre ersten beiden Stationen: Die Insel **Ägina** im Saronischen Golf war im 10. Jahrhundert immer wieder Angriffsziel arabischer Flotten. Viele Griechen zogen sich daher auf das Festland zurück. So auch die Familie des kleinen Lukas, der schon früh mit Zeichen der Heiligkeit auf sich aufmerksam machte. Er fastete, hielt täglich innige Zwiesprache mit seinem Gott, verschenkte seine Kleidung an die Armen und lebte als wandernder Eremit. Endlich ließ er sich in der Nähe des heutigen Levadia in einem Tal des Helikon-Gebirges nieder. Da er auf seinen Reisen manchen Kranken geheilt hatte, verbreitete sich sein Ruf über das ganze Land und zog fromme Männer an, die mit ihm die Einsamkeit teilen wollten. Daraus entstand eine Klostergemeinschaft, die schon zu Lebzeiten von Lukas mit dem Bau einer Kirche begann. Das Kloster hieß bald nach dem Tod des Gründers **Hosios Lukas**. Die Berichte über die Wundertaten des verstorbenen Lukas zogen Pilger in wachsender Zahl an, weshalb die Anlage weiter ausgebaut und verschönert wurde. Schon im 11. Jahrhundert entstanden die reichen Mosaiken, die heute die Hauptattraktion der Klosterkirche sind; eine zweite kleinere Kirche direkt daneben ist der Gottesmutter (Panaghia) geweiht. Die fein gearbeiteten Mosaikbilder thematisieren Szenen aus der Bibel und dem Leben Jesu, stellen Heilige dar und preisen ihre Taten.

Viel berühmter freilich ist der **Heilige Berg Athos** auf dem östlichsten „Finger" der Dreizack-Halbinsel Chalkidiki in Nordostgriechenland. Mit Athos ist sowohl der gut 2000 Meter hohe Berg an der Südspitze gemeint als auch das sich nördlich davon erstreckende 336 Quadratkilometer große Gebiet der gleichnamigen Mönchsrepublik. Sie steht unter griechischer Souveränität, ist aber so autonom, dass sie sich verfassungswidrige Regeln geben darf, wie es das Betretungsverbot für Frauen darstellt. Es rührt her von den asketischen Gelübden der Mönche in den rund 20 Klöstern der Halbinsel. Von den Orden wird es allerdings so gedeutet, dass die frommen Männer nicht in Versuchung geführt und damit ihrerseits nicht zu einer Gefahr für die Frauen werden sollen. Schließlich liebe man die Frauen, heißt es, zudem seien sie in Gestalt Marias, der Gottesmutter, stets gegenwärtig.

Die Wurzeln des einmaligen Gemeinwesens lassen sich auf die Zeit noch vor dem Jahr 850 zurückverfolgen, für die Behausungen von Eremiten nachgewiesen werden können.

Kloster Hosios Lukas Blick in den Narthex (Vorraum) der Basilika, der mit byzantinischen Mosaiken aus dem 11. Jahrhundert geschmückt ist.

Mönchsrepublik Athos Festungsartig erhebt sich das griechisch-orthodoxe Kloster Dionysiu auf der Halbinsel Chalkidiki.

963 gründete der Mönch Athanasius von Trapezunt mit Unterstützung des byzantinischen Kaiserhofs als erste Klosteranlage die „Große Lawra". Weitere Klöster folgten. Alle erlitten immer wieder Plünderungen etwa durch die Kreuzfahrer. Beim Vorrücken der Osmanen unterwarfen sich die Klöster und konnten durch hohe Tributzahlungen ihre Selbstständigkeit bewahren. Nach schweren Zerstörungen im griechischen Befreiungskampf seit 1821 kam das Klosterleben wieder in Gang und erreichte um 1900 eine Blüte. Nach abermaligem Rückgang ist neuerdings wieder ein Zuwachs an Mönchen zu verzeichnen.

Nach orthodoxem Verständnis ruht Segen vor allem auf solchen Pilgerfahrten, bei denen der Gläubige in Kontakt zu Männern mit heiligem Lebenswandel kommt. Nirgends ist das in dem Maße möglich wie auf Athos, wo neben den 2000 Brüdern in den malerisch auf Felsen thronenden oder in stillen Wäldern versteckten Abteien auch viele in Höhlen hausende Einsiedler anzutreffen sind. Natürlich zieht es auch orthodoxe Christen zu Kunstwerken und vor allem zu heiligen Bildern, den Ikonen. Athos selbst hat eine eigene Maltradition entwickelt, die angelehnt ist an die mazedonische Ikonen-Schule. Seine Gotteshäuser sind reich ausgestattet mit Bildschmuck; sie verwahren zudem wertvolle

Mönchsrepublik Athos Geistliche des dem heiligen Georg geweihten Klosters St. Zográfou.

Höhlenkloster, Kiew Die meisten Gebäude stammen aus dem 17. oder 18. Jahrhundert. Sie verkörpern den ukrainischen Barock.

Höhlenkloster, Kiew Weithin sichtbar verkünden die goldenen Kuppeln den Ruhm Christi und seiner Kirche. ◀◀

Reliquien. Die Klosterkirchen passen sich mit ihrem immer noch byzantinisch wirkenden Äußeren herrlich in die nicht minder wundervolle Landschaft ein und bieten sich zu Andacht und Innehalten an. Der Lebensrhythmus der Mönche, der hier alles bestimmt, wirkt wohltuend auf Menschen, die aus ihrem hektischen Alltag hergefunden haben. Sorgen werden klein im Atem von Gebirge und Meer, die innere Uhr tickt langsamer und die Freundlichkeit der frommen Gastgeber lockt Lächeln selbst auf strenge Mienen.

Die osteuropäische Klosterlandschaft

⛪ Von Griechenland aus ist das Christentum im 10. Jahrhundert ins Gebiet der heutigen Länder Ukraine und Russland

vorgedrungen. Der Legende zufolge berief Großfürst Wladimir der Kiewer Rus seine Bojaren und Ältesten zusammen und sprach: „Die umliegenden Länder bedrängen mich, ihre Religion anzunehmen. Was soll ich tun?" Seine Räte grübelten und sprachen dann: „Fürst, ein jeder lobt sein Gesetz. Daher sende zehn Männer aus, die sehen sollen, wer die Wahrheit spricht." Der Fürst war zufrieden und die Emissäre zogen los. Nicht lange, da kehrten sie mit weisem Nicken heim und berichteten: „Wir gingen zu den Bulgaren und fanden sie ohne Gürtel in ihrem Gotteshaus, düster dreinschauend. Es ist keine Freude bei ihnen, sondern Missmut und übler Geruch." Als nächstes seien sie bei den „Deutschen" gewesen, hätten jedoch „keine Schönheit" gefunden. „Bei den Griechen aber", fuhren sie fort, „wussten wir nicht, ob wir im Himmel waren oder auf der Erde. Diese Schönheit können wir nie mehr vergessen, denn jeder Mensch, der das Süße verkostet, nimmt nachher nichts Bitteres mehr." Darauf erhob sich der Großfürst und sprach: „Wir wollen gehen und die Taufe empfangen."

Ganz so einfach dürfte es kaum zugegangen sein. Eher schon haben Wanderprediger oder Einsiedler durch ihr frommes Vorbild die Menschen von der Lehre des Gekreuzigten überzeugt. Spuren davon finden sich im eben erwähnten **Kiew,** wo das prachtvolle **Höhlenkloster** hoch über dem Westufer des Dnjepr thront. Pracht oder Höhle? Beides. Natürlich kommen zuerst die goldenen Kuppeln des Maria-Himmelfahrt-Klosters in Sicht. Doch so schön dessen Gotteshäuser auch sind, beeindruckender noch wirken die an seinem Fuß in der sogenannten unteren Lawra zum Teil zu besichtigenden Höhlen im Fels: Hier haben schon früh Eremiten gehaust und gebetet, darunter der berühmte Nestor (1050–1113), der eine Chronik über die erste Mönchsgemeinschaft verfasst hat. Seine Gebeine liegen wie die zahlreicher anderer Brüder immer noch in der Höhle, wo sein Werk in den letzten Jahren seines Lebens entstand. Weder Mongolenherrschaft (13.–15. Jahrhundert) noch die kommunistische Ära haben die Spuren tilgen können. Viele Bauten, darunter die prunkvolle Uspenski-Kathedrale, wurden zwar im Zweiten Weltkrieg zerstört, sind aber nach dem Untergang der Sowjetunion fast schöner als zuvor wieder erstanden. Unter den Millionen Touristen, die Jahr für Jahr bewundernd die Klosteranlage besichtigen, sind auch viele Pilger, die sich von der Berührung mit den Wurzeln des russisch-orthodoxen Glaubens Segen für ihren Alltag erhoffen.

⛪ Aus der Fülle der nach Ende des Sozialismus wieder aufblühenden Klöster in Russland, die Menschen von weither anziehen, sei ein letztes Beispiel für christliche Pilgerziele

Dreifaltigkeitskloster, Sergijew Possad Die Mariä-Entschlafens- oder Uspenski-Kathedrale steht im Zentrum der Anlage.

ausgewählt: das **Dreifaltigkeitskloster von Sergijew Possad,** 70 Kilometer nordöstlich von Moskau. Die Stadt ist nach dem mittelalterlichen Gründer des Klosters benannt, dem heiligen Sergius. Der aus dem Fürstentum Rostow stammende, um 1314 geborene Mann war Mönch geworden und hatte Sergius als Ordensnamen gewählt. Das Klosterleben sagte ihm auf Dauer aber nicht zu, weshalb er 1340 in die Wälder bei Radonesch zog. Dort vergrub er sich ganz in einer Einsiedelei. Erst eine Vision ließ ihn erkennen, dass christlicher Glaube das Miteinander braucht. Sergius baute seine Klause aus und nahm Männer auf, die seinem Beispiel gefolgt und zu ihm in die Wildnis gezogen waren. Allerdings gab er der Gemeinschaft im Dreifaltigkeitskloster strengere Regeln, als sie in den russischen Mönchsvereinigungen üblich waren. Sein Ruf als frommer Beter und zugleich geschickter Organisator brachte ihm 1378 die Berufung zum Metropoliten von Moskau ein. Sergius lehnte

Dreifaltigkeitskloster, Sergijew Possad Die Heilig-Geist-Kirche prangt in reichem Ikonenschmuck.

Basilika der Jungfrau von Guadalupe Treffpunkt der Kulturen – Indios vor der wichtigsten Wallfahrtskirche Lateinamerikas.

ab, beriet aber den Großfürsten Dmitri Donskoi in geistlichen Dingen. 1380 segnete er dessen Truppen für den Kampf gegen die islamischen Tataren. Der Sieg der russischen Waffen auf dem Kulikowo Pole (Schnepfenfeld) wurde dann auch dem frommen Sergius zugeschrieben.

Den militärischen Akzent sieht man dem Kloster bis heute an. In den Jahrhunderten nach Sergius ist es stetig zu einer mächtigen Festung angewachsen. Acht Wehrtürme und eine imposante Mauer haben die Anlage manche Belagerung überstehen lassen. Nicht nur Pilger haben sich daher hier eingefunden, sondern auch Schutzsuchende während der Mongolenkriege oder bei inneren Unruhen. Zeitweilig residierten hier auch Zaren, denen mancher Schmuck in den Gotteshäusern zu danken ist. Vor allem Zar Boris Godunow (regierte 1589–1605), der die russische Kirche aus der Abhängigkeit von Konstantinopel löste, spendete reichlich und sorgte auch für Verstärkung der Wehranlagen. Wichtiger natürlich war die innere Wehrhaftigkeit der Klosterbrüder, deren unerschütterliches Gottvertrauen in den neun Kirchen des Klosters zum Ausdruck kommt. Schönste und höchste ist natürlich die im 15. Jahrhundert errichtete **Dreifaltigkeits-Kathedrale,** die wertvolle Ikonen zeigt.

Der gesamte Komplex war unter bolschewistischer Herrschaft verstaatlicht, die Mönche hatte man vertrieben. Erst seit 1990 kehrten sie zurück – und mit ihnen der Geist der

christlichen Brüderlichkeit. Und es begannen wieder die Pilger herbeizuströmen, die das Kloster auch als besonders markantes Denkmal der nationalen Einheit verehren.

Die dunkelbraune Jungfrau

Heilige christliche Stätten gibt es selbstverständlich auch in Afrika, Asien und Amerika – eine davon soll hier stellvertretend für alle vorgestellt werden: der Marienwallfahrtsort **Guadalupe** in Mexiko. Hierher pilgern jährlich 20 Millionen Menschen, mehr als nach Lourdes oder Fátima. Seine Beliebtheit geht auf ein Ereignis zurück, das sich am 9. Dezember 1531 – seit etwa einem Jahrzehnt waren die Spanier im Land – zutrug. An diesem Tag wanderte der 57-jährige Azteke Cuauhtlatohuac, der sich seit seiner Bekehrung zum Christentum sieben Jahre zuvor Juan Diego nannte, in der Nähe des Berges Tepeyac, als er liebliche Klänge vernahm und eine leuchtende Wolke über einem Felsen schweben sah. Eine weiche weibliche Stimme sprach daraus zu ihm in seiner Muttersprache Nahuatl. Juan erstieg den Felsen und erblickte eine junge, erlesen gekleidete Indio-Frau, die ihm auftrug, an

dieser Stelle eine Kirche für sie zu errichten. Tief bewegt von dieser Begegnung, suchte Juan den Bischof auf, der seine Geschichte allerdings mit großer Skepsis anhörte und ihn aufforderte, das Tagträumen einzustellen oder Beweise für seine Unterhaltungen mit der Erscheinung beizubringen.

Drei Tage danach traf Juan die in Glanz gehüllte junge Frau mit dem bronzenen Teint der Indios erneut am selben Ort, der sich mitten im tiefsten Winter in ein Blumenmeer verwandelt hatte. Der beglückte Mann pflückte die schönsten Rosen, hüllte sie in seinen Umhang (Tilma) und brachte sie dem Bischof. Dessen Abwehr kam nun doch ins Wanken, so recht aber traute er dem Frieden immer noch nicht. Als jedoch der alte Indio die Rosen mit seiner harten Arbeiterhand ausgewickelt und dem geistlichen Herren übergeben hatte, geschah etwas, das alle Zweifel zerstreute: Auf dem Tuch des Umhangs zeigte sich das Abbild jener dunkelhäutigen Frau, von der Juan gesprochen hatte, und zwar in den leuchtendsten Farben. Unwillkürlich fiel der Bischof zum Gebet auf die Knie vor der lieblichen Gestalt, die freundlichgütig ihren Kopf geneigt hielt. Da sich das Bild ungetrübt auf dem Tuch erhielt und seinen Eindruck auch auf andere nicht

verfehlte, kam nun der Kirchenbau zügig in Gang. Juan lebte in der Kapelle bis zu seinem gottseligen Ende 1548.

Die Kirche wurde in den folgenden Jahrhunderten stetig erweitert, um die Massen der Pilger fassen zu können. Der Ort nahe dem aztekischen Tenochtitlan, heute ein nördlicher Vorort von Mexiko-Stadt, wurde Guadalupe genannt, das Bild der Madonna entsprechend Nuestra Señora de Guadalupe. Selbst das 1695 im üppigen spanischen Kolonialstil erbaute große Haus für „La Morenita" (die dunkelbraune Jungfrau) wurde schließlich zu klein und genügte nicht mehr den baulichen Anforderungen an ein so stark beanspruchtes Heiligtum. Seit 1976 entstand daher daneben eine sehr moderne Basilika mit 10 000 Plätzen, die notfalls sogar bis zu 40 000 Pilger aufnehmen kann. Doch selbst diese Kapazität reicht oft nicht, sodass die Messe auf den Vorplatz übertragen wird, auf dem es bunt und fröhlich zugeht. Bei seinem zweiten Mexikobesuch 2002 sprach Papst Johannes Paul II. Juan Diego heilig. Seine Marienerscheinung ist zum Sinnbild der christlichen Wende geworden, die Madonna zur Schutzheiligen von ganz Lateinamerika.

Guadalupe Bis zu 20 Millionen Pilger werden im Vorort von Mexiko-Stadt jährlich gezählt.

Basilika der Jungfrau von Guadalupe Der riesige Innenraum des modernen Kirchenbaus – im Hintergrund des Altars das Gnadenbild. ◀◀

Islam

Als jüngste der Weltreligionen entwickelte die Verkündigung des Propheten Mohammed größte Dynamik. Sie verschmähte weltliche Machtmittel nicht und verbreitete sich in nur wenigen Jahrhunderten von Arabien nach Westen bis Spanien, nach Osten bis Indien und Indonesien. Heute bekennen sich eine Milliarde Menschen zum Islam.

Ostsee

Nordsee

M I T T E L -

Sidi-Oqba-Moschee in Kairouan | *207*

Moulay Idriss | *209*

M E E R

N

150 km

www.kartographie.de

Pilgerstätte, Wallfahrtsort

bedeutende Moschee

Islam

Schwarzes Meer

Kaspisches

Meer

Mevlana-Mausoleum in Konya | 210

Urfa | 210

Maschhad | 227

Imam-Chomeini-Mausoleum bei Teheran | 226

Heiligtum der Fatima al-Masumeh in Ghom | 225

Samarra | 221

Damaskus | 210

Bagdad | 220

Hussein-Moschee in Kerbela | 225

Tempelberg in Jerusalem | 202

Imam-Ali-Moschee in Nadschaf | 225

Ibrahim-Grab in Hebron | 206

Persischer

Golf

Propheten-Moschee in Medina | 201

Rotes

Al-Haram-Moschee in Mekka | 196
Berg Arafat | 196

Meer

Arabisches

Meer

Zwischen Mekka und Marokko

Mit unerhörter Dynamik breitete sich die im Koran niedergelegte Lehre des Propheten Mohammed in Arabien aus, drang nach Palästina und Syrien sowie in Nordafrika bis an den Atlantik vor. In nur wenigen Jahrzehnten hatte der Islam damit alle ans südliche und östliche Mittelmeer grenzenden Länder erobert.

Propheten-Moschee, Medina Unzählige Säulen strahlen im Inneren der zweitwichtigsten Moschee Erhabenheit aus. »

Hadjdj Ein Mekkapilger aus Luxor verewigte seine Wallfahrt in das religiöse Zentrum des Islam an seiner Hauswand.

Al-Haram-Moschee, Mekka Ein Besuch der größten Moschee der Welt und die siebenmalige Umrundung der Kaaba in deren Innenhof sind das religiöse Lebensziel gläubiger Muslime. «

Wie in allen Stifterreligionen sind die Orte, die im Leben des Stifters – beim Islam also des Propheten Mohammed (um 570–632) – eine Rolle gespielt haben, bevorzugte Pilgerziele seiner Anhänger. Anders aber als Buddha oder Christus, die sich zum Wallfahren nicht oder sogar dagegen geäußert haben, verpflichtete Mohammed die Muslime ausdrücklich auf eine Pilgerfahrt (Hadjdj, andere Schreibweise: Haddsch) als eine der fünf Grundpflichten („Säulen") des Glaubens. Wenigstens einmal im Leben soll jeder Gläubige, ob Mann oder Frau, die heiligen Stätten in Mekka aufsuchen.

Dort wurde Mohammed geboren und dort wurden ihm auch die ersten Offenbarungen Allahs zuteil, die mekkanischen Suren des Korans. Ihren Rang erhielt der Hadjdj dadurch, dass ihn Mohammed selbst im letzten Lebensjahr auf sich nahm und durch sein Vorbild in den Einzelheiten festlegte und so seine eigene Reise zur „Mutter der Pilgerfahrten" machte.

Die Geburt des Islam

Der Hadjdj ist bis heute das größte spirituelle Erlebnis für alle Muslime, die sich bei jedem Gebet innerlich und auch körperlich auf das Pilgerziel Mekka ausrichten. Es ist für sie sozusagen der Nabel der Welt, zu dem die lebensspendende Schnur nicht abreißen darf. In Ermangelung einer islamischen Kirchenorganisation ist die Bindung an Mekkas heilige Stätten Unterpfand der islamischen Weltgemeinde. Dass Mohammed überhaupt in seinen Heimat- und Offenbarungsort hatte pilgern müssen, lag an der Zeitenwende des Jahres 622, als er von dort geflohen war, wodurch erst der Impuls zur weltweiten Ausbreitung des Islam gesetzt wurde. Diese Flucht war Folge seiner radikalen Absage an die traditionelle Vielgötterei und seiner Lehre vom einzigen ewigen Gott Allah, der unbedingten Gehorsam und Unterwerfung unter seinen Willen fordert.

Mochten die Leute seine Lehren anfangs noch als Spintisiererei abtun oder weghören, so wurde der immer eindringlicher vorgetragene Appell Mohammeds zur Umkehr zunehmend zum Ärgernis. Der in den Augen seiner Mitbürger selbsternannte Prophet machte immer weniger Kompromisse und geißelte bald auch die Verehrung von Ortsgöttinnen, die er zunächst noch als „Töchter Allahs" geduldet hatte. Allenfalls Zwischenwesen wie Engel oder Dämonen kamen für ihn und die Muslime in Betracht. So nannten sich die ersten Anhänger, die Mohammed zu überzeugen vermocht hatte, nach demselben Wort wie dem, das später der Religion den Namen gab. „Islam" und „Muslim" gehören als Substantivierung beziehungsweise Partizip zum arabischen Verbum „aslama", was so viel heißt wie „sich ganz, vorbehaltlos hingeben" – nämlich in die Hand Allahs.

Der Konflikt eskalierte. Die Führer in Mekka mussten befürchten, dass sie bei einer Duldung Mohammeds eben diese Führerschaft an ihn verlieren konnten. Und so bemühten sie die religiösen Traditionen Mekkas als Pilgerziel, um Mohammed mit seiner Eingottlehre zu isolieren und ihm zu unterstellen, er strebe nur nach der Macht. Auch wenn es dafür keine Hinweise gibt, hatten die Kritiker gleichwohl Grund zu dieser Sorge – geistliche Führerschaft zog fast immer und nahezu automatisch politische nach sich. Kurz: Man wollte Mohammed und seine Jünger loswerden, eine schwierige Sache bei seiner Zugehörigkeit zum führenden Stamm der Stadt und auch wegen einer gewissen Bewunde-

rung für den unbeugsamen, charismatischen Gottesverkünder. Seine Glaubensgewissheit beeindruckte die lauen Gemüter und machte ihnen ein schlechtes Gewissen. Insgeheim mussten sie die Überlegenheit seiner Lehre von dem einen allmächtigen Gott über ihre kultische Verzettelung anerkennen. So ohne Weiteres kam man an Mohammed mithin nicht vorbei, auch aus dem Schutz seiner Sippe ließ er sich kaum lösen. Hinzu kam, dass die Gegner uneins waren. Wenn Mohammeds mekkanische Tage dennoch gezählt waren, dann vor allem wegen zweier persönlicher Schicksalsschläge: 619 starb Mohammeds Onkel Abu Talib, das Oberhaupt seiner Sippe, und Mohammed verlor im selben Jahr auch seine Frau Chadidja, die ihm wichtigste Vertraute. Der neue Sippenchef, ein Bruder des Verstorbenen, entzog Mohammed den Schutz, weil dieser ihn als Heide gebrandmarkt hatte; die Lage des Propheten und seiner Anhängerschaft in der Stadt wurde prekär.

Inzwischen aber war sein Ruf als Prediger über Mekka hinaus gedrungen und im nördlich gelegenen Yatrib, dem späteren Madinat an-nabi (Stadt des Propheten), kurz

Medina, hatte sich eine starke muslimische Gemeinde gebildet. Von dort kamen Emissäre nach Mekka, die ihn in ihre Stadt einluden und auch zusagten, man werde ihn dort als Prophet anerkennen. Im Sommer 622 entschloss sich Mohammed zur Hidjra (andere Schreibweise: Hedschra), der Auswanderung aus oder, anders übersetzt, der Loslösung von Mekka.

Der Schritt sollte sich als Durchbruch für die Lehre des Propheten erweisen, weshalb die Hidjra seither als Beginn der islamischen Zeitrechnung gilt (daher die Abkürzung „A. H." für „Anno Hegirae" – im Jahr der Hidjra). 70 der Anhänger Mohammeds waren ihm vorausgezogen. Zusammen mit den Muslimen von Yatrib, den „Helfern", bildeten sie eine ansehnliche Gemeinde, deren Führung Mohammed bei seiner Ankunft im September übernahm. Der Legende nach ritt er auf einer Kamelstute in die Stadt ein und wählte zur Wohnstätte den Platz, an dem sein Reittier erstmals anhielt. Davor betete er zunächst unter freiem Himmel, ließ aber bald nach dem Muster der jüdischen Synagoge ein Haus mit einem teilweise überdachten Hof errichten, der

arabisch »masgid« (Ort, an dem man sich zum Gebet niederwirft) genannt wurde, über Spanien und Frankreich europäisiert zu „Moschee".

Die Wallfahrt nach Mekka

Während Mohammeds Stern in der Fremde aufging, verlor **Mekka** mehr und mehr an Boden und schließlich eroberte der Prophet auch die Herrschaft in seiner Heimatstadt. Mekka konnte froh sein, dass er die Stadt zum heiligsten Pilgerziel aufwertete und selbst seine letzte irdische Reise dorthin unternahm. Wie schon erwähnt, begründete er damit die bis heute gültigen Bräuche für die wichtigste Wallfahrt der Muslime.

Dabei griff er in weiten Teilen auf Rituale aus früheren Zeiten zurück und knüpfte sie an die Geschichte des Urvaters Ibrahim (biblisch: Abraham), den er wie die Juden verehrte: Dieser habe auf Weisung Allahs seinen Sohn Ismael opfern wollen. Der Herr aber sei ihm in den Arm gefallen, da er nur den Gehorsam seines „Knechtes" habe prüfen wollen. Zum Dank pilgerten Abraham und Ismael durch Arabien und bauten das schon vom ersten Menschen Adam hier errichtete, inzwischen aber verfallene Heiligtum wieder auf. Erneut verkam diese **Kaaba** (Würfel, Kubus) und erst Mohammed gab ihr die kultische Würde wieder, indem er sie von Spuren der zwischenzeitlichen heidnischen Nutzung reinigte. Den „Schwarzen Stein" (Hadjar al-Aswad) ließ er allerdings an Ort und Stelle (Ostecke): Der Überlieferung nach hatte ihn schon Ibrahim vom Erzengel Gabriel bekommen, der ihn aus dem Paradies mitgebracht haben soll. In dieser Legende spiegelt sich die Vermutung, dass es sich um einen Meteoriten handelt.

Die Kaaba und der **Brunnen Zamzam** (Semsem) – dieser fasst die Quelle, die Allah entspringen ließ, um Ismael vor dem Verdursten zu retten – sind bis heute Ziel der einzigen gebotenen Pilgerfahrt im Islam. Dieser Hadjdj gliedert sich in folgende Schritte:
Vor Antritt der Reise muss der Pilger „rein" sein, wozu eine rituelle Waschung und das Einkleiden in zwei ungenähte weiße Tücher verhilft. Frauen tragen ebenfalls

Al-Haram-Moschee, Mekka Die Kaaba ist die meiste Zeit mit einem Brokatumhang, der sogenannten Kiswah, verhüllt.

N

25 m
www.kartographie.de

Al-Shamiyyah

Al-Masjid Al-Haram

Al-Umra-Tor

Fahrtreppe

Al-Fatah Tor

Fahrtreppe

Fahrtreppe

Hijr Ishmael

Kaaba

Maqam Ibrahim

Al-Hajarul Aswad

Al-Haram-Moschee

Tor König Fahds

Fahrtreppe

Tor König Abdul Aziz

Fahrtreppe

Al-Marwa

Al-Marwa

Hamam (rituelles Bad)

Fahrtreppe

Al-Safa

Al-Safa

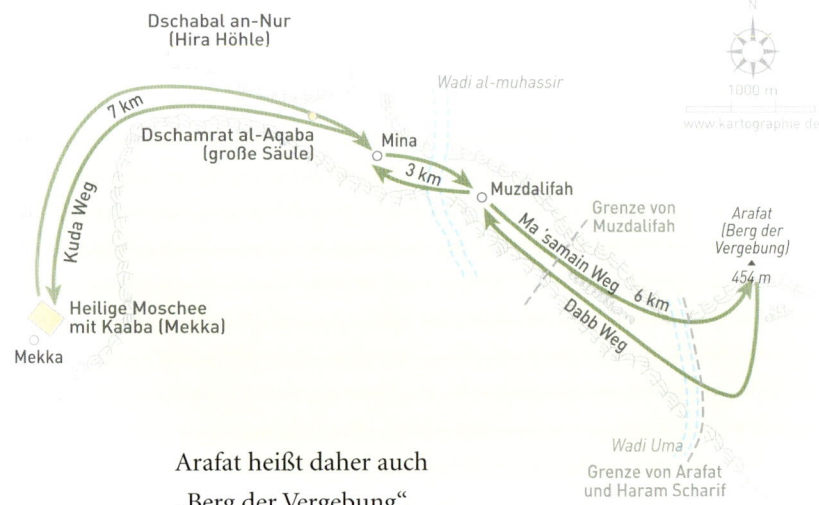

ein weißes Gewand mit Kopfbedeckung, aber keinen Schleier.

In Mekka ist die Kaaba in der „Heiligen Moschee" der zentrale heilige Ort. Der Würfel ist sieben Mal zu umschreiten, dabei soll der „Schwarze Stein" nahe der Ostecke geküsst werden; bei dem üblichen Gedränge genügt aber auch das Ausstrecken der Hand danach.

Es folgt ein ebenfalls siebenmaliger Lauf zwischen zwei Hügeln in Erinnerung der Suche nach Wasser durch Hagar, die Mutter Ismaels; die 385 Meter lange Strecke ist heute überdacht.

Die beiden letztgenannten Rituale sind terminlich unabhängig und können jederzeit als „Besuchswallfahrt" ausgeführt werden. Der Hadjdj selbst muss im Monat Dhu, dem Pilgermonat, unternommen werden, denn dann folgt:

Fahrt oder Marsch zum knapp 25 Kilometer östlich von Mekka gelegenen **Berg Arafat,** oft mit vorheriger Übernachtung in **Mina,** zum Frühgebet. Der Pilger meldet sich mit dem Ruf „Da bin ich!" und gibt sich damit ganz in die Hand Allahs. Der Tag vergeht in Gebet und Meditation oder mit der Anhörung von Predigten. Im Mittelpunkt dieser Andacht steht die Bitte um die Vergebung der Sünden; der

Arafat heißt daher auch „Berg der Vergebung".

Dann geht es zurück durch das Tal von Muzdalifa nach Mina, wo abermals übernachtet wird. Der Pilger hat unterdessen sieben Kieselsteine gesammelt, die er auf einen Steinhaufen wirft, der den „großen Satan" verkörpert.

Noch am selben Tag begehen die Pilger zum Andenken an den Gehorsam Abrahams das Opferfest. Zu gleichen Zeit feiern die Muslime in aller Welt dieses höchste aller islamischen Feste. Den Männern wird dann der Kopf geschoren, den Frauen eine Locke abgeschnitten, um so – befreit von den Sünden der Vergangenheit – den Weihezustand zu beenden.

Die fünf Säulen

Die islamische Lehre ist aufs Praktische ausgerichtet. Mohammed gab den Gläubigen klare Regeln an die Hand, deren Befolgung sie vor Verstößen gegen Allahs Gebote bewahrt. Fünf Pflichten oder Säulen (Arkan) stehen dabei im Vordergrund: Unter ihnen ist das Glaubensbekenntnis (Schahada) die vornehmste; es folgen das täglich fünfmalige Gebet (Salat), die Einhaltung des Fastengebots (Saum) im Monat Ramadan, die Pilgerfahrt nach Mekka (Hadjdj) und das Sorgen für die Armen durch Gabe von Almosen (Zakat). Der Prophet ermahnte seine Anhänger dabei ausdrücklich dazu, diese heiligen Pflichten nicht routinemäßig sozusagen abzuhaken, sondern sie aus vollem Herzen und in tiefem Glauben auf sich zu nehmen.

Berg Arafat Auf dem „Berg der Vergebung" soll Mohammed kurz vor seinem Tod seine letzte Predigt gehalten haben. **«**

Berg Arafat Die Gebete sind ein fester Bestandteil des großen Hadjdj.

Als Abschluss des Hadjdj geht es zurück nach Mekka, wo noch einmal ein Umlauf im Laufschritt um die Kaaba zu absolvieren ist.

Alljährlich treten zum festgesetzten Zeitpunkt über einein-halb Millionen Muslime den Hadjdj an, was die Verantwortli-chen, seit 1925 der saudische Staat, vor erhebliche organisa-torische Probleme stellt. Sie enden nicht mit der eigentlichen Pilgerfahrt, besuchen doch die meisten Gläubigen danach noch weitere heilige Stätten. Das Treffen einer so großen Zahl von Menschen gleichen Bekenntnisses aus unterschiedlichen Kulturkreisen am zentralen Ort ihres Glaubens wird zu einem bewegenden Gemeinschaftserlebnis und verleiht den Teilnehmern daheim erhebliches Prestige. Als besonders ver-bindend wirkt, dass alle vom Milliardär bis zum Hirten, der oder dessen Dorf ein Leben auf diese eine Wallfahrt gespart hat, in gleicher Kleidung ihre Gleichheit vor Allah erleben und sich ihm ganz ergeben im Sinne des Wortes „Islam".

Das zentrale Heiligtum

War ursprünglich einmal daran gedacht, die Pilger in der Kaaba selbst zum Gebet zu versammeln, so erwies sich das wegen der rasch anschwellenden Besucherströme schnell als illusorisch. Der gewöhnlich von einem schwarzen, mit Koranversen bestickten Brokatumhang (Kiswah) bedeckte Würfel misst nur elf mal 12,5 mal 13 Meter und ist durch eine Pforte in zwei Metern Höhe zu betreten, die wiederum über eine Art hölzerne Gangway erreicht wird. Natürlich haben nur gläubige Muslime in das Heiligtum Zutritt, was 1979 zu einem Problem führte. In einem Handstreich hatten

Al-Haram-Moschee, Mekka Die Außenfassade der Großen Moschee mit zwei der insgesamt neun Minarette. «

250 Terroristen das Areal unter ihre Kontrolle gebracht und waren schließlich nur unter Beistand französischer Spezialeinheiten zu überwältigen. Man behalf sich damit, dass die Franzosen zum Schein zum Islam übertraten; ein regulärer Übertritt hätte das Problem heraufbeschworen, dass sie nicht wieder hätten austreten können, da Abkehr vom rechten Glauben ein todeswürdiges Verbrechen darstellt.

Bei der Aktion ging es auch um die **Al-Haram-Moschee** (von „haram": heilig, unverletzlich), die um die Kaaba herum in den Jahrhunderten seit Mohammed entstanden ist. Die heutige achteckige Grundform des größten islamischen Gotteshauses geht auf das 16. Jahrhundert zurück, wurde aber mehrmals erweitert. Der Bau ist mit neun 89 Meter hohen Minaretten bestückt, mit zahlreichen weißen Kuppeln bedacht, er hat drei Stockwerke (mit dem in letzter Zeit geschaffenen Kellergeschoss) und ist reich ausgestattet (heute sogar mit Klimaanlage und Fahrtreppen). Im Gebäude und im Innenhof mit der Kaaba finden derzeit „nur" 900 000 Menschen Platz, also nicht einmal ein Drittel der üblicherweise anreisenden Pilger. Nach dem Willen der saudischen Königsfamilie soll die Moschee daher in den nächsten Jahren erneut erweitert und von modernen Architekten, darunter erstaunlicherweise auch eine Frau, umge-

Al-Haram-Moschee, Mekka Die Außenfassade der Großen Moschee

Medina, Propheten-Moschee Ein Besuch des Gotteshauses ist zwar kein Pflichtbestandteil des Hadjdj, wird aber von den meisten Pilgern mit der Wallfahrt nach Medina verbunden.

Keramikfliese mit der schematischen Darstellung der Prophetenmoschee und dem Grab Mohammeds (Kairo, Museum Islamischer Kunst).

Al-Haram-Moschee, Mekka Die „heilige Moschee" wurde nach muslimischer Deutung von Engeln errichtet. ◀◀

staltet werden, um so das „wilde" Pilgern auf den Dächern und den Vorplätzen eindämmen oder doch besser kanalisieren zu können.

Die Stadt des Propheten

Nach Mekka kommt im islamischen Atlas dem Rang nach natürlich gleich **Medina,** also die Stadt, die Mohammed willkommen hieß, als er die Heimat verlassen musste, und von der aus seine Lehre ihren Siegeszug antrat. Auch Medina, etwa 450 Kilometer nördlich von Mekka gelegen, gilt daher als heilig und ist für Nicht-Muslime tabu. Hier herrscht Gewaltlosigkeit, auch gegenüber Tieren (Jagd-verbot) und Pflanzen, die nicht ausgerissen, ja nicht einmal beschnitten werden dürfen. Haupheiligtum ist selbstver-ständlich die **Annabi-** oder **Propheten-Moschee** über dem Grab Mohammeds. Schon kurz nach seiner Ankunft ließ er an derselben Stelle einen Gebetsraum für sich und seine Getreuen errichten, neben dem er wohnte und auch beigesetzt werden wollte. Schon zu seinen Lebzeiten waren Erweiterungen nötig, und bald nach seinem Ende war das Grab bereits in die wachsende Anlage einbezo-gen. Die 1837 errichtete große grüne Kuppel der Moschee markiert den Ort, wo sein Schrein steht.

Das Bethaus erreicht heute fast die Dimen-sionen der Al-Haram-Moschee in Mekka, hat sogar mehr (zehn) und noch höhere Minarette (bis 105 Meter) und birgt zudem weitere heilige Gräber, unter anderem das der von Mohammed besonders geliebten Tochter Fatima. Der Besuch dieser Stätten gehört nicht zum Pflichtpro-gramm des Hadjdj. Medina aber bei einer Pilger-fahrt nach Mekka auszulassen, gilt als – milde gesagt – unhöflich. Insofern unterscheidet sich der Andrang nicht wesentlich; auch die Regeln für den Besuch sind in puncto Reinlichkeit und Klei-dung denen für Mekka angeglichen. Einlass finden die Pilger durch viele Tore, unter denen das ge-nannte Gabrielstor besonders geschätzt wird, weil es nach dem Engel benannt ist, der Mohammed die Offenbarungen übermittelte. Tunlichst sollte man mit dem rechten Fuß zuerst eintreten und sich einen Platz zum Gebet in Richtung Kaaba aufsuchen. Besonders glücklich darf sich schätzen, wer einen in der Nähe der sechs Säulen findet, die noch aus der Zeit Mohammeds stammen.

Auch das Glaubensbekenntnis wird hier abgelegt, einer weiteren Säule des Islam. Es wird gewöhnlich in der kurzen

Formel gesprochen: „Ich bekenne, dass es keinen Gott außer Allah gibt und dass Mohammed der Gesandte Allahs ist." Der Satz fasst Vers 136 der Sure 4 zusammen, wo es heißt: „Oh ihr, die ihr glaubt, glaubet an Allah und Seinen Gesandten und an das Buch, das er auf Seinen Gesandten herabgesandt hat, und die Schrift, die Er zuvor herabkommen ließ. Wer nicht glaubt an Allah und Seine Engel und die Schriften und Seine Gesandten und an den Jüngsten Tag, der ist weit abgeirrt." Mit der Mehrzahl „Seine Gesandten" sind die Vorläufer Mohammeds – von Abraham über Noah und Moses bis zu Jesus –, gemeint, die der Prophet ausdrücklich anerkannte und deren Verehrung er forderte.

Jerusalem – „die Heilige"

An dritter Stelle der islamischen Heiligtümer und Pilgerziele rangiert Jerusalem mit dem Felsendom, der Ketten- und der Al-Aksa-Moschee. Alle drei Bauten befinden sich auf dem Tempelberg über der Stelle, wo einst der jüdische Tempel stand. Nach der Kaaba, die Mohammed nur übernahm, ist der **Felsendom** das älteste und das erste in Eigenregie erbaute islamische Gotteshaus. Wie sehr die junge Religion von den schon lange in Palästina heimischen Kulten wie Judentum und Christentum beeinflusst war, lässt sich schon baulich ablesen. Die Architekten des Domes, der arabisch

eigentlich nur „die Kuppel" heißt, haben sich bei der Planung Ende des 7. Jahrhunderts unübersehbar an der Zentralbauweise aus der Zeit Kaiser Constantins des Großen (regierte 306–337) orientiert. Der achteckige Grundriss entspricht dem der christlichen Grabeskirche in Jerusalem und auch die statisch schwierige Kuppelkonstruktion spiegelt römische Vorbilder wie das Pantheon oder die Hagia Sophia. Die 54 Meter hoch aufragende Kuppel machte Schule und wurde zum Kennzeichen der Moscheebaukunst. In ihrer Biegung sehen die Gläubigen die demütige Verneigung des Beters vor der Allmacht und Allweisheit Allahs; zugleich entspricht ihr gekrümmter Raum dem Universum

Felsendom, Jerusalem Über einem achteckigen Grundriss erhebt sich die Kuppel, die die Erhabenheit Allahs preist.

Felsendom, Jerusalem Die charakteristischen blauen Fliesen stammen aus der Zeit Sultan Sulaimans des Prächtigen.

und den Bewegungen der Gestirne am Firmament und preist damit die Erhabenheit Allahs.

Bei der Errichtung des heiligen Hauses spielte sicher der Triumph eine Rolle, den der damalige Kalif, also „Nachfolger" beziehungsweise „Stellvertreter" Mohammeds, Abd al-Malik (amtierte 685–705) nach dem Sieg über Judentum und Christentum empfand. Wichtiger aber dürfte gewesen sein, dass der Tempelberg als der Ort galt, an dem Abraham (Ibrahim) aus dem unbedingten Gehorsam Allah gegenüber seinen Sohn hatte opfern wollen. Hinzu kam, dass der Koran von einer Reise Mohammeds zu berichten weiß, bei der ihn der Engel Gabriel in einer einzigen Nacht auf paradiesischem Reittier von Mekka nach Jerusalem gebracht hat. Von dort ist der Prophet durch alle sieben Himmel bis vor den Thron Allahs geführt worden. Ein solcher Ort höchster Weihen braucht natürlich erlesenen Schmuck – und der Felsendom bietet ihn außen durch den marmorverkleideten Sockel und die seit den Zeiten Sultan Sulaimans des Prächtigen im 16. Jahrhundert mit kunstvollen blauen, grünen und weißen Kacheln verzierten acht Wände. Zum Wahrzeichen Jerusalems aber machte den Felsendom erst die Kuppel, als sie 1963 anstelle des grauen Bleidachs einen Überzug aus vergoldeten Aluminiumplatten erhielt, sodass sie wie eine zweite Sonne über der Stadt leuchtet. Das Innere ist nicht weniger eindrucksvoll, doch spielt ein Relikt eine besondere Rolle: Hier ist der Fußabdruck zu sehen, den Mohammed bei seiner Himmelsreise hinterlassen haben soll; ein kostbarer Schrein wurde darüber gesetzt.

Der Vorplatz des Kuppelbaus übertrifft in der Dimension noch den Petersplatz in Rom und weist wie dieser Arkaden auf, jedoch nur jeweils fünf schlanke Bogen in byzantinischem Stil an den acht Treppenaufgängen zur Plattform des Felsendoms. Die Arkaden heißen arabisch Al-Mawazin, was so viel bedeutet wie „die Waagschalen". Hier nämlich wird nach islamischem Glauben beim Jüngsten Gericht der Engel Gabriel die Schalen aufhängen, in denen die Taten und Untaten der Menschen gewogen werden, über die Allah urteilen wird. Wer viel auf die Waage bringt, dem winkt das Paradies. Wessen Schale hingegen als zu leicht befunden wird, den erwarten Höllenstrafen. Die eleganten Bogen sind damit eine ständige Mahnung an die Gläubigen, sich mit Blick auf das Weltgericht um ihre Habenseite zu kümmern durch Mildtätigkeit und Erfüllung der Gebote Allahs. Dazu gehören Glau-

bensbekenntnis und Gebet als Grundpflichten – und die Moschee ist der beste Ort dafür. Der Felsendom ist keine solche, wenn auch für Gebete ebenfalls geeignet.

Denn das eigentliche Bethaus für die gemeinsame Andacht auf dem Tempelberg ist die **Al-Aksa-Moschee** im Süden. So beeindruckend der Baukomplex, so merkwürdig ist sein Name: „Al aksa" bedeutet „die entfernte" oder gar „die fernste", was zurückgeht auf einen Vers aus Sure 17 des Korans: „Preis den, der seinen Diener (Mohammed) des Nachts entführte von der heiligen Moschee zur fernsten Moschee, deren Umgebung wir gesegnet haben ..." Die Zeilen verweisen auf die schon erwähnte Nachtreise Mohammeds von der Kaaba bis Jerusalem. Dort, so wenden manche ein, gab es damals doch noch gar keine Moschee. Ein allzu irdisches Argument, denn Allah ist natürlich auch Herr der Zeit und verfügt gleichermaßen über Vergangenheit und Zukunft. Ihm wollte Kalif Abd al-Malik, der schon den Felsendom hat bauen lassen, ein heiliges Haus errichten, weshalb er die Al-Aksa-Moschee in Auftrag gab. Sie hatte schon damals ähnliche Ausmaße wie heute, auch wenn sie wegen einiger Erdbeben und Feindeinwirkungen oftmals neu errichtet werden musste. Reste der Vorgängerbauten aber wurden immer irgendwie einbezogen, sodass ein ziemlicher Stilmix entstand, in dem auch christliche Elemente

Der Tempelberg

Jeden Juden schmerzt es, auf dem Plateau, wo einst der Tempel König Salomos und später der des Herodes stand, islamische Heiligtümer aufragen zu sehen. Für die Muslime dagegen sind die Moscheen auf dem Tempelberg Zeichen des Sieges Allahs über alle Ungläubigen, zu denen für sie auch die „Schriftbesitzer" Juden und Christen gehören. Immerhin hat der Staat Israel nach dem Sechstagekrieg 1967 darauf verzichtet, hier ein Gegenzeichen aufzurichten oder gar die islamischen Gotteshäuser abzureißen. Wie empfindlich die Palästinenser auf Verletzungen ihrer Rechte gerade an dieser Stelle sind, zeigte sich Anfang Oktober 2000: Wegen eines als Provokation empfundenen Besuchs des israelischen Premiers Sharon auf dem Tempelberg brach ein Aufstand aus, der als „zweite Intifada" in die blutige Geschichte des Nahost-Konflikts einging.

Al-Aksa-Moschee, Jerusalem Die drittheiligste Moschee des Islam sieht von außen eher unscheinbar aus.

Aufnahme fanden. Sie stammen aus der Zeit der Kreuzzüge nach der Eroberung Jerusalems 1099, als hier der Templerorden gegründet wurde und dieser dem Bau beispielsweise die Vorhalle anfügte. Die Mosaiken im Innern hingegen, soweit sie nicht beim Brandanschlag 1969 zerstört wurden, stammen noch aus der Frühzeit.

1187 eroberte Sultan Saladin Jerusalem für den Islam zurück und ließ die von den Christen entweihten heiligen Stätten auf dem Tempelberg mit Unmengen von Rosenwasser reinigen, das aus seinem ganzen Reich mit Karawanen herbeigeschafft wurde. Er ließ für den am Freitag und an hohen Feiertagen anwesenden Imam eine erhöhte Estrade einziehen. Im 16. Jahrhundert bekam die Moschee unter Sultan Sulaiman dem Prächtigen Glasfenster. Heute hat das Gebäude ein von Marmorsäulen gestütztes Mittelschiff und je drei Seitenschiffe. Die Moschee ist 80 Meter lang und 55 Meter breit, bis zu 5000 Menschen finden in ihr Platz. Ihr äußeres Wahrzeichen ist die 18 Meter hohe silbrige Kuppel, die neben der großen strahlenden Kuppel-Sonne des Felsendoms wie ein blasser Mond wirkt.

Das Grab Ibrahims

Wie in Jerusalem stoßen 40 Kilometer weiter südlich in **Hebron (Al-Kalil)** islamische mit jüdischen und – weniger

ausgeprägt – christlichen Interessen zusammen. Der biblische Patriarch Abraham, von den Muslimen als Ibrahim verehrt, soll sich hier angesiedelt haben und in der Machpela-Höhle beerdigt sein; sein Grab ist allen drei Bekenntnissen heilig, die Muslime nennen es **Haram al-Ibrahim.** Als Sultan Saladin Palästina 1187 für den Islam wiedergewann, fand er hier eine christliche Basilika vor. Wie schon in Jerusalem ließ er das Gotteshaus reinigen, widmete es in eine Moschee um und stiftete ihr einen geschnitzten Gebetsstuhl, der sich bis heute erhalten hat; statt des Kreuzes ziert seitdem der Halbmond das Gotteshaus. Bei der Eroberung des Westjordanlandes durch Israel 1967 ließen die Sieger die Moschee mit ihren wie Wehrtürmen wirkenden Minaretten unangetastet, errichteten aber daneben eine Synagoge für die jüdischen Pilger. Trotz zweier schwerer Zwischenfälle 1976 und 1994 verrichten hier Menschen beider Religionen

Haram al-Ibrahim, Hebron Allen drei großen Weltreligionen heilig: das Grab Abrahams, der im Islam als Prophet verehrt wird.

Drei-Tore-Moschee, Kairouan Das Kleinod magherbinischer Baukunst wird im Volksmund auch Barbiermoschee genannt.

Sidi-Oqba-Moschee, Kairouan Das wuchtige dreistöckige Minarett unterscheidet sich auffallend von den sonst meist schlanken Türmen für die Gebetsrufer (Muezzin). «

ihre Andacht. Es herrscht allerdings eher gespannte Ruhe, die israelisches Militär sichert.

Maghreb – Expansion des Islam

Der Islam breitete sich schon zu Mohammeds Zeiten schnell aus und gewann danach noch an Dynamik. Eine der Hauptstoßrichtungen zielte auf Nordafrika, wo die byzantinische Macht am ehesten ins Wanken zu bringen war. Ägypten überwältigten die arabischen Heere rasch und der Vormarsch nach Westen ging weiter. Um 670 wurde **Kairouan** etwa 150 Kilometer südlich von Tunis erreicht. Hier entstand ein geistliches Zentrum und eine bis heute blühende Stadt. „Wie eine Vision" erlebte der deutsche Dichter Rainer Maria Rilke Ende 1910 ihren Anblick und schrieb weiter darüber: „Wunderbar empfindet man hier die Einfachheit und Lebendigkeit dieser Religion, der Prophet ist wie gestern, und die Stadt ist sein wie ein Reich." Und der deutsche Maler August Macke fühlte sich 1914 von dem malerischen Panorama der Altstadt von Kairouan zu einem exotischen Aquarell mit blauem Turm (Minarett) und gezackten Mau-

ern inspiriert. Wenn Poet und Künstler schwärmen, müssen mehr als Sehenswürdigkeiten angesagt sein – und in der Tat haben die hier seit dem 7. Jahrhundert residierenden maghrebinischen Herrscher mit kostbaren Bauten nicht gegeizt.

In erster Linie zu nennen ist da die **Große Sidi-Oqba-Moschee,** benannt nach dem arabischen Feldherrn und Mohammed-Schüler, der hier zur Kennzeichnung des Bauplatzes seinen Speer in der Boden gerammt haben soll. Was dann entstand, zu einem großen Teil aus altrömischen Ruinen, wurde den Muslimen so wichtig, dass die Moschee als Wallfahrtsstätte galt und gilt. Sieben Fahrten dorthin sollen dem Volksglauben nach einen Hadjdj nach Mekka ersetzen. Der französische Poet Guy de Maupassant pries das Gotteshaus so: „Es ist ein riesiges, wuchtiges Gebäude, das von gewaltigen Strebemauern getragen wird, eine weiße, schwere, imposante Masse, schön in einer unerklärlichen wilden Anmut. Im Hineingehen schreitet man zunächst in einen prächtigen Hof, der von einem doppelten … Umgang umschlossen wird. Man glaubt sich in das Innere eines ita-

lienischen Klosters versetzt." In die Hofmoschee selbst dürfen nur Muslime eintreten, die dort ein Gewölbesaal aufnimmt, der von einem ganzen Wald von 180 Onyx-, Marmor- und Porphyr-Säulen mit Reliefkapitellen getragen wird. An der nach Mekka weisenden Wand befindet sich eine mit kostbaren Fayencen geschmückte Gebetsnische (Mihrab), daneben die wohl älteste Moscheekanzel (Minbar), zu der elf Stufen hinaufführen.

Knapp 200 Jahre jünger ist die viel kleinere, offenbar von einem Kaufmann privat gestiftete **Drei-Tore-Moschee** der Stadt. In unserem Sprachgebrauch würde man sie eher als Kapelle bezeichnen, anfangs hatte der Bau dann auch kein Minarett. Ihre feine Fassade aber wurde stilbildend für den Moscheebau und ist insofern für Touristen wie Pilger ein Muss beim Besuch der Stadt. Sie werden auch Besuche auf den Friedhöfen vor den Mauern nicht auslassen, von denen

es bei Rilke heißt, ringsum die Stadt sei „nichts als Ebene" und sie sei „wie belagert von ihren Toten, die überall vor den Mauern liegen und sich nicht rühren und immer mehr werden". Einer von ihnen war ein Mohammed-Gefährte, dessen Grabmal überkuppelt ist und der wie ein Heiliger verehrt wird. Da er drei Barthaare des Propheten bei sich gehabt haben soll, nennt man das Mausoleum „Barbiermoschee".

Einen ähnlichen Nimbus wie Kairouan umgibt das marokkanische **Moulay Idriss** mitten im Land nahe der römischen Ruinenstätte Volubilis. Hier errichtete der erste arabische Herrscher im Maghreb um 790 sein Reich: Idriss I., der 804 von einem Boten des Kalifen Harun ar-Raschid vergiftet worden ist, gilt als Märtyrer und Befestiger des Islam. Auch hier hat sich der Volksglauben erhalten, dass ein siebenmaliger Besuch seiner Grabstätte den Hadjdj nach Mekka ersetzen kann. Von geistlicher Seite wird das zwar bestritten, doch hält sich die Meinung zäh, weil den meisten Marokkanern die Mittel für eine Reise auf die Arabische Halbinsel fehlen. Das Mausoleum und die Moschee werden vor allem im August/September zum Gedenken an den Heiligen und König aufgesucht; Hunderttausende kommen dann in die kleine Stadt und umschreiten das grünglasierte Grabmal mit dem Pyramidendach. Da Nichtmuslime keinen Zutritt haben, genießen sie den Anblick am besten von einem Hügel aus.

Moulay Idriss Moschee und Mausoleum sind die wichtigsten Wallfahrtsziele der muslimischen Gemeinde in Marokko.

Große Moschee, Damaskus Muslimische Pilger beten an dem Schrein, in dem das Haupt von Johannes dem Täufer bestattet sein soll. «

Muslimisch-christliche Berührungspunkte

Zurück ins Kerngebiet des Islam: Auch **Damaskus**, etwa 300 Kilometer nördlich von Jerusalem, gehört zu den spirituellen Zentren, da hier die Kalifen aus der Dynastie der Omaijaden (regierten 661–750) ihre Residenz hatten. Sie ließen die nach ihnen benannte **Große Moschee** durch Umgestaltung der christlichen Johannes-Basilika aufbauen, die wiederum auf einem altrömischen Jupiter-Heiligtum errichtet worden war. Der Überlieferung nach liegt hier der Kopf Johannes des Täufers begraben, den König Herodes enthaupten ließ und den beide Religionen als Heiligen verehren. Die Reliquie bewirkte noch 2001 ein Wunder: Zum ersten Mal in der Geschichte betrat ein Papst eine Moschee. Johannes Paul II. suchte das von grünem Glas eingefasste Täufer-Grabmal auf, betete dort still und wandte sich dann an die versammelten Muslime und Christen, die er zu gegenseitigem Respekt und zu Toleranz aufrief, da Hass und Gewalt das Ebenbild Gottes, den Menschen, entstelle. Der Papst dürfte allerdings auch den vollendeten Schmuck des Gotteshauses bewundert haben, das seit Anfang des 8. Jahrhunderts hier steht, wenn auch in der Folgezeit immer wieder verändert, erweitert und der Zeit angepasst. Heute misst es 157 mal 97 Meter.

Schwenk nach Westen. Knapp 50 Kilometer hinter der syrischen Grenze erreichen wir das türkische Sanliurfa oder einfach **Urfa** nahe der Mittelmeerküste von Südostanatolien, einst das antike Edessa. In der Rangfolge der heiligen Stätten des Islam steht der Ort an fünfter Stelle: Er wird mit dem Propheten (biblisch: Patriarchen) Abraham (Ibrahim) in Verbindung gebracht. Dieser sollte hier den Feuertod erleiden, wurde aber errettet, indem Allah das Feuer in Wasser verwandelte und aus den Glutbrocken Fische entstehen ließ. Daran erinnert der Abraham-Teich mit den heiligen Karpfen vor der **Halil-Rahman-Moschee,** deren majestätische Formen sich im Wasser spiegeln. Es gibt auch die Version, dass Abraham hier in einer Höhle auf der Ebene von Harran zur Welt gekommen sei, weswegen manche den Namen Urfa auf Ur zurückführen, das in der Bibel als Herkunftsort genannt ist. Nach herrschender Meinung aber ist damit die alte südmesopotamische Metropole gemeint, der wir schon im Zusammenhang mit den Sumerern begegnet sind. Edessa jedenfalls war lange Zeit auch ein Zentrum der syrischen christlichen Kirche, in deren Überlieferung der Ort als Wirkungsstätte des Apostels Thomas gilt.

Islamisch Mystiker

Noch ein paar 100 Kilometer weiter nach Westen tief ins Landesinnere nach **Konya**, dem antiken Ikonion. Hier erleben wir einen mystischen Islam. Eigentlich erstaunt die Herausbildung einer islamischen Mystik im sogenannten

Mevlana-Kloster, Konya In dem Mausoleum des heute in ein Museum umgewandelten Klosters sind die Gräber wichtiger Sufi-Heiliger zu sehen.

Halil-Rahman-Moschee, Urfa Die „heiligen Fische" im Abrahams-Becken werden reichlich von Besuchern gefüttert. »

Mevlana-Kloster, Konya Die Tanzenden Derwische versuchen durch schnelle Körperdrehungen sich in religiöse Ekstase zu versetzen.

Sufismus (von „Suf"für: Wolle; wegen des härenen Gewands der frommen Männer). Der Koran nämlich hat eher etwas Nüchternes, aufs Praktische Gerichtetes und betont zudem sehr stark die unüberwindliche Kluft zwischen Allah und den Menschen. Das hat aber viele sehr religiöse Muslime schon früh – wann genau, ist natürlich nicht auszumachen – nicht davon abhalten können, die wenigen Koran-Stellen ernst zu nehmen, in denen die Gottesschau thematisiert ist. Vielleicht sind die muslimischen Asketen und Eremiten, die Sufis, zunächst auch nur den in Syrien und Palästina häufigen christlichen Vorbildern gefolgt, die ihnen die einschlägigen Koran-Texte als Zeichen erschlossen haben. Beispielhaft sei hier Sure 6, Vers 52 zitiert: „Und verstoßt nicht jene, welche ihren Herrn anrufen in der Frühe und am Abend, Sein Gesicht verlangend. Nicht liegt's dir ob, sie in etwas zu beurteilen, und nicht liegt ihnen ob, dich irgendwie zu beurteilen. Und so du sie verstößest, bist du einer der Ungerechten."

Traten die meisten Sufis anfangs nur vereinzelt und gewöhnlich auch nur einzeln auf, so kam es im Verlauf der Entwicklung zu Gruppenbildungen und zur Entstehung regelrechter Orden. Vermehrt strömten Männer aus hochstehenden Familien in die Sufi-Orden, sodass vom ursprünglichen Armutsideal, dem die ersten frommen Eremiten nachgestrebt hatten, zuweilen nur noch Worthülsen blieben. Wie die christlichen Klöster entwickelten die Orden durch kulturelle Angebote eine erhebliche Anziehungskraft auch auf Laien und gewannen breite Unterstützerkreise. Das wirkte natürlich auch in der umgekehrten Richtung in Form einer weniger abstrakten, von Elementen der Volksfrömmigkeit gespeisten Mystik. Sie ließ vor allem in Persien eine Dichtkunst erblühen, die das Göttliche in irdische Bilder zu fassen bemüht war. So heißt es im „Lied der Rohrflöte" von Djalal od-Din Rumi (1207–1273): „Ich suche eine Brust, durch Trennung zerrissen und zerfetzt, / Um ihr die Sehnsuchtsqual zu erklären. / Wer jemals in die Fremde geriet von seinem Ursprung, / Sucht die Zeit seines Vereinigtseins wieder …" Und in seinem „Lied der Liebe" sagt er: „Wenn du dir eine Perle wünschest, / Such sie nicht in einer Wasserlache. / Denn wer Perlen finden will, / muss bis zum Grund des Meeres tauchen." Und: „Ohne die Liebe / ist jedes Opfer Last, / jede Musik nur Geräusch, / und jeder Tanz macht Mühe."

Der Dichter stammte aus Chorasan im heutigen Nordostiran, floh schon als Kind mit der Familie vor den Mongolen nach Westen und studierte in Konya Islamkunde. Bei Sufi-Meister Ibn Arabi (1165–1240) ging er in die Lehre und lehrte selbst seit 1231 an der Universität Konya. Seine Schüler verehrten ihn bald als Maulana oder Mevlana (unser Meister). Als er 1244 einem Derwisch oder Fakir (bettelnder

Einsiedler oder Mitglied eines Ordens) begegnete, schloss er sich ihm in schwärmerischer Freundschaft an und lebte wie er völlig bedürfnislos nur der Schau Gottes. Der Tod des Freundes erschütterte Rumi sehr, inspirierte ihn aber auch zu bis heute ergreifenden Dichtungen über den Schmerz der Trennung von Gott und das Glück der Annäherung an ihn durch wahre Liebe. Auch entwickelte Rumi den Mevlevi-Reigentanz Sema, den er mit seinen Anhängern einübte und der zur Gründung des Ordens der tanzenden Derwische führte.

Für Rumi wurde nach seinem Ableben das **Mevlana-Mausoleum** in Konya errichtet, das zum Wahrzeichen der Stadt wurde und für fromme Muslime zum Wallfahrtsort.

Schiitischer Nordosten

Auch dem Islam blieb eine Spaltung nicht erspart. Über die wahre Nachfolge des Propheten kam es schon bald nach seinem Tod zum Konflikt, der bis heute die kleinere Gruppe der Schiiten von den Mehrheitsmuslimen, den Sunniten, trennt. Im Nordosten, vor allem im Irak und Iran, dominieren aber die Schiiten.

Große Moschee, Damaskus Blick in den Innenhof mit der Fassade der Gebetshalle und dem Brunnenhäuschen für die rituelle Reinigung. »

Große Moschee, Damaskus Die 705 fertiggestellte Moschee wurde an der Stelle der Johannes-Basilika erbaut und später mehrmals umgebaut.

Das muslimische Schisma

Zurück nach **Damaskus:** Die dortige Moschee ist auch ein Pilgerziel für die Schiiten, weshalb kurz skizziert werden muss, wie es zur Spaltung der islamischen Bewegung gekommen ist. Grundsätzliches trennt die Schiiten (zehn Prozent der Gläubigen, ca. 120 Millionen) nicht von der sunnitischen Mehrheit, Koran und Prophet sind für beiden Gruppierungen gleichermaßen Glaubenskern. Und doch: Gerade die eher nachrangigen Differenzen können heftiger entzweien, als es völlige Fremdheit vermag, vor allem dann, wenn beim Bruch Blut geflossen ist. Der islamische Glaube ist für beide Richtungen unteilbar, weswegen der jeweils andere als Abweichler oder – christlich gesagt – als Ketzer gilt. Zur Spaltung kam es wegen der Nachfolge Mohammeds, zu der nach schiitischer Meinung allein der Schwiegersohn Ali,

Ehemann der Lieblingstochter Fatima, und seine männlichen Nachkommen in direkter Linie berechtigt waren. Sie galten als Imame (Führer, Vorbilder), also als alleinige rechtmäßige und „göttlich geleitete" Oberhäupter der Umma, der Gemeinde der Gläubigen. Der Konflikt brach auf, als der Omaijade Moawija 661 Ali besiegte, sich selbst zum Kalifen und diese Würde in seiner Familie erblich machte.

Alis Niederlage aber war noch nicht der Beginn der eigentlichen Spaltung. Sie wurde erst unheilbar, als Alis zweiter Sohn Husain, Mohammeds Enkel und dritter Imam in den Augen der Partei Alis, 680 mit dem Versuch scheiterte, die Herrschaft zurückzuerobern und dabei den Tod fand. Muslime hatten muslimisches, ja Blut der Prophetenfamilie vergossen. Jetzt erst kam den Ali-Anhängern (Schia Ali = Alis Partei) zu Bewusstsein, welch ungeheuren Verlust sie erlitten hatten und in welche Schuld sie sich durch Feigheit verstrickt hatten. Im Jahr 684 versammelten sie sich zur Klage am Grab des Imams, von dessen Familie ein Sohn überlebt hatte, der vierte Imam, nach dem Großvater ebenfalls Ali geheißen. Husain rückte in schiitischer Tradition nun zum höchstverehrten Märtyrer auf und die Trauer um ihn

Miniatur Mohammed beim Empfang einer Delegation (Topkapi-Palast, 15./16. Jahrhundert). Das Antlitz des Propheten ist verhüllt, da es eine im Islam gängige Praxis ist, das Gesicht Mohammeds oder anderer Propheten nicht bildlich darzustellen.

nahm Züge einer Büßerbewegung an, die in der Moschee von Damaskus ein Zentrum hat, da hier nach gewissen Überlieferungen Husains Kopf eine Zeitlang in einem noch vorhandenen Schrein geruht haben soll. Auch die Gruppierung der weltlicher orientierten Alewiten berufen sich – wie der Name schon sagt – auf Ali als geistlichen Stammvater.

Da Allah selbst dem Schwiegersohn Mohammeds den Koran ausgelegt habe, hätte sich dieses göttliche Wissen in seinen Söhnen und deren Söhnen fortgeerbt, sodass alle Imame im Stand der Weisheit waren. Die Imam-Aussagen wurden im 9. Jahrhundert in vier Büchern gesammelt, die zu den heiligen Schriften des Schiismus gehören. Darin wird geweissagt, dass dereinst der „Mahdi" (der von Gott Geführte) kommen und in der Endzeit alle Gläubigen unter seinem Banner vereinigen werde. Für den größten Teil der

Schiiten war das 874 bei Muhammad ibn Hasan, dem zwölften Imam, der Fall, um den sich die Legende bildete, er sei nicht gestorben, sondern nur verborgen und warte alterungslos darauf, als der verheißene Mahdi (der Rechtgeleitete) wiederzukommen. Man nennt diese Lehre daher auch Zwölfer-Schia, um sie von anderen Auffassungen zu unterscheiden, die weniger Imame anerkennen oder die Reihe der Imame über den zwölften hinaus fortgesetzt haben.

Der erste Imam

Für die Schiiten zählen die Nachfolger des Propheten erst vom Schwiegersohn Ali an, der den Titel Kalif ablehnte und als erster Imam gilt. Seine Ermordung 661 und das Ende seines zweiten Sohns und dritten Imams Husain in der

Imam-Husain-Moschee, Kerbela
Nach dem Fall des sunnitischen Diktators Saddam Hussein ist es Schiiten wieder möglich, am Grab des Imams Husain zu beten.

Schlacht bei Kerbela – zweiter Imam war der älteste Sohn Hasan – zementierten die Spaltung des Islam in Sunniten und Schiiten, die vornehmlich im Iran und im Irak leben. Sie pilgern vor allem an Alis Grab in **Nadschaf** im Zentralirak, wo die **Imam-Ali-Moschee** Ende des 10. Jahrhunderts errichtet worden ist. Das aktuelle Schicksal der heutigen Großstadt zeigt die ganze Erbitterung, die zwischen den verfeindeten Glaubensbrüdern herrscht: Unter dem Dikta-

tor Saddam Hussein regierte eine sunnitische Clique den Irak, während die schiitische Bevölkerungsmehrheit im Land von der Mitwirkung weitgehend ausgeschlossen war. Die Invasion der USA 2003, die nach eigenem Verständnis auch der Demokratisierung gelten sollte, musste den Mehrheitsverhältnissen Rechnung tragen und führte zur Machtübernahme schiitischer Kreise. Dagegen bildeten sich Terrorgruppen der entmachteten Sunniten, deren Anschlä-

Imam-Ali-Moschee, Nadschaf Irakische und iranische Schiiten pilgern zur letzten Ruhestätte des ersten Nachfolgers des Propheten.

gen viele 1000 Menschen zum Opfer fielen. Bewusst machten sie die den Schiiten heilige Stadt Nadschaf zu einem ihrer Hauptziele, was schiitischerseits mit Gegenterror beantwortet wurde.

Die Pilger strömen dennoch weiter nach Nadschaf zum Schrein Alis in der Moschee mit der weithin leuchtenden Goldkuppel. Das prächtig-strenge Mausoleum selbst trägt ebenfalls ein goldenes Dach über bogenförmigen Gittern aus Silber auf einem Marmorsockel. Außer diesem Prunkstück verfügt die Moschee über viele weitere sakrale Schätze und über grundlegende Dokumente des Glaubens. Sie blieben auch bei der Besetzung der Moschee 2004 durch eine sogenannte Mahdi-Miliz und deren Kämpfen mit US-Truppen erhalten. Das mehrfach erweiterte Haus mit den beiden vor allem in nächtlicher Beleuchtung goldschimmernden Minaretten an der Front ruft auch zum Gedenken an die Vorfahren, schließt sich doch ein riesiger, etwa zehn Quadratkilometer großer Friedhof an, in dessen mit Schreinen und Kuppeln, Säulen und Steinmalen bestückten Gräbern

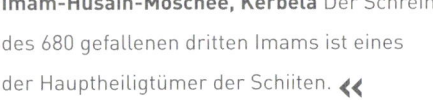

Imam-Husain-Moschee, Kerbela Der Schrein des 680 gefallenen dritten Imams ist eines der Hauptheiligtümer der Schiiten. «

Imam-Ali-Moschee, Nadschaf Das muslimische Gotteshaus wurde im 10. Jahrhundert errichtet. »

über die Jahrhunderte hinweg mehrere Millionen von schiitischen Gläubigen ihre letzte Ruhe gefunden haben. Hier in der Nähe des heiligen Ali-Grabes auf das letzte Gericht zu warten, gilt manchem bereits als entscheidender Schritt zur Errettung. In aller Welt gibt es Ali-Moscheen, darunter auch eine in Hamburg, die von reichen Iranern gestiftet und deren Grundstein 1961 gelegt worden ist.

Schlacht bei Kerbela

Genauso wie dem ersten Imam Ali gilt schiitische Verehrung seinem Sohn Husain. Dessen Ende wurde schon erwähnt. Wie es jedoch dazu kam, soll noch nachgetragen werden: Husains Bruder Hasan hatte 661 auf das Kalifat zugunsten des Omaijaden-Rivalen Moawija verzichtet. Als der offenbar konfliktscheue Hasan 669 starb, sah sein Bruder Husain seine Stunde gekommen, konnte sich aber gegen Moawija nicht durchsetzen. Nach dessen Tod 680 aber rief Husain seine Anhänger zum Kampf gegen den seiner Meinung nach nun völlig unrechtmäßigerweise amtierenden Sohn Yazid I. auf. Viele aber fürchteten die gegnerische Übermacht und ließen Husain im Stich, der dann der Legende nach am 10. Oktober 680 mit nur 72 Kämpfern

bei **Kerbela** auf Yazids 10 000 Mann starkes Heer traf. Der Ort der Tragödie wurde bei Schiiten und Alewiten zum Pilgerziel, denn Husain und seine Getreuen sollen hier begraben worden sein; nur Husains Haupt soll nach Damaskus oder gemäß anderer Überlieferung nach Kairo gebracht worden sein. Unter dem sunnitischen Diktator Saddam Hussein wurde den Schiiten das Leben schwer gemacht; erst 2004 konnten wieder über eine Million Menschen nach Kerbela pilgern. Die auch hier verübten schweren sunnitischen Anschläge haben nichts an der spirituellen Bedeutung des Ortes von Husains Heldentod für die Schiiten ändern können.

Husains Grabmoschee in Kerbela wird von den schiitischen Pilgern ebenso gern besucht wie das Ali-Grab in Nadschaf. In dem mit farbigen Glanzfliesen und Schriftbändern geschmückten Gotteshaus beten sie um den Segen des Imams, erhoffen sich von ihm Heilung von Krankheiten, beruflichen Erfolg oder Familienzuwachs. Nicht wenige kommen sogar zum Sterben von weither angereist und hoffen, so das Gewicht ihrer Waagschalen beim Endgericht erhöhen zu können. Verstorbene werden im Leichentuch um den Schrein Husains herumgetragen, ehe man sie beisetzt. Es geht in dem heiligen Haus unter der Doppelkuppel würdig, aber stets lebhaft zu. Das Getriebe steuern Moscheewächter in langen Gewändern und mit grünen Tüchern um die Kopfbedeckung. Einmal jährlich, so heißt es im Volksglauben, komme der verborgene zwölfte Imam nach Kerbela und verrichte unsichtbar seine Andacht am Grab seines Vorgängers. Allah wird ihn nach schiitischer Lehre am Ende der Zeiten wieder erwecken, damit er die Gläubigen um sich sammeln und sein Reich der Gerechtigkeit aufrichten kann.

Begegnung mit dem Heiligen

Noch ein Stück weiter nach Norden: Auch die irakische Hauptstadt **Bagdad** hat natürlich mehrere schiitische Heiligtümer, von denen die Moschee über dem Grab des 799 verstorbenen siebenten Imams Mussa al-Khadim besonderen Rang hat. Sie liegt im Norden der Millionenstadt im ebenfalls nach dem Imam benannten Viertel Khadimija und ruft die Gläubigen von hohen Minaretten mit goldenen

Große Moschee, Samarra Das spiralförmige Minarett ähnelt einem altmesopotamischen Zikkurat; die zugehörige Moschee war einst das größte Gotteshaus in der muslimischen Welt.

Spitzen zum Gebet in das Gotteshaus mit der Doppelkuppel im ummauerten Innenhof. Seit 2004 kommen Pilger wieder in Scharen (2007 an die drei Millionen), denen es unter Saddam Hussein nicht möglich war, das Imam-Grab zu erreichen. Die Menschen schwenken beim Zug zum Heiligtum grüne und rote Flaggen. Vor allem ältere Männer geißeln sich als Zeichen dafür, dass sie sich durch Buße auch innerlich für die Begegnung mit dem Heiligen reinigen. Andere demonstrieren dies durch barfüßiges Gehen oder häufige Kniefälle. Versorgt werden die Pilger von mildtätigen Anwohnern. Wie an allen derart frequentierten Orten kommt es beim Zug zur **Khadim-Moschee** oft zu Zwischenfällen und seit Beginn des Krieges auch zu Anschlägen. Schlimmer als diese war eine Massenpanik 2005, die auf einer Brücke auf das Gerücht hin ausbrach, ein Selbstmordattentäter sei in der Menge; 965 Menschen kamen zu Tode.

Khadim-Moschee, Bagdad Die goldenen Minarette sind weithin sichtbare Wahrzeichen der irakischen Hauptstadt. ◄◄

„Große Abwesenheit"

Die Hauptstadt des islamischen Reiches der Dynastie der Abbasiden (Kalifen 750–1268) lag zeitweilig etwa 80 Kilometer nördlich von Bagdad: **Samarra** am Ostufer des oberen Tigris war damals eine blühende Handelsstadt und wurde Mitte des 9. Jahrhunderts mit einer **Großen Moschee** als Geburts- und Wirkungsort des zwölften und letzten Imams Muhammad al-Mahdi gekrönt, der dann von Allah in die „Verborgenheit" entrückt wurde. Bis 941 hielt er noch in der Zeit der „kleinen Abwesenheit" gelegentlich Kontakt zu den Gläubigen, seitdem wartet er äußerungslos auf seine Wiederkehr, weswegen von einer Zeit der „großen Abwesenheit" gesprochen wird. Allah wird ihn nach schiitischem Glauben dereinst wieder erscheinen lassen, damit er das Werk des Propheten vollenden und sein Reich des Friedens und der Gerechtigkeit auf Erden errichten könne.

Die Moschee-Anlage umfasst ein Areal von 160 mal 240 Metern hinter Mauern von zehn Metern Höhe, die mit 44 Türmen bestückt sind. Der wichtigste Turm allerdings steht

Grabmoschee Hasrat-e Masumeh, Ghom Die prächtig-mächtige goldene Kuppel.

Grabmoschee Hasrat-e Masumeh, Ghom gehört heute zur wichtigsten schiitischen Hochschule. «

außerhalb der Mauern: Die auf einer gewendelten Außentreppe zu besteigende Malwijja (Spirale) dient als 52 Meter hohes Minarett für die Gebetsrufe der Muezzin.

Die Schule von Ghom

Aus den bisher besuchten schiitischen Heiligtümern geht hervor, dass das Kerngebiet dieses Zweiges des Islam der heutige Irak ist, obwohl weit mehr Schiiten im Iran leben. Da ihre irakischen Glaubensgenossen lange – auch schon vor Saddam Hussein – von sunnitischen Herrschern unterdrückt wurden, verlagerte sich das Zentrum des Schiismus im 20. Jahrhundert ostwärts. Die theologische Schule von **Ghom** (andere Schreibweisen: Qom, Kum) im nordwestlichen Iran begann der in Nadschaf Konkurrenz zu machen und das dortige Heiligtum der Fatima al-Masumeh dem des ersten Imams Ali. Ja, es wurde eine Verbindung hergestellt, die Ghom einen beinahe höheren Rang zu verschaffen geeignet war: Die hier verehrte Fatima war Tochter von Imam Mussa al-Khadim, dem wir gerade in Bagdad begegnet sind. Ihr soll auf einer Reise von Männern des sunnitischen Abbasiden-Kalifen Gift ins Essen gemischt worden sein. Sie erkrankte, erreichte gerade noch Ghom, wo sie nach kurzem Siechtum 816 starb.

Obwohl sie nur 28 Jahre alt geworden war, genoss sie als Imam-Tochter und wegen ihrer großen geistlichen Kompetenz bereits zu Lebzeiten hohe Verehrung. Nach ihrem Tod steigerte sich diese zu einem Kult, sodass bald über ihrem Grab ein Mausoleum mit Schrein und darüber eine Moschee entstand. Die Kräfte der Untröstlichkeit webten mit der Zeit Legenden um die Jungvollendete. Eine davon will wissen, dass Fatima eigentlich die wiedergeborene gleichnamige Tochter Mohammeds gewesen sei. In ihr verehre man mithin tatsächlich Fleisch- und Blut des Propheten und nicht nur die Familie seines Schwiegersohns Ali. Die Fatima von Ghom rangiere mithin beinahe noch vor dem ersten Imam, zumal Mohammed sie vor allen seinen Kindern ausgezeichnet habe. Er bezeichnete sie als „ein Stück von mir, von meinem Herzen, von meiner Seele. Ein jeder, der sie betrübt, betrübt mich! Wer aber mich betrübt, erzürnt Allah!" Was also könnte verdienstvoller sein als die Wallfahrt nach Ghom zu der im 18. Jahrhundert neu erbauten **Grabmoschee Hasrat-e Masumeh** mit ihrer fayenceglänzenden Kuppel?

Imam-Chomeini-Mausoleum, Teheran Dem Staasgründer des Iran, Ajatollah Chomeini, wird religiöse Verehrung zuteil.

Die Koran-Akademie in Ghom profitierte von diesem Heiligtum und davon, dass im Irak die schiitische Religionsausübung so lange unter Schikanen zu leiden hatte. Viele junge Männer, die Geistliche werden wollten, wanderten nach Ghom ab. Und auch ein schon sehr alter Mann ließ sich 1979 wieder in Ghom nieder und stärkte die Autorität der dortigen Schule nachhaltig: Ajatollah Chomeini war in der Zeit des Schah-Regimes von Teheran ausgerechnet in den schiitenfeindlichen Irak nach Nadschaf ausgewichen. Doch auch hier sah er sich bald Verfolgungen durch die sunnitischen Machthaber ausgesetzt, weshalb er weiter nach Paris floh. Von dort aus bereitete er die islamische Revolution in seiner persischen Heimat vor, die dann den Schah vom Pfauenthron fegte und zur triumphalen Rückkehr Chomeinis führte. Fortan lenkte er die neue islamische Republik mit eiserner Hand und setzte das Religionsgesetz, so wie er es verstand, unnachsichtig durch. Auch er stieg in den Augen der Schiiten schon zu Lebzeiten zu einer heiligen Persönlichkeit auf. Kein Wunder, dass nach seinem Tod 1989 das Mausoleum für ihn nahe der iranischen Hauptstadt ebenfalls zu einer Wallfahrtstätte geworden ist.

Feld der Märtyrer

Ganz im Stil der Schreine in Nadschaf und Kerbela, bloß erheblich größer, ist das **Imam-Chomeini-Mausoleum** gestaltet, das so heißt, weil sich im Schiismus die oberste religiöse Autorität als Statthalter des verborgenen zwölften Imams versteht. Die letzte Ruhestätte des Revolutionsführers liegt auf einem weiten Gräberfeld für Märtyrer acht Kilometer südlich von Teheran. Chomeini wollte dort beigesetzt werden, um den gefallenen Gefährten aus der Zeit des Umsturzes und denen nahe zu sein, die um ihres Glaubens willen unter dem Schah das Martyrium erlitten haben. Der acht Meter lange, zehn Meter breite und fünf Meter hohe Schrein des verehrten Führers steht in einer überkuppelten erdbebensicheren Grabmoschee, die zu einer großen Gedenkanlage gehört und von vier 91 Meter hohen Minaretten flankiert wird. Die Kuppelhöhe wurde mit 68 Metern so gewählt, dass die Zahl den letzten beiden Stellen des Jahres 1368 A. H. (= 1979) entspricht, in dem die Revolution siegte. Zwei jeweils mehr als zwei Hektar große Innenhöfe mit eleganten, von Kacheln und Schriftbändern verzierten Torbö-

gen nehmen die Pilgermassen auf, die vor allem im Fasten-
monat Ramadan und am Todestag Chomeinis (3. Juni) hierher kommen und auf Einlass warten. Dem Komplex sind
Versorgungseinrichtungen, Unterkünfte und Repräsentati-
onsräume angegliedert. Viele Staatsgäste nutzen den Aufenthalt in Teheran zu einem Besuch der Grabmoschee.

Konzentration aufs Geistliche

Im fernsten Nordosten des Iran, etwa 850 Kilometer von
Teheran entfernt, liegt einer der beliebtesten Wallfahrtsorte
der Schiiten: Dort, in der heutigen Großstadt **Maschhad**
(andere Schreibweise Meschhed), hat der achte Imam Reza
(andere Schreibweise: Redha) seine letzte Ruhestätte gefunden – sie ist das einzige Imam-Grab auf iranischem Boden.
Reza gehört zu den Märtyrern, weswegen sein Sterbeort Sana-
bad in Maschhad, „Ort der Märtyrer", umbenannt wurde. Er

war Sohn des siebenten Imams al-Kadhim, der 799 ebenfalls
das Martyrium erlitten hatte, nach schiitischer Überlieferung
durch einen Anschlag des Kalifen Harun ar-Raschid. Dieser
bei uns aus den Märchen „Tausendundeiner Nacht"
bekannte, weise Mann soll eifersüchtig auf die Popularität des
Imams gewesen sein und habe um seine Herrschaft gefürchtet. Khadims Amtsnachfolger Reza musste daher ebenfalls auf
der Hut sein, denn auch Haruns 813 an die Macht gekomme-
ner Nachfolger Mamun verdächtigte den neuen Imam, ihn
verdrängen zu wollen. Er plante daher, Rezas Beliebtheit beim
Volk zu schmälern, indem er ihm zum Schein die Herrschaft
übertrug. Reza aber lehnte jegliche weltliche Kompetenz ab,
wollte weder richten noch befehlen, sondern nur geistlichen
Aufgaben nachkommen. Mit dem Verzicht wuchs Rezas
Ansehen noch, die Menschen suchten seinen Rat in allen
Dingen. Mamun entledigte sich schließlich des angeblichen
Rivalen und unbequemen Mahners 817 durch Gift.

Imam-Reza-Grabmoschee, Maschhad Schiitische Pilger gedenken mit der heiligen Schrift in den Händen dem als Märtyrern verehrten achten Imam. **«**

Sein Schicksal ließ Imam Reza in den Augen der Gläubigen nur noch heller erstrahlen. Sogleich setzte ein Pilgerstrom zu seinem Grab ein, der bis heute nicht abgerissen ist. Eine **Grabmoschee** über dem Schrein des Heiligen entstand, die mehrmals zerstört und immer wieder neu und prächtiger aufgebaut wurde; die heutige Form geht zurück auf einen Bau aus dem 14. Jahrhundert, der allerdings ebenfalls mehrmals erweitert und in Teilen erneuert wurde. Das gilt auch für die imposanten Innenhöfe und die angegliederten Gebäude, darunter die islamische Universität von Maschhad mit ihrer berühmten Bibliothek sowie die im 15. Jahrhundert errichtete Moschee der Gauhar Shad, der Frau von Schah Rukh von Chorasan; auf die Gönnerin der Wallfahrtsstätte gehen viele der dortigen reichen Ausstattungselemente zurück. Über dem Grab von Imam Reza selbst prangt eine goldene Kuppel, kleiner zwar als die blaue der angrenzenden Moschee Gauhar Shads, doch heller und

weithin leuchtend. Ist den religiösen Pflichten Genüge getan, wenden sich viele Pilger einer anderen Gedenkstätte zu. Ganz in der Nähe lebte der wohl bedeutendste persische Dichter Firdausi, der 1020 starb; sein Mausoleum gehört zum nationalen Pflichtprogramm.

Selbstverständlich gibt es auch in anderen islamischen Ländern von Albanien über Ägypten und Afghanistan bis Indonesien Pilgerstätten, die viele Menschen besuchen, die sich den großen Hadjdj nach Mekka nicht leisten können. Hinzu kommen heilige Berge oder Seen, die im Leben großer Mystiker oder religiöser Führer eine Schlüsselrolle gespielt haben oder an denen sich angebliche oder tatsächliche Wunder zugetragen haben. Und es gibt zudem islamische Sekten oder Sondergruppen, die ihre eigenen Heiligtümer besuchen. Eine Schilderung all dieser Verehrungsorte ist im Rahmen unseres knappen Streifzugs nicht möglich.

Hinduismus

Das riesige Land Indien scheint religiös relativ einheitlich zu sein; die islamischen, christlichen und buddhistischen Minderheiten fallen nicht sonderlich ins Gewicht, auch wenn es, vor allem mit den Muslimen, nicht selten zu schweren Konflikten kommt. Insgesamt aber herrscht der Hinduismus vor, die älteste aller Weltreligionen.

Shivas Höhle in Amarnath | *254*

Goldener Tempel von Amritsar | *254*

Ganga-Tempel in Gangotri | *246*

Vishnu-Tempel
in Badrinath | *246*

Tempel von Yamunotri | *246*

Shiva-Tempel
in Kedernath | *246*

Haridwar | *246*

Mathura | *245*

Vrindavan | *244*

Ram-Janmabhami-Tempel
in Ayodyha | *242*

Allahabad | *253*

Tempelbezirke von Khajuraho | *253*

Varanasi | *235*

Ujjain | *241*

Höhlentempel von Ellera | *253*

Nashik | *241*

Höhlentempel von Elephanta | *245*

A r a b i s c h e s

M e e r

Nataraja-Tempel in Chidambaram | *252*

Minakshi-Tempel in Madurai | *252*

Pilgerstätte, Wallfahrtsort

bedeutendes Heiligtum

I N D I S C H E R

Sonnentempel von Konarak | *250*

Jagannath-Tempel in Puri | *248*

G o l f

v o n

B e n g a l e n

N

100 km

www.kartographie.de

Z E A N

Der Vielgötterglaube des Subkontinents

Gegen die angestammte indische Religion, den Hinduismus, hatten und haben es andere Bekenntnisse auf dem Subkontinent schwer. Der bunte Kult und der überreich bevölkerte hinduistische Himmel kommen Temperament und Lebenshaltung der Menschen im subtropischen Land entgegen und faszinieren auch Fremde.

Shiva-Nataraja-Amulett Eine sehr gängige Erscheinungsform des hinduistischen Gottes: als „König des Tanzes". »

Mahabharata-Epos Die Buchillustration aus dem frühen 19. Jahrhundert zeigt ein fürstliches Treffen. Die Kutsche des Monarchen rechts wird von einer Gottheit gelenkt.

Shiva-Statue, Bijapur Typische Attribute zieren diese wie viele andere Shiva-Darstellungen: Schlange, Mondsichel und der Dreizack Trishul. «

Bei näherem Hinsehen zeigt es sich, dass es den Hinduismus nicht gibt. Er ist alles andere als einheitlich und präsentiert sich je nach regionaler Ausprägung höchst unterschiedlich. Nicht einmal den Himmel mit seinen zahllosen Göttern haben alle Inder gemeinsam, bei der großen Auswahl kein Wunder. Die Ursachen dafür liegen tief in der Geschichte: Der Begriff „Hinduismus" geht zurück auf die persische Bezeichnung für den Fluss Indus, der sich aus fünf großen Strömen speist und mit ihnen eine natürliche Barriere im Westen des indischen Subkontinents bildet. An diesem Fluss entstand eine nach der Stadt Harappa genannte frühe Hochkultur,

die, durch ihn geschützt, weit über 1000 Jahre blühte, ehe sie sich fremden Impulsen öffnen musste. Sie führten zur Verwandlung der altindischen (dravidischen) Kultur und Religion zum Hinduismus. Die aus dem Inneren Asiens im 2. Jahrtausend v. Chr. vordringenden indogermanischen Arier brachten einen Kriegerglauben mit, der durch Vermischung mit den alteingesessenen Vorstellungen das vielfältige spirituelle System prägten, das bis heute eine zerklüftete Gesellschaft von inzwischen einer Milliarde Menschen zusammenhält.

In der Vielfalt vereint

Der Hinduismus ist kein einheitliches religiöses Bekenntnis, sondern eine Weltsicht, in der ein Vielgötterhimmel und ein urtümlicher Dämonenglaube ebenso Platz haben wie die Vorstellung, dass aller Vielheit ein einheitliches unpersönliches Göttliches zugrunde liegt. Keine der zahlreichen Richtungen gibt es in reiner Form, sondern immer nur in reicher Verbindung mit den anderen, sodass Toleranz zu einem Merkmal der im Wortsinn weitherzigen Religion geworden

Ganesha-Statue Häufiger Begleiter des elefantenköpfigen Gottes ist sein Reittier, eine Ratte, die zugleich Symbol für Intelligenz ist.

Samsara

Folgenreichste der Kernaussagen des Hinduismus wurde die Lehre von der Seelenwanderung (griechisch: Metempsychose), also vom ewigen Kreislauf der Wiedergeburten (Pali: Samsara). Grundannahme ist, dass gutes oder schlechtes Handeln ein entsprechendes Karma des handelnden Wesens hervorbringe, sozusagen seinem Konto belastet oder gutgeschrieben werde. Positives Karma fördere die Wiedergeburt als höheres, womöglich sogar als himmlisches Wesen, negatives Karma ziehe dagegen die Wiedergeburt in geringerwertiger Form, im schlimmsten Fall als Höllenwesen nach sich. Ziel aller Spiritualität sei die Erlösung (Moksha) aus diesem Kreislauf durch Erkenntnis der Identität (des Einsseins) mit Brahman (dem absoluten Sein).

ist. Das darf allerdings nicht mit Beliebigkeit aller Inhalte verwechselt werden: Einige Säulen des Glaubens gelten für alle der rund 800 Millionen Hindus. In erster Linie ist das die Lehre von der Kaste, in die jeder Mensch hineingeboren wird. Diese sozial abgeschlossenen Schichten der Gesellschaft sind Spiegel der hierarchisch, also stufig gedachten Weltordnung von den Göttern über die in mehrere Rangklassen eingeteilte Menschheit bis zu den Tieren, Pflanzen und schließlich zur unbelebten, aber keineswegs unbeseelten materiellen Natur. Im gesellschaftlichen Bereich aber bröckelt gerade diese Säule durch den Einfluss westlicher Werte und ihren Transfer aus Hindu-Gemeinden in den Industriestaaten.

Und im Grunde trägt der Kasten-Gedanke ohnedies nur für das momentane Leben der prinzipiell unsterblichen Seele. Sie ist sozusagen der Botenstoff, der die Sphären durchlässig macht, denn als zweite Säule gehört zur Lehre des Hinduismus der Glaube an die Seelenwanderung, an den ewigen Kreislauf der Existenzen, dem jedes Individuum unterworfen ist: In welcher Form die jeweilige Wiedergeburt erfolgt, hängt davon ab, welches Karma der Einzelne während der vorangegangenen Existenzen durch sein Tun und Lassen angesammelt hat. Wie sich der Gläubige diese kosmische Kausalität zu denken hat, das lehren ihn die allen

Hindus gemeinsamen Überlieferungen (Smriti), festgehalten in den heiligen Schriften, in erster Linie in den aus frühester Zeit überkommenen Veden („Wissen"), aber auch in späteren Texten wie den Puranas (Mitte des 1. Jahrtausends v. Chr.) und dem knapp ein Jahrtausend jüngeren Epos „Mahabharata" mit dem Lehrgedicht „Bhagavadgita" (Gesang des Erhabenen).

Andere gemeinhinduistische Vorstellungen sind weniger verbindlich, aber sehr verbreitet: von der Verehrung der heiligen Kühe und anderer heiliger Tiere über den Glauben an die reinigende Kraft der heiligen Flüsse und an einige Hauptgottheiten bis hin zu Wallfahrten zu den heiligen Stätten, wie sie ohne Zahl im Land zu finden sind; jeder Tempel gilt als Heiligtum und auch viele besonders bemerkenswerte natürliche Orte wie Berggipfel, Grotten oder Quellen werden als heilig angesehen. Zu den allgemein angerufenen Göttern zählen vor allem Schöpfergott Brahma, dessen Bedeutung für den religiösen Alltag aller-

dings gering ist, der Erhalter Vishnu und der Zerstörer Shiva („der Gütige"), wobei vor allem Zerstörung von Schädlichem oder von solchen Gegebenheiten gemeint ist, die Platz für Neues machen müssen, also fruchtbare Zerstörung. Vishnu, Shiva und andere Götter, darunter auch die jeweiligen Partnerinnen, können in menschlicher Gestalt (Avatara = Herabgestiegener) erscheinen, Vishnu beispielsweise als Held Rama oder als Krishna („der Dunkle"). Ihre Taten werden in den genannten heiligen Schriften und Epen gepriesen.

Shiva – der Herr der Zeit

Die Eroberer rückten von West nach Ost vor und dann erst südwärts. Insofern wurde der Ganges für sie zum ersten Wegweiser – für sie und für ihre Götter. In den Schriften heißt es denn auch, dass Shiva sich ein irdisches Zuhause suchte und in Kasi („Stadt des Lichts") fündig wurde, dem späteren Benares und heutigen Varanasi am Westufer des

Ghats, Varanasi Einen Einblick in die Vitalität und Spiritualität des Hinduismus gewinnt man an den Badetreppen am Ufer des Ganges.

mittleren Ganges, der hier einen Bogen nach Norden macht. Welche Rolle spielt Shiva im hinduistischen Himmel? Ursprünglich eher als Finsterling und Bedroher angelegt, machte er später eine bemerkenswerte Wandlung durch zum abgewogen handelnden Lenker der Geschicke und weisen Segenbringer (Shambu). Er gilt als Leitstern der Asketen, denn er ist Herr der Zeit und damit Herr der Vergänglichkeit, die das Weltliche abtötet – ganz so, wie es der Asket erstrebt. Shiva gibt ihm die Kraft zur Meditation, segnet seinen Yoga und ersetzt ihm die menschliche Gesellschaft, der er entsagt hat. Shiva wird denn auch oft als meditierender Jatadhara („der mit dem geflochtenen Haar") dargestellt oder als Nataraja („König des [ekstatischen] Tanzes"), der den Dämon der Nicht-Erkenntnis und des Verhaftetseins an der Welt zertritt.

Zugleich aber ist Shiva, dessen Zeichen das Linga (Phallus) ist, das strotzende Sinnbild des Schöpfertums und des vitalen Werdens und Vergehens. Insofern ist er auf weibliche Ergänzung angewiesen – und in den Mythen werden ihm denn auch viele Partnerinnen beigesellt, die alle den Schoß symbolisieren, der erst Shivas Fruchtbarkeit zur Geltung bringt, und die wie Parvati durchaus im Rang an ihn heranreichen können. Zu Shivas zahlreichen Nachkommen gehört der besonders beliebte elefantenköpfige, naschhafte Ganesha, der zu seinem seltsamen Haupt so gekommen sein soll: Shiva war einmal viele Jahre von daheim fort. Als er wiederkam, war Ganesha zu einem ansehnlichen Mann herangereift. Shiva erkannte ihn daher nicht, sah einen Fremden in ihm und vermutete einen Rivalen um die Gunst seiner Frau Parvati, die sich wohl über seine Abwesenheit mit dem jungen Kerl hinweggetröstet hatte. Wutentbrannt schlug er Ganesha den Kopf ab und löste bei der hinzukommenden Parvati einen Sturzbach von Tränen und eine Flut wüster Beschimpfungen aus. Parvati verlangte sofort einen neuen Kopf für ihren Sohn. Da aber Shiva auf die Schnelle nur den eines Elefanten zu beschaffen vermochte, ziert den kleinen, etwas dicklichen Ganesha seitdem das mächtige Haupt mit Rüssel und einem Stoßzahn. Als Gott ist er zuständig für das Glücken von Unternehmungen. Mittels Süßigkeiten wird er günstig gestimmt.

Der heilige Fluss

Dass Shiva sich am Ganges niederließ, machte den Strom und die Stelle, eben **Varanasi,** zu höchsten Heiligtümern der Hindus und zum beliebtesten Ziel der Tirtha (Wallfahrt), was wörtlich „Furt" heißt, im übertragenen Sinne aber auch das Überwinden des Irdischen meint. Bei Shivas Wohnortwahl kam hinzu, dass er den ungebärdigen Fluss bändigte, der durch alle drei Sphären braust: Himmel, Erde und Unterwelt. Die Schriften berichten, dass Ganga – so die den Fluss verkörpernde Gottheit – durch Gebete vom Himmel herabgerufen worden und darüber sehr erbost gewesen sei. Furchtbaren Schaden hätte sie anrichten können in ihrer Wut, wenn nicht Shiva die Wucht der Fluten mithilfe seiner Brauen und Locken aufgefangen und in verträgliche Bahnen gelenkt hätte. Deswegen trägt Shiva auch den Bei- oder genauer Ehrennamen Ganga-Dhara („der den Ganges Hal-

Ganesha, Shiva und Parvati Das Wandgemälde zeigt die göttliche Familie, im Vordergrund der Stier Nandi, das Reittier Shivas.

Ghats, Varanasi Männer benetzen die Leiche eines Angehörigen vor der Einäscherung mit dem heiligen Wasser des Ganges.

tende"). Zu Millionen pilgern die Hindus nach Varanasi, um im Fluss das schlechte Karma abzuwaschen; dabei blicken sie gen Osten in die aufgehende Sonne, die am frühen Morgen besonderen Segen spendet. Viele kommen auch zum Sterben her oder um die Leichen ihrer Angehörigen hier zu verbrennen. Denn es gilt Shivas Versprechen, dass der Weg der Toten von hier direkt in die Moksha (Erlösung) führt. Der leidvolle Kreislauf der ewigen Wiedergeburten lässt sich so ohne mühevolles Asketenleben unterbrechen.

Auf den knapp 100 Ghats, den Treppenabgängen vom Hochufer zu den Badeanlegern am Ganges, herrscht daher ohne Unterlass großes Gedränge der Pilger, Beter, Mönche, Bettler, Priester. Jung und Alt quirlen durcheinander, Männer und Frauen nehmen Bäder – die Kasten-Grenzen, die sonst die Menschen trennen, werden in diesen Augenblicken überwunden. Daneben gibt es die „brennenden Ghats", wo Angehörige der untersten Kaste der Unberührbaren auf Rosten Leichen dem Feuer übergeben, deren Asche dann mit etwaigen Knochenresten in den heiligen Fluss gestreut wird. Mehrere hundert Einäscherungen pro Tag sind nichts Ungewöhnliches. Enger beieinander sind pulsierendes Leben und feierlicher Tod nirgends sonst. Und da Leben immer Vorbereitung auf den Tod ist oder doch sein sollte, unternehmen die Pilger in Varanasi viel zur Aufbesserung ihres Karmas. Dazu dient vor allem das Umkreisen (Pradaksina) des Heiligen entweder in einem Tempel, wo der Gott als Bild (Murti) anwesend ist, oder durch Umwandern des gesamten heiligen Bezirks mit seinen Tausenden von Heiligtümern. Diese über etwa 65 Kilometer führende Prozession nimmt fünf bis siebe Tagen in Anspruch, gilt es doch dabei, 108 Tempel zu besuchen und Gottesdienste zu absolvieren.

Krishna mit Kuh Der als Hirte aufgewachsene Gott wird oft mit dem heiligen Tier der Hindus beim Flötenspiel dargestellt.

237

Höchste Andacht ist im zentralen Heiligtum Shivas geboten, der hier auch Mahadeva (Großer Gott) oder Vishvanatha (Herr des Weltalls) genannt wird. Sein **Goldener Tempel,** der unter der Ägide des islamischen Mogulkaisers Aurangzeb (regierte 1658–1707) zerstört worden war, wurde seit 1776 wiederaufgebaut und entwickelte sich zum Prachtstück der Stadt. Unvergesslich bleibt sein Anblick, wenn der Besucher eines der Ghats hinaufgeht und das Auge nach und nach das Heiligtum erfasst. Leuchtender Zierrat und der glocken- förmige hohe Turm, an dem Seitentürmchen emporsteigen, fesseln den Blick des Betrachters. Das Innere des Tempels ist allerdings nur Hindus zugänglich, was scharf überwacht wird (zumal der Tempel in jüngster Zeit im Brennpunkt religiöser Spannungen zwischen Hindus und Muslimen stand). Im Folgenden daher eine knappe Schilderung der typischen Tempelgestaltung und der gottesdienstlichen Abläufe.

Der hinduistische Tempel

Fast allen Hindu-Gotteshäusern liegen ähnliche Bauprinzi- pien zugrunde. Sie sind auf eine Art Allerheiligstes ausge- richtet, das die kosmische Ordnung geometrisch (meist quadratisch) spiegeln soll. Die Himmelsrichtungen spielen für den Grundriss eine Schlüsselrolle. Im Zentrum steht gewöhnlich ein Bild des Hauptgottes (Murti), bei einem Shiva-Tempel das Zeugungssymbol Linga. Da zum Ritus das Umschreiten des Bildes oder der Statue gehört, muss dafür Platz sein; dies ist durch einen Hof oder meistens einen Säu- lengang gewährleistet. Türme oder Kuppeln (Shikaras) krö- nen Tore und Heiligtümer der Anlage und richten den Blick der Gläubigen gen Himmel. Die Vielzahl der Shikaras gibt manchen Tempeln das Aussehen eines kleinen Gebirgszugs. Auch dahinter steckt Symbolik: Da viele Gottheiten auf Himalaja-Gipfeln beheimatet sind, erspart der Tempel-

Tempelzeremonie Feierliche Puja-Gaben in einem Tempel auf Sri Lanka.
In dem Inselstaat sind knapp 16 Prozent der Bevölkerung Hindus.

besuch die Reise dorthin. Zum Tempelbezirk gehören
außerdem Innen- und Vorhöfe, Terrassen und andere
Flächen. Durch Gänge ist das Allerheiligste verbunden mit
Nebenräumen und mit einem Hauptversammlungsraum,
alles geschmückt mit Götterbildern und Reliefs, heiligen
Ornamenten und sakralen Zeichen.

Bilder haben im Kult ohnehin einen hohen Stellenwert,
weil in der hinduistischen Vorstellungswelt nicht nur der
Verehrende dabei Gott anschaut, sondern auch von diesem
wahrgenommen und für wichtig gehalten wird. Das Bild ist
natürlich nur eine Erscheinungsform des Gottes, der sich in
jeder beliebigen Gestalt verkörpern kann. Auch illustrieren
die Bilder sehr gut die Geschichte des jeweiligen Heiligtums,
indem sie Szenen aus den großen Epen zeigen und Legenden gestalten, wie und warum die Gottheit sich gerade diese
Wohnstätte gesucht oder sie direkt gefordert hat. Diese
Geschichten sind oft höchst fantastisch und spiegeln die

hinduistische Frömmigkeit in ihrer zugleich sehr dinglichen
und in ihrer ebenso sehr symbolischen Komponente. Besonders beliebt beim Shiva-Tempel sind die Erzählungen von
den Liebesabenteuern des Gottes, die sich am fraglichen Ort
abgespielt haben sollen; auch sie sind natürlich symbolisch
als Urzeugung aufzufassen.

Stark symbolhaltig geht es auch beim eigentlichen Gottesdienst, der Puja, zu: Die Murti wird gewaschen – das heißt,
mit Wasser, am besten aus dem Ganges, übergossen –, neu
eingekleidet und bekränzt, die Priester kredenzen der Gottheit Getränke und legen ihr Früchte zu Füßen. Kampferduft
zum Wohlbefinden des Gottes wird verströmt. An hohen
Feiertagen wird die Murti auch in einer Prozession mitgeführt. Die Puja-Gaben spielen im Anschluss an die eigentliche Weihehandlung eine wesentliche Rolle als Mittel, den
Gläubigen Segen (Prasada) zu spenden. Die Priester vertei-

len das Obst und das zum Waschen eingesetzte Wasser an die Tempelbesucher, die die Speisen essen, sich mit dem Wasser benetzen oder sich die Blumen der Girlanden anstecken und so der Gnade des Gottes teilhaftig werden. Vielfach üblich im Shiva-Kult ist auch das Verteilen der Asche aus den heiligen Lampen, die ins Gesicht gerieben wird.

Im Gottesdienst gibt es keine Predigt und auch keine gemeinsam auszuführenden Andachtsübungen. Dennoch sieht man überall betende Menschen, oft mit zusammengelegten Handflächen vor dem Gesicht. Reges Kommen und Gehen beherrscht das Geschehen. Manche beten vor Götterbildern still für sich, andere schauen den Priestern bei der Puja zu, wieder andere nutzen das Zusammentreffen mit Bekannten zu einem Plausch oder liefern ihre Gaben für den Tempel ab. Spielende Kinder gehören ebenso zum lebhaften Treiben wie die Gruppen von Kranken, die sich vom Aufenthalt im Gotteshaus Linderung oder gar Heilung ihrer Gebrechen erhoffen. Überhaupt geschieht alles sozusagen auf eigene Rechnung und aus eigenem religiösen Impuls, für

den der prachtvolle Bau und das reiche Bildwerk nur den angemessenen Rahmen stellen. Da Gott hier wohnt, ist man ihm hier auch am nächsten und kann um Hilfe bei privaten wie gemeinsamen Problemen bitten.

Kumbh Mela – Reinigung der Seele

Wir folgen dem Ganges rund 100 Kilometer aufwärts nach **Allahabad** an der Einmündung des rechten Nebenflusses Yamuna. Der Ort hieß vor der islamischen Zeit Prayaga, was die Vermischung dreier Flüsse meinte, obwohl man nur die beiden genannten sieht. Nach hinduistischer Mythologie floss aber auch ein unterirdisches Gewässer mit ein, nach der gleichnamigen Göttin Sarasvati genannt, der Gemahlin des Schöpfergotts Brahma. Ihr zu Ehren und in Erinnerung an ein Opfer Brahmas an dieser Stelle findet in Allahabad – die meisten frommen Hindus nennen es bis heute Prayaga – und in drei weiteren indischen Städten **(Harid-**

Kumbh Mela, Allahabad Hindus bei der rituellen Waschung.

Kumbh Mela, Allahabad Eine der festlich geschmückten Plattformen, auf denen Gurus und ihre Gefolgschaft Platz nehmen. **«**

Kumbh Mela, Allahabad
Die Nagelsandalen eines Sadhus dienen der Selbstkasteiung und Buße.

war, Ujjain, Nashik) alle zwölf Jahre das größte Fest der Welt statt: die sogenannte Kumbh Mela (wörtlich: Krug-Treffen). Von Mitte Januar bis Ende Februar 2001 kamen zu diesem Anlass über 90 Millionen Pilger, darunter viele Sadhus (Mönche), nach Allahbad.

In den anderen drei Städten findet die Kumbh Mela in anderen Monaten und anderen Jahren statt. Dahinter steckt die Legende, dass die Götter am Beginn der Zeit den Urozean umrührten, weil sie das Wasser des Lebens (Amrita) gewinnen wollten. Als der damit gefüllte Krug endlich aus den Tiefen gehoben wurde, riss ihn einer der Götter an sich und eilte damit gen Himmel. Mehrmals, eben am Ort der genannten vier Städte, musste er unterwegs den schweren Krug absetzen, sodass ein paar Tropfen der wunderwirkenden Flüssigkeit auf den Boden spritzten. Das hat die Stellen geheiligt und die Flüsse gesegnet, an denen sie liegen.

Die Kumbh Mela ist zu einem riesigen Badefest der rituellen Reinigung von Sündenlast geworden. Ursprünglich kamen wohl nur Mönche und Asketen (Sramanas) zusammen, die bis heute die Prozessionen unbekleidet und nur mit Girlanden geschmückt anführen. Seit dem 16. Jahrhundert aber hat sich der Brauch zu einer Massenbewegung entwickelt, sodass am höchsten Festtag der Feierzeit (Neumond im Januar) viele Millionen Menschen zur gleichen Zeit in den Zusammenfluss von Ganges und Yamuna steigen.

Eine göttliche Familie

Das nächste Pilgerziel wird 150 Kilometer nördlich an einem linken Nebenfluss des Ganges, dem Ghaghara, erreicht. Dort, wo sich heute die Stadt **Ayodhya** in seinen Fluten spiegelt, ist nach hinduistischer Überlieferung vor 900 000 Jahren der Gott Vishnu in Gestalt des Prinzen Rama zur Welt gekommen, sein siebenter Herabstieg (Avatara). Sein Leben wird im 2300 Jahre alten Epos Ramayana („Lebensweg des Rama") in sieben Büchern (Kanda) mit 24 000 Doppelversen geschildert. Daraus leiten die Inder soziale und sittliche Gesetze ab, die bis heute ihre Wirkung tun. Das Versprechen in der Einleitung genießt großes Vertrauen: „Wer das heilige, Leben spendende Ramayana liest und wiederholt, wird von allen Sünden geheilt und gelangt in den Himmel."

Rama ist der Sohn des Königs von Ayodhya und soll diesem auf dem Thron nachfolgen. Eine der Gemahlinnen seines Vaters möchte aber ihren eigenen Sohn, einen Halbbruder Ramas, als König sehen. Rama zieht sich daher für viele Jahre in die Wälder zurück. Seine Gemahlin Sita und sein jüngerer Bruder Lakshmana begleiten ihn, wodurch der „göttlichen" Gatten- und Bruderliebe ein Denkmal gesetzt wird.

Rama und Sita Das Götterpaar ist Sinnbild der vollkommenen Ehe.

Eines Tages, Rama und Lakshmana sind gerade auf der Jagd, entführt Ravana, der Herrscher der Insel **Lanka** (Ceylon), Ramas Frau Sita. Die Insel ist die Heimat der Rakshas, entsetzlicher Dämonen und Ungeheuer. Rama und Lakshmana machen sich auf die Suche nach Sita und treffen Hanuman, den Ratgeber des Affenkönigs, der ihnen seine Unterstützung verspricht. Hanuman kann fliegen, entdeckt Sita tatsächlich in Lanka und berichtet Rama davon. Mit einer Armee von Affen bauen sie eine Brücke aus Steinen von Indien nach Lanka, besiegen Ravana und befreien Sita.

Für Rama aber stellt sich nun die Frage, wie er mit einer Frau leben kann, die in eines anderen Mannes Macht war. Die Überlieferung kennt da mehrere Lösungen. Die übliche ist die folgende: Sita verlangt von Lakshmana ein großes Feuer zu entzünden, in das sie sich stürzt, um ihre Unschuld zu beweisen. Der Feuergott Agni aber sorgt dafür, dass ihr die Flammen nichts anhaben können. Rama, Sita und Lakshmana kehren zurück nach Ayodhya, wo Rama und seine Frau gekrönt werden. Sita gilt als Muster einer liebenden Gattin. Entsprechend viele Frauen sind daher unter den Pilgern, die zum **Ram-Janmabhumi-Tempel** ziehen. Davon abbringen lassen sie sich auch nicht von dem

Ramayana-Epos Die Affenarmee Ramas, der wohl durch die dreiköpfige Figur in der oberen Bildmitte dargestellt ist (Illustration aus dem 18. Jahrhundert).

Vrindavan Hinduistische Zeremonie am Ufer des heiligen Flusses Yamuna. ▶▶

Umstand, dass auch Muslime hier die Ruinen der ihnen wichtigen Babri-Moschee aus dem 16. Jahrhundert besuchen. Schwere Auseinandersetzungen sind immer wieder die Folge; 1992 kamen über 2000 Menschen, vor allem Muslime, ums Leben.

Ein junger Schwerenöter

Zur Begegnung mit Vishnus achter Inkarnation (Fleischwerdung) als Krishna kehren wir an den Yamuna zurück, wo sich zwischen den Städten Mathura und Vrindavan 50 Kilometer nördlich von Agra die Geschichten um ihn abgespielt haben: Vishnu soll sich danach ein weißes und ein schwarzes Haar ausgezupft haben. Das schwarze geriet in den Schoß der Königin Devati, die mit Krishna (wörtlich: „der Schwarze") schwanger wurde. Sie brachte den neugeborenen Krishna vor der Eifersucht des Königs bei einer Hirtenfamilie in einem heiligen Wald am Fluss beim heutigen **Vrindavan** in Sicherheit. Er erlebte dort eine unbeschwerte Kindheit, bestand manches Abenteuer und trieb

Krishna und Radha „Der Schwarze" (rechts) hat in diesem Wandgemälde einen blauen Teint. Seine Begleiterin Radha darf nicht fehlen.

allerlei Allotria. So versteckte er beispielsweise die Butter seiner Pflegemutter und heißt daher bei Hindufrauen manchmal zärtlich „der Butterdieb". Später wurde Krishna ein Liebling der Hirtinnen, denen er durch Berührungen, Umarmungen und Flötenspiel den Kopf verdrehte. Seine Lieblingsgespielin war Radha, eine Inkarnation von Vishnus Frau Lakshmi. Ihr – modern gesagt – inniger Flirt spielt im hinduistischen Mythos eine Rolle als Liebesspiel der Seele mit ihrem angebeteten Gott. Liebespaare suchen daher gern die Gegend am Yamuna auf, die auch „Land der ewigen Liebe" genannt wird.

In **Mathura** feiern Hindus im Spätsommer Krishnas Geburtsfest Janmaschtami mit göttlichen Spielen, den „Lilas", die Erlebnisse vor allem des jungen Krishna zur Aufführung bringen. Es beginnt mit einer Art Krippenspiel, bei dem Krishna als Säugling in einer geschmückten Wiege im Tempel aufgestellt ist. Die anwesenden Frauen nähren das Kind symbolisch mit Brei. Und auch sonst geht es dann in Mathura fast so zu wie im weihnachtlichen Bethlehem. Es folgen Schauspiele über den jungen Mann und seine Liebeleien mit den Gopi (Hirtinnen). Besonders beliebt sind Szenen, in denen die jungen Frauen baden, Krishna ihnen ihre Kleidung entwendet und auf einen Baum klettert.

Janmaschtami-Fest, Mathura Schüler verkleiden sich als Krishna; Bühnenspiele haben verschiedene Episoden aus dessen Leben zum Gegenstand. «

Frierend fordern die Mädchen ihre Kleider, doch zwingt sie Krishna, einzeln aus dem Wasser zu steigen, zu ihm zu kommen und sie abzuholen. Ebenso geschätzt wird der Flöte spielende junge Gott, der mit dem Schmelz der Musik die Gopi anlockt und mit ihnen so tanzt, dass jede Hirtin glaubt, sie allein sei seine Partnerin und Geliebte.

Die „Elefanteninsel"

Natürlich gibt es in allen großen indischen Städten Hindu-Heiligtümer. Sie ließen sich aber nicht einmal in einem vielbändigen Werk alle vorstellen. Im Folgenden daher nur eine besonders bemerkenswerte Stätte: Zunächst im weiten Bogen nach Westen zum früheren Bombay, dem heutigen **Mumbai**. In der zugehörigen Bucht im Osten der Stadt befinden sich auf der stillen, bewaldeten, etwa zwei Quadratkilometer großen Insel **Elephanta** – so genannt wegen einer dort gefundenen Statue – erstaunliche Höhlentempel. Die Fahrt dorthin dauert per Schiff rund eine Stunde, lohnt aber in jedem Fall, obwohl nur einer der sechs Höhlentempel so erhalten und restauriert ist, dass er Einblick in den dort ausgeübten Shiva-Kult gibt. Hier war die Natur Tempelbauer, der Mensch hat allerdings erst die sakrale Aufladung in die Höhlen gebracht, sie erweitert und ausgestaltet, die Fassade mit Säulen flankiert und mit Bildwerk geschmückt.

Direkt vom Anleger aus kommt man über Treppen zum Eingang, der von wuchtigem Fels überwölbt ist. Das Innere ist in vier Nebenräume und eine Haupthalle unterteilt, die etwa fünf Meter hoch und 40 Meter tief ist und von sechs

Char Dham, Yamunotri
Der Tempel (Bildmitte)
in dem westlichsten Ort
des hinduistischen Pil-
gerwegs ist schwer
zugänglich.

Char Dham, Gangotri Ein kleines
Schmuckstück ist dieser Ganga-Tempel
in über 3000 Metern Höhe. »

mal sechs Säulen getragen wird. Alle Räume sind mit Bildern und Reliefs reich geschmückt, die von Shivas Taten wie
etwa dem Krieg gegen Ravana berichten. Im Allerheiligsten
steht der Shiva-Schrein mit dem Linga und eine dreigesich-
tige Gottesdarstellung (Trimurti).

Hinduistischer „Olymp"

⚜ Wie schon erwähnt, gilt der himmelhohe Himalaja als Heimat der Götter. Dort verläuft der **Char Dham** (wörtlich:
Vier Wohnsitze), ein Pilgerweg im äußersten Norden des
Subkontinents, der die Orte Yamunotri, Gangotri, Kedernath und Badrinath verbindet und etwa von April bis Oktober passierbar ist. Wie der Name schon sagt, entspringt bei
Yamunotri der Yamuna, der Göttin und Fluss zugleich ist.
Seine Quelle markiert den westlichsten Punkt der Route, die
man am besten von Haridwar erreicht, das ja seinerseits
wegen des hier gefeierten Festes Kumbh Mela ein Pilgerort
ist und etwa 200 Kilometer nördlich von Delhi liegt. Im
Tempel von Yamunotri aus dem 19. Jahrhundert feiern die
Pilger mit dem Priester die Puja im Angesicht einer Göttin-
nenstatue aus schwarzem Marmor und erhalten den Segen
(Prasada) in Form von Reis, der in den heißen Quellen des
Ortes gekocht worden ist. Das Gotteshaus steht etwas unter-
halb der Quelle auf 3235 Metern Höhe. Die letzten sieben
Kilometer des Weges zum Pilgerort sind nur zu Fuß, zu
Pferd oder in Mietsänften zu bewältigen.

⚜ Zwei Tagesmärsche weiter erreichen die frommen Wanderer
das womöglich noch heiligere **Gangotri** nahe der Stelle, wo
der Bhagirathi, der wichtigste Quellfluss des Ganges, entspringt. Der Ort mit dem hübschen weißen Ganga-Tempel
aus dem frühen 18. Jahrhundert liegt auf gut 3000 Metern
Höhe, die Quelle noch 1000 Meter höher; da sie wie ein
„Kuhmaul" aussieht, wird sie Gaumukh genannt.

Badrinath, Char Dham Ein goldenes Dach ziert den kleinen Tempel in Badrinath, der östlichsten Station der „Vier Wohn-sitze". »

Char Dham Mühsam sind die Pilgerwege in über 3000 Metern Höhe – viele Hindus nehmen sie dennoch und noch dazu nur kärglich ausgerüstet auf sich.

⚜ Die nächste Station auf dem Char Dham liegt nur einen Tagesmarsch entfernt, sofern man stramm voranschreitet und Steigungen flott bewältigt. Belohnt werden die Mühen durch einen Anblick von seltener Schönheit: **Kedernath** wird trotz seiner Lage in fast 3600 Metern Höhe von leuchtenden Schneegipfeln weit überragt. Der hochheilige, dem Shiva geweihte Tempel des Ortes sieht fast aus wie eine romanische Festungskirche mit massivem Turm und gedrungenem Langhaus. Wegen der heftigen winterlichen Schneefälle ist er nur von Mai bis Oktober zu erreichen; auch die 500 Einwohner des Ortes verlassen ihn in der kalten Jahreszeit.

⚜ Bis zur vierten, letzten, östlichsten und wichtigsten Station des Char Dham wandern die Pilger zwei Tage oder länger über gewundene Gebirgspfade: **Badrinath** liegt nur wenige Kilometer von der chinesischen Grenze entfernt in 3400 Metern Höhe und wird schon seit über 1000 Jahren von Wallfahrern aufgesucht; 2006 kamen an die 600 000 hierher,

sowohl Vishnu- (Vaishnavas) wie Shiva-Anhänger (Shaivas). Vishnu nämlich, so berichten es die Legenden, kam nach Badrinath in seiner Zwillings-Inkarnation als Nara-Narayana, die über die Geltung der religiösen Gesetze (Dharma) wachen. Der dem Vishnu geweihte, erstaunlich bunt bemalte Tempel des Ortes, zu dem eine breite Treppe hinaufführt, schaut die Pilger mit Fenstern und großem Portal unter der vergoldeten Kuppel an, als wolle er sie verschlingen. Viele ausländische Besucher registrieren zudem irritiert einige Hakenkreuze am 15 Meter hohen weißen Giebel, die im Hinduismus Sonnen- und Glückszeichen sind. Im Innern richten wunderbar reliefierte Säulen den Blick zum Allerheiligsten.

Himmlische Kräfte

⚜ Selbstverständlich hat auch der indische Osten seine großen Heiligtümer. Eines der bedeutendsten lernen wir in **Puri**

Rath Yatra, Puri Auf drei prachtvoll geschmückten Wagen thronen die Statuen von Jagannath und seinen Geschwistern Balabhadra und Subhadra.

kennen, einer Mittelstadt am Golf von Bengalen: Der **Jagannath-Tempel** ist Gott Vishnu in der Gestalt Krishnas geweiht, der hier – so die Übersetzung des Tempelnamens – als „Herr des Kosmos" verehrt wird. Das signalisieren bereits die Dimensionen des Gotteshauses oder genauer der Gotteshäuser, denn es handelt sich um eine weitläufige Anlage mit mehreren Gebäuden und Türmen. Ins Auge fallen schon von Weitem pyramidenartig geformte Hallen, die sich Stockwerk um Stockwerk nach oben verjüngen und wie geschichtet aussehen. Es handelt sich um die Wohnung des Gottes sowie um Besucher- und Gebetsräume, die reich ausgeschmückt sind; das allerdings dürfen nur Hindus bewundern, während andere Besucher nur von einer Aussichtsplattform einen Überblick über die Anlage, aber keinen Einblick in die heiligen Hallen selbst erhalten können.

Im Kern stammt der Bau, den ein hoher Turm krönt, aus dem

**Sonnentempel,
Konarak**
Zwölf Räder
schmücken den
Sonnenwagen. «

12. Jahrhundert. Er sollte die Königsmacht demonstrieren, die Krishna dem Herrscher des Reiches Orissa – so heißt heute der indische Bundesstaat – selbst verliehen habe.

Einmal im Jahr können auch Nicht-Hindus etwas vom Inneren des Tempels erblicken. Am Ratha Yatra, dem ein- bis zweiwöchigen Wagenfest um die Jahresmitte, werden drei Statuen des Jagannath mit Girlanden und viel Zierrat aufgeputzt auf riesigen Wagen vom Tempel zur Sommerresidenz von jeweils rund tausend Gläubigen durch Puris Hauptstraße gezogen. Alle Häuser am etwa drei Kilometer langen Prozessionsweg zeigen sich in buntem Fahnenschmuck, die Menschen begleiten in Festkleidung zu Hunderttausenden den Zug und versuchen, wenigstens ein kurzes Stück beim Ziehen zu helfen, ruht doch darauf besonderer Segen. Gesang, Tänze und das laute Tönen der Muschelhörner versetzen die Menschenmenge in einen rauschhaften Zustand. Die drei Statuen sind über 13 Meter hoch und rollen auf zwölf-, 14- und 16-rädrigen Karren, die jedes Jahr nach einem uralten Bauplan neu konstruiert werden. Zahllose Zeremonien flankieren das Anmalen und Schmücken der Statuen, das Verladen, die Ausfahrt wie das Zurückholen in den Tempel in den letzten Tagen des Festes. Ratha Yatra wird in vielen Städten Indiens gefeiert, doch nirgends entfaltet es eine vergleichbare Pracht wie in Puri, das damit auch zahllose Touristen anzieht.

Sonnentempel, Konarak Wohl nur unvollendet erhalten und dennoch imposant – das Heiligtum des Gottes Surya.

Minakshi-Tempel, Madurai Angeblich sollen an den Fassaden der Tempelanlage 33 Millionen Götterdarstellungen zu sehen sein.

⚜ Nur 35 Kilometer an der Küste entlang gen Nordosten sollte ein weiteres Heiligtum aufgesucht werden: der **Sonnentempel** im Städtchen **Konarak**. Obwohl der Bau aus dem 13. Jahrhundert offenbar nie fertig geworden ist, lässt sich die Grundidee noch gut erkennen. Das Heiligtum wurde zur Verehrung des Sonnengottes Surya errichtet, dessen aus grünem Gestein gefertigtes Bild auf der Rückseite noch gut erhalten ist; nur die Arme sind abgebrochen. Das Ganze sollte aussehen wie ein Gespann (Ratha) mit sieben Pferden als „Suryas steinerner Prozessionswagen" – die Sieben gilt im Hinduismus als Zahl der Farben des Lichts. Aus dem Gestein sind 24 über drei Meter hohe Räder herausmodelliert, Reste der Pferdefiguren lassen sich erkennen. Die Haupthalle steht auf einem mächtigen Sockel, über ihr steigt der Tempel in vier weiteren Stockwerken sich verjüngend an, weswegen gern von der „Schwarzen Pagode von Orissa" gesprochen wird. Der einst 80 Meter hohe Tempelturm stürzte schon im 14. Jahrhundert ein. Besonders beeindruckend ist die Leistung der angeblich über 1000 hier beschäftigten Steinmetze, deren hochfeiner Figurenschmuck oftmals Menschen bei sexuellem Tun zeigt. Damit soll Surya gepriesen werden, der Licht und Leben spendet.

Göttliche Emanzipation

⚜ Fast bis an die Südspitze Indiens muss reisen, wer in **Madurai** (Bundesstaat Tamil Nadu) den **Minakshi-Tempel** bewundern will. Es handelt sich um einen der größten sakralen Komplexe in Indien, dessen Gebäude über ein Areal von 258 mal 241 Metern verteilt sind. Dieses ummauerte Geviert wiederholt sich in der Anordnung der Altstadt von Madurai, die sich um den im 13. Jahrhundert entstandenen und 400 Jahre später erweiterten Tempel formiert hat. Seine vier 60 Meter hohen, weithin sichtbaren Gopurams (Tortürme) an den Außenmauern beherrschen das Stadtbild. Um welch feingearbeitete Kunstwerke es sich dabei handelt, wird erst aus der Nähe sichtbar. Dann erblickt man Tausende von bunt bemalten Göttern, Dämonen und Menschenfiguren in allen denkbaren und undenkbaren Haltungen.

Der Tempel ist der Minakshi geweiht, einer lokalen Sonderform der Parvati, die uns schon als Gattin Shivas begegnet ist, der hier Sundareshvara („schöner Herr") heißt. Die beiden sollen der Legende nach in Madurai geheiratet und

Minakshi-Tempel, Madurai Unübersehbares Kennzeichen des großen Areals sind vier riesige, mit unzähligen Skulpturen verzierte Gopurams.

Nataraja-Tempel, Chidambaram Blick ins Innere der Anlage, die die Kunstfertigkeit zur Zeit der Chola-Dynastie verkörpert »

das Südreich regiert haben, ehe sie sich in ihre Schreine zurückzogen. Sie sind nun zwar verborgen, wirken aber hinduistischem Glauben nach weiter Wunder und wachen über das Land. Erstaunlich daran ist, dass hier die Frau, also Minakshi, sozusagen die göttlichen Hosen anhat, während der vor Vitalität strotzende Gatte an zweiter Stelle folgt. Die Bilder der beiden werden einmal im Monat (mit Ausnahme der Monsunzeit im Juni/Juli) in ausgelassenen Prozessionen auf Tempelwagen durch die um den Tempel führenden Ringstraßen der Stadt gezogen. Als Höhepunkt findet im April/Mai ein zwölftägiges Fest statt, bei dem die göttliche Hochzeit zeremoniell nachgespielt wird.

🔺 Scherzhaft fragt man Eheleute gern, wenn man wissen will, wer bei ihnen das Sagen hat: „Geht's bei euch daheim nach Madurai oder nach **Chidambaram**?" Dort nämlich, etwa 250 Kilometer nordöstlich von Madurai unweit der Küste, herrschen im **Nataraja-Tempel** umgekehrte oder, wie viele Männer – nicht nur in Indien – meinen, die richtigen Verhältnisse. Shiva in der Gestalt des Nataraja („König des Tan-

zes") ist die zentrale Gottheit. Das wird auch daran deutlich, dass das Bild des tanzenden Gottes in mehrarmiger Menschengestalt im Allerheiligsten aufgestellt ist und nicht, wie sonst bei Shiva und seinen Inkarnationen üblich, durch ein Linga vertreten wird. In einer der fünf Hallen sollen Nataraja und Shivakamasundari, als die hier Shivas Frau Parvati auftritt, in einem Wettbewerb ihren kosmischen Tanz aufgeführt haben.

Der 16 Hektar umfassende Tempelkomplex ist mehrfach ummauert, wodurch die nach innen zunehmende Heiligkeit der Areale abgegrenzt wird. In das dritte kommt man durch 40 Meter hohe, figurenreiche Gopurams, die mächtigsten der ganzen Anlage. Sie beherbergt einen schön gefassten großen Tempelteich und mehrere Hallen. Der Kern des Tempels reicht zurück bis ins 5. Jahrhundert, weitere Teile stammen aus der Zeit der Chola-Dynastie im 11./12. Jahrhundert. Zweimal im Jahr, im Dezember/Januar und im Mai/Juni, findet in Chidambaram das große, farbenprächtige Tempelfest statt, zu dem Gläubige aus ganz Indien und Neugierige aus aller Welt anreisen.

Kailasa-Tempel, Ellora Der größte Felsentempel Indiens soll den Wohnsitz Shivas im Himalaya nachbilden.

Javari-Tempel, Khajuraho
Formvollendet verschmelzen Architektur und Skulpturenschmuck miteinander.

Kamasutra in Stein

♨ Über 1000 Kilometer nordwestwärts liegt Aurangabad; und von dort sind es nur noch 30 Kilometer bis nach **Ellora,** das wegen seiner uralten Höhlentempel berühmt ist. Um 600 bis 900 entstanden, sind sie ein eindrucksvolles Denkmal frühindischer Toleranz: Von den 34 aus Basaltklippen gehauenen, durchgezählten Gebetsräumen sind die ersten zwölf buddhistisch, die folgenden 17 hinduistisch genutzt worden; und die letzten fünf dienten den Dschainisten als Andachtsräume, einer Gruppe, deren oberstes Gebot Askese in Verbindung mit Ahimsa (Nicht-Gewalt) ist.

Hinduistischen Ursprungs ist das größte Heiligtum des sich über zwei Kilometer hinziehenden Ensembles: der **Kailasanatha-** oder **Kailasa-Tempel** (Nr. 16). Im Gegensatz zu den anderen Tempeln hat er eine fein verzierte Fassade und ist als quadratisches Gesamtgebäude von 46 Metern Seitenlänge mit Tempelturm aus dem Fels herausmodelliert – dazu waren mindestens 150 000 Tonnen Gesteinsmaterial abzutragen, die Gesamtbauzeit dürfte mindestens 100 Jahre betragen haben. Der mächtige, dreistöckige Bau soll den Berg Kailash darstellen, den Wohnsitz Shivas. Skulpturen in Wandnischen zeigen Szenen aus seinem Leben und dem seiner irdischen Manifestationen sowie viele andere Gottheiten. Im Allerheiligsten steht der Linga des zeugenden Gottes, den Schrein schmücken erotische Figuren.

♨ Auf dem Weg zurück ins Hochgebirge ein unverzichtbarer Halt in **Khajuraho,** 200 Kilometer westsüdwestlich vom bereits besuchten Allahabad in der Yamuna-Ebene gelegen: Drei Tempelbezirke mit zahllosen Türmen und Türmchen auf einer hohen Plattform beherrschen den Ort, dessen Eingang zur aufgehenden Sonne weist. Die rund 1000 Jahre alte Anlage besticht durch architektonisches Raffinement und höchste Bildhauerkunst. Die Gebäude sind vom Boden bis zur Spitze übersät mit Skulpturen von Königen und Musikern, Tieren und Göttern, Fabelwesen und Dämonen. Sie räkeln sich in den erstaunlichsten Posen und geben sich ausgiebig sexueller Lust in jeder Form hin, sodass der Tempelkomplex oft nach dem Lehrbuch der Liebeskunst als „Kamasutra in Stein" bezeichnet wird. Es ist, als führten alle diese Figuren einen Tanz des Lebens und der Fruchtbarkeit auf. Und getanzt wird hier auch in der Gegenwart auf allabendlichen Veranstaltungen, besonders intensiv und kunstvoll im Frühjahr bei einem einwöchigen farbenfrohen Tanzfest. Die Ekstase von Sexualität und rhythmischer Bewegung hilft, das Göttliche zu erfahren.

Das Dach der Welt

♨ Die beiden letzten Stationen dieses Kapitels führen uns wieder in den hohen Norden des Landes, zunächst nach Jammu und Kashmir in den Himalaja und damit aufs Dach der Welt. Dort kommen sich Himmel und Erde so nahe wie nirgends sonst. Und dort ereignet sich nach Hindu-Glauben das Herabsteigen (Avatara) der Götter. Auch Shiva hielt sich hier mehrmals auf. Einmal war er zusammen mit seiner Frau Parvati im Gebirge, die er in der nach ihm benannten Höhle bei **Amarnath** in die Geheimnisse der Unsterblichkeit einweihte. Er hatte den abgelegenen Ort gewählt, um nicht belauscht zu werden. Durch Zufall aber waren zwei Tauben in einem nahen Nest und hörten alles. Amarnath-Pilger berichten gern, dass sie dem Taubenpärchen begegnet seien …

Wichtiger allerdings ist ihnen ein Phänomen, dass nach ihrem Glauben schlagend beweise, dass Shiva auch heute noch in der 3882 Meter hoch gelegenen Höhle anwesend sei. Im Spätsommer gefriert das von der Decke tropfende Wasser zu einem mächtigen Stalagmiten, also einer stehenden Eissäule, die wächst, dann wieder zurückgeht und erneut emporschwillt – ganz wie das Linga des Gottes. In Vollmondnächten erreicht er die Decke und leuchtet weiß in der dunklen Grotte. Rund 400 000 Gläubige pilgern alljährlich im August zu Fuß vom 42 Kilometer entfernten Pahalgam oder sogar vom doppelt so weit weg liegenden Srinagar hierher. Und das trotz der Gefahr, Opfer eines Anschlags zu werden, die hier wegen der nahen pakistanischen Grenze und des schwelenden Kaschmir-Konflikts dauerhaft besteht. 1991 bis 1995 war das Pilgern gar untersagt; und im Jahr 2000 kamen 25 Pilger bei einem Überfall islamistischer Terroristen um.

🛕 Zu blutigen Zwischenfällen ist es auch im ein wenig weiter südlich gelegenen **Amritsar** gekommen, doch wegen eines

Goldener Tempel, Amritsar Juwel im und am Wasser – das vieltürmige, schimmernde Hauptheiligtum der Sikhs. ≫

Goldener Tempel, Amritsar Ein betender Sikh vor dem höchsten Heiligtum seiner Glaubensgemeinschaft.

Amarnath Rund 400 000 Hindus nehmen in der „Pilgersaison" den beschwerlichen Weg nach Amarnath auf sich. ≪

anderen religiösen Konflikts: Amritsar ist die heilige Stadt der Sikhs, Anhänger einer Mischreligion. Der Vaishnavismus, also die Lehre von Vishnu, nähert sich bereits monotheistischen Vorstellungen (Eingottlehre). Insofern lag es für Hindu-Philosophen nahe, Elemente des vordringenden Islams zu übernehmen. Einer der ersten war der Guru Nanak (1469–1538). Er lehrte die Anrufung eines einzigen Gottes und aktive Nächstenliebe in Verbindung mit hinduistischen Elementen wie Karma-Kausalität oder Scheinwirklichkeit der sichtbaren Welt. Diese Vielfalt führte ihm viele Sikhs (Schüler, Jünger) aus verschiedenen Glaubensrichtungen zu, die sich zu einer verschworenen Bruderschaft zusammenschlossen und das Kastenwesen ablehnten. 18 Millionen Sikhs leben in Indien, vor allem im Punjab, dem Fünfstromland des Indus. Immer wieder kommt es zu Zusammenstößen mit Hindus; 1984 ließ Premierministerin Indira Gandhi den Goldenen Tempel in Amritsar erstürmen, wo sich radikale Sikhs verschanzt hatten und einen eigenen Staat forderten. Wenig später fiel die Regierungschefin einem Rache-Anschlag von zwei Sikh-Leibwächtern zum Opfer.

Der **Goldene Tempel** nämlich ist das spirituelle Zentrum der Sikhs, die lieber von einem Gurdwara sprechen – einem „Tor zum Guru" (Lehrer) –, da das Gotteshaus auch eine Stätte der Unterweisung ist. Es wurde im 16. Jahrhundert auf einer Insel im Nektarteich errichtet, ständig weiter ausgebaut und verschönert. Im 19. Jahrhundert erhielt es zunächst die mit Blattgold überzogene Kuppel, doch schon bald darauf wurde die gesamte obere Hälfte des Baus vergoldet, sodass er weithin leuchtet und sich, bei Nacht angestrahlt, im Wasser spiegelnd verdoppelt. Täglich zieht das Haus Tausende von Pilgern an, die hier einen Schlafplatz finden und eine einfache Mahlzeit bekommen. Den ganzen Tag ertönt über Lautsprecher Musik durch das gesamte Gebäude. Sie untermalt die Rezitation von Texten aus dem heiligen Buch der Sikhs, dem „Adi Granth" (Das Ursprüngliche Buch), das islamische wie hinduistische Elemente enthält, aber von Muslimen wie Hindus als Verfälschung abgelehnt wird.

Natürlich gibt es auch Hindu-Heiligtümer in anderen Ländern, etwa in der Karibik und in den westlichen Industriestaaten. Sie sind aber gewöhnlich jüngeren Datums und für das Gros der Hindus nicht zur erreichen – auf solche Beispiele wird daher verzichtet.

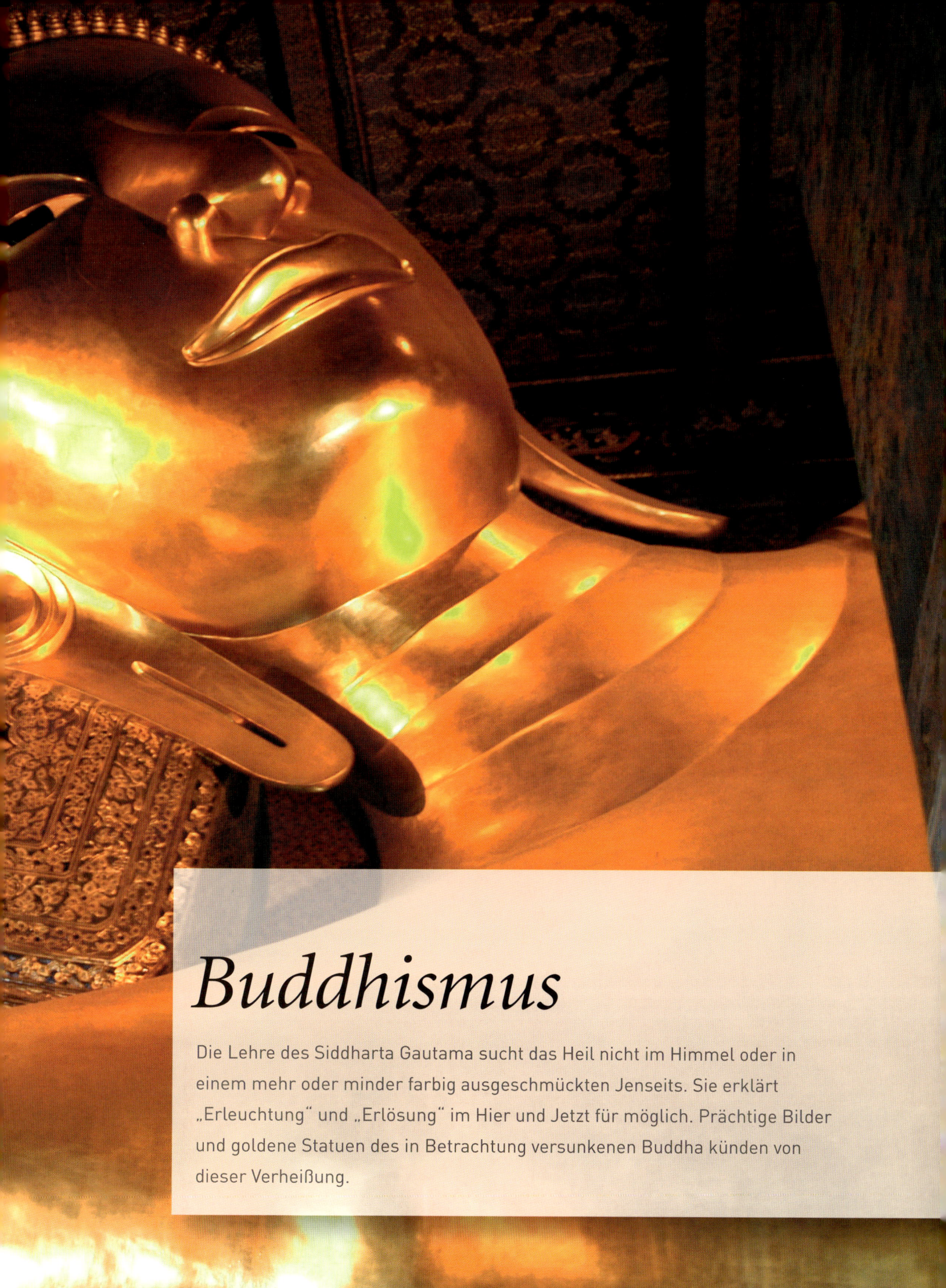

Buddhismus

Die Lehre des Siddharta Gautama sucht das Heil nicht im Himmel oder in einem mehr oder minder farbig ausgeschmückten Jenseits. Sie erklärt „Erleuchtung" und „Erlösung" im Hier und Jetzt für möglich. Prächtige Bilder und goldene Statuen des in Betrachtung versunkenen Buddha künden von dieser Verheißung.

Felshöhlen von Bamiyan | *207*

Potala-Palast in Lhasa | *284*

Kapilavastu | *265* Lumbini | *265*

Kushinagar | *266*

Mahabodhi-Tempel von Bodhgaya | *266*

Königsstadt Bagan

Dhamek-Stupa von Sarnath | *268*

*Arabisches
Meer*

Kyaikto-Pagode | *272*

Shwedagon-Pagode in Yangon | *276*

*Golf
von
Bengalen*

Zahntempel von Kandy | *269*

N

250 km

www.kartographie.de

I N D I S C H E R   O Z E A N

 Pilgerstätte, Wallfahrtsort

bedeutendes Heiligtum

Buddhismus

Yungang-Grotten | 281

Japanisches Meer

Kyoto | 282

Ost-chinesisches Meer

PAZIFISCHER

OZEAN

Süd-chinesisches Meer

Tempelstadt Angkor Wat | 278

angkok | 278

„Berg der Anhäufungen der Tugenden" | 280

Befreiung von den Wiedergeburten

„Den" Buddhismus gibt es so wenig wie die anderen Weltreligionen in nur einer, sozusagen reinen Form. Sein Gedankengebäude hat sich im Verlauf der Jahrtausende in verschiedener Weise entwickelt und begegnet uns in drei Hauptrichtungen sowie in vielen unterschiedlichen Interpretationen und Praktiken.

Bagan, Myanmar
Die Pagoden der alten Königsstadt durchstoßen den Bodennebel, der die Ebene am Mandalay oft in seiner Gewalt hat.

Wat Pho, Bangkok Der „Tempel des liegenden Buddha" gehört zu den ältesten buddhistischen Tempeln in Thailand. «

Die Lehre des „Erwachten" oder „Erleuchteten" – so die Übersetzung des Begriffs „Buddha" – war eine im Wortsinn gottlose, also eine ohne Gott und schon gar ohne Götter. Dass dies nicht so blieb, lag an der imponierenden Gestalt des Stifters und an der überirdisch erscheinenden Weisheit seiner Worte. „Hüte dich, dass du nicht verkaiserst!" soll der Wahlspruch des römischen Herrschers Mark Aurel gewesen sein. Eine solche Mahnung hatte zwar der historische Buddha selbst nicht nötig, doch seine Anhänger neigten zu allen Zeiten dazu, ihren Meister buchstäblich zu vergöttern – und auch dazu, doch den einen oder anderen Gott zu verehren. Dabei hat wohl kaum je ein religiöser Lehrer sein Ich so klein geschrieben wie Buddha, ja er hätte es am liebsten ganz aus den Lehren getilgt. Die Strahlkraft seiner Persönlichkeit aber muss so groß gewesen sein, dass alle seine Mahnungen, von ihm als Person völlig abzusehen, in den Wind gesprochen waren. Ein Gespräch, das

Der große Aufbruch Prinz Siddharta verlässt den Palast seiner Kindheit (Buchmalerei aus dem 19. Jahrhundert).

Buddha mit seinem wohl engsten Gefährten und Vetter Ananda kurz vor dem Tod führte, mag diese buchstäbliche Selbst-Losigkeit belegen.

Buddha, der zuvor schon sehr krank gewesen war, erholte sich noch einmal für kurze Zeit, sodass Ananda voll Hoffnung sagte: „Ich bin froh, dass es dir wieder besser geht. Ganz schwindelig war mir vor Augen, ich konnte nicht klar denken, als du krank warst. Ich sagte mir aber, dass du nicht sterben wirst, ehe du deine Anweisungen für den Sangha (Mönchsorden) gegeben hast."

„Welche Anweisungen, Ananda? Ich bin 80 Jahre alt und ein verbrauchter Greis. Den Dhamma (die Lehre) habe ich umfassend dargelegt, ohne Unterschied zwischen innen und außen. Ananda, sucht immer nur in euch selbst eure Insel, in euch selbst ist Zuflucht, sucht keine andere, nehmt den Dhamma als Insel, als eure Zuflucht, sucht keine andere. Verschwendet eure Zeit nicht damit, Ananda, meinem Leichnam zu huldigen, sondern arbeitet mit aller Sorgfalt und allem Fleiß an eurem eigenen geistigen Wohl."

Verehrung statt Verlöschen

Schon diese Geschichte zeigt, welch reicher Schatz an Legenden sich um den „Erwachten" gleich nach seinem Ende zu bilden begann und danach ständig weiterwuchs. Die Legenden haben seine tatsächliche Biografie fast völlig überwachsen. Nicht einmal die heute allgemein angenommene Lebensspanne von etwa 560 bis 480 v. Chr. steht unzweifelhaft fest. Was immer man über den Lebensweg Buddhas liest, es ist nie ganz frei von Ausschmückungen, Stilisierungen und Gewissheiten, die so gewiss

eigentlich in keinem Punkt sind und es auch nicht sein können. Dazu ist die Quellenlage viel zu unsicher; alles, was wir wissen, stammt zudem aus weit später aufgezeichneten Berichten, an denen bereits die mächtige Dichterin Verehrung gefeilt hat.

Und so nahm es denn auch nicht Wunder, dass schon bald die Orte, die wichtige Stationen in der Biografie Buddhas bildeten, Pilger anzogen, dass dort Tempel gebaut wurden und ein Kult um den Gründer der Religion entstand, die eigentlich „Verlöschen" anstrebt, ein Aufgehen im Nirvana („Verwehen"). Hinzu gesellte sich eine uferlose Bilderflut, die Buddha in die Welt zu bannen versucht, die er endgültig überwunden hat. Die Bilder und Statuen wurden spirituell aufgeladen und in einen Prunkrahmen in Gestalt von geschmückten Tempeln gestellt, die ihrerseits zum Heiligtum wurden – und zwar vor allem dann, wenn sie sich rühmen konnten, über Reliquien Buddhas (benutzte Gegenstände, Haare, Zähne u. a.) zu verfügen. Je weiter sich

Sarnath Die Altarfigur im birmanischen Stil verkörpert den lehrenden Buddha.

Almosengabe Buddhistische Mönche
sind zur Armut verpflichtet und auf
milde Gaben angewiesen. «

Bodhibaum, Lumbini Am Geburtsort des Buddha lädt ein heiliger Bodhibaum
zur Meditation oder auch nur zur Rast vom Pilgerdasein ein.

der Buddhismus ausbreitete, desto reichere und prächtigere
Formen nahmen diese heiligen Häuser an, die ihrerseits zu
Pilgerzielen wurden. Außerdem verzweigte sich bald der
Baum der buddhistischen Lehre. Von der ursprungsnahen,
strengen Form des Theravada („Lehre der Ältesten"), auch
Hinajana („Kleines Fahrzeug") genannt, trennten sich das
liberalere Mahajana („Großes Fahrzeug") und der hinduis-
tisch beeinflusste Lamaismus, auch Vadjrajana („Diamant-
fahrzeug") genannt. Sie wurden von den Kulturen über-
formt, in denen sie sich behaupteten: Theravada in Sri
Lanka, Birma (Myanmar), Kambodscha, Thailand, Laos;
Mahajana in China, Korea, Japan; und Vadjrajana in Tibet,
Mongolei, Nordindien.

Die Lehren von den „**vier edlen Wahrheiten**" und dem
„**edlen achtfachen Pfad**" zur Erleuchtung können hier
nicht im Einzelnen dargelegt werden. Es genügt zu wissen,
dass das Befolgen beider solche Mühe macht, dass nur Auserwählte, also Asketen (Sramanas) und Mönche respektive
Nonnen (Sadhus), es letztlich erfolgreich umsetzen können.
Schon Buddha selbst rief deswegen einen entsprechenden
Orden (Sangha) ins Leben, der zunächst aus Wanderasketen
bestand und dessen Mitglieder erst viel später in gemein-

samen Einrichtungen den Weg zur spirituellen Vervoll-
kommnung suchten. Die heiligen Männer und Frauen werden von der Bevölkerung unterstützt, sodass die Menschen
dadurch Anteil an ihren geistlichen Verdiensten gewinnen
und ihr Karma verbessern; nur so steigen letztlich auch die
Chancen auf eine höhere Wiedergeburt und letztlich sogar
auf eine endgültige Erlösung aus dem Kreislauf der Wiedergeburten (Samsara). Klöster sind daher ebenfalls heilige
Stätten für die Buddhisten.

Die Geburt Buddhas

Zunächst aber zu den Wirkungsstätten Buddhas selbst: Sie
gehören zu den wenigen Enklaven des Buddhismus in
Indien und Nepal, der vom Hinduismus ansonsten in seinem Ursprungsgebiet weitgehend verdrängt worden ist und
sich in anderen Ländern entfaltet hat. Herkunft und
Geburtsort setzen die ersten Marken. Die Legende berichtet:
Am Hof von Raja (Fürst) Suddhodana in Kapilavastu (im
indisch-nepalesischen Grenzgebiet) herrschte gespannte
Erwartung. Maya, die bereits 40-jährige Lieblingsfrau des
Hausherrn, sollte bald gebären. Sie bat ihren Mann, zu ihrer
alten Mutter in Devadaha reisen zu dürfen, wo sie vertrau-

263

tere Hilfe hätte. Ein Wagen wurde hergerichtet, berittene Begleiter schlossen sich an und ab ging es in südöstlicher Richtung. Der Zug war noch nicht weit gekommen, da setzten Wehen ein. Ganz in der Nähe des Dorfes Lumbini brachte Maya einen Sohn zur Welt, der aus ihrer Hüfte austrat, während sie sich stehend am Zweig eines Baumes festhielt. Der Säugling machte sogleich sieben Schritte in alle Himmelsrichtungen und sprach, indem er mit einem Arm zum Himmel, mit dem anderen zur Erde wies: „Ich bin der Größte in der Welt, dies ist meine letzte Geburt, enden werde ich das Leiden von Geburt, Alter und Tod." Dabei sprossen unter jedem seiner Schritte Lotosblüten, ein Motiv, das in der buddhistischen Kunst vielfach zu finden ist.

Gut 200 Kilometer westlich von Kathmandu erreichen wir **Lumbini** an der indischen Grenze, wo die Wehen bei Buddha-Mutter Maya einsetzten, weshalb sie hier entbinden musste. Dieser Ort ist den Buddhisten natürlich heilig, ja heiliger noch als der Palastbezirk des Vaters. Denn hier kam ja Siddhartha Gautama, so der offizielle Name des Buddha, zum letzten Mal zur Welt, der Tathagata („der zur Wahrheit Gegangene"), der für alle den Weg gefunden hat, dem Leid der ewigen Wiedergeburten zu entkommen. In Lumbini ließ Kaiser Aschoka im 3. Jahrhundert v. Chr. eine Säule von über sechs Metern Höhe zur Kennzeichnung des Ortes errichten, wo der Welt dieser Weg-Weiser erschienen ist. Sie trägt die Inschrift: „König Piyadasi (Aschoka), von den Göttern geliebt, besuchte höchstselbst im 20. Jahr nach seiner Krönung den Ort der Geburt Buddhas aus dem Geschlecht der Shakya und ließ ein Relief und eine Säule aus Stein bauen … Das Dorf Lumbini befreite er von der Steuerpflicht und verringerte die Naturalabgaben."

Steinsäule, Lumbini Auf der Steinsäule im Geburtsort des Buddha ließ König Ashoka eines seiner Edikte verkünden.

Buddhas Geburt setzte ein, nachdem die Mutter ein reinigendes Bad in einem Teich genommen hatte, der später kunstvoll eingefasst wurde und ebenfalls zum Heiligtum gehört. Am Ufer steht der Maya-Deva-Tempel, benannt nach der Mutter, die damit ebenfalls als Heilige oder gar Göttin (Deva) ausgewiesen ist. Das Haus steht über früheren Kultbauten (Stupas), von denen einige bis in die Aschoka-Zeit zurückreichen. Tempel, darunter der über und über goldene Lokamani Cula, und Klöster (Viharas) aller drei buddhistischen Hauptrichtungen sind im und um den heiligen Bezirk entstanden.

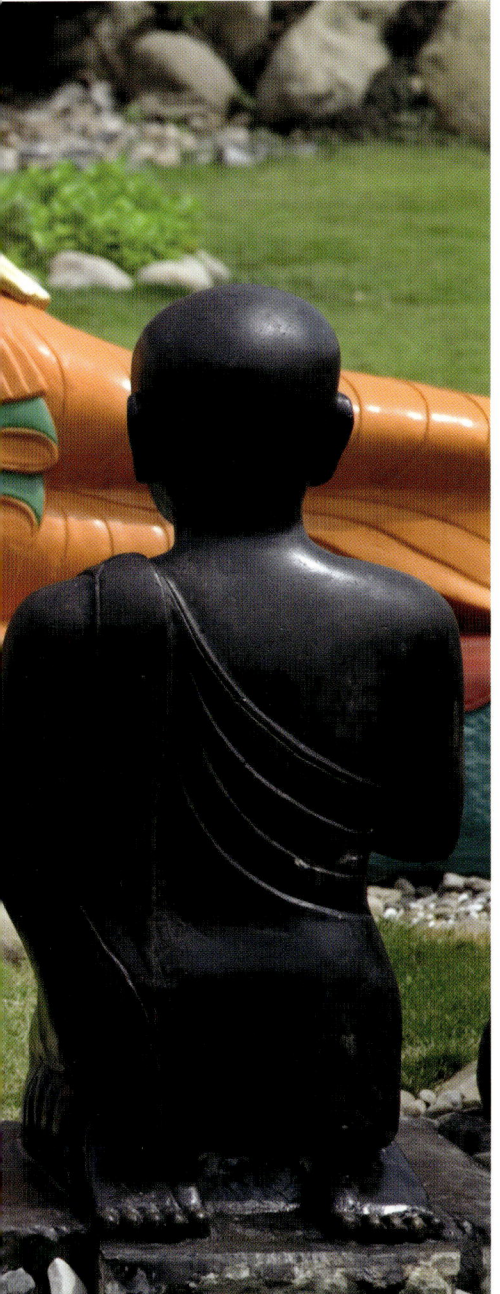

Ruhender Buddha, Lumbini Die Statuengruppe gehört zum Deutschen Buddhistischen Kloster.

🔱 **Kapilavastu,** etwa 25 Kilometer weiter westlich und 100 Kilometer nördlich des indischen Gorakhpur gelegen, war im 6. Jahrhundert v. Chr. die Hauptstadt des kleinen Fürstentums der Shakya am Fuß des Himalaja. Deswegen wurde der spätere Buddha auch Shakyamuni („Eremit aus dem Geschlecht der Shakya") genannt. Dort verbrachte er seine Jugend, dort heiratete er im Alter von 16 Jahren die Fürstentochter Yasodhara und dort kam der gemeinsame Sohn Rahula zur Welt.

Palast und andere Gebäude wurden später zerstört. Als der chinesische Mönch Faxian (Fa-hsien) im 5. Jahrhundert n. Chr. den Ort besuchte, fand er ihn „öd und trostlos". Nur einige Mönche hielten sich in der einstigen Residenzstadt auf, unterstützt von einer Handvoll Einwohner. Allerdings waren Buddha-Bilder aufgestellt; und wie in Lumbini fand er eine Säule, die Kaiser Aschoka zu Ehren Buddhas hatte errichten lassen. Sie wurde später durch Blitzschlag zertrümmert, ihre Bruchstücke aber wurden und werden von Pilgern verehrend aufgesucht. In neuerer Zeit sind durch Grabungen einige Grundmauern und Gebrauchsgegenstände aus der Buddha-Epoche freigelegt worden.

Buddhas Weg ins Nirvana

🔱 So wichtig wie Lumbini, der Ort der letzten Geburt Buddhas, ist seinen Anhängern **Kushinagar,** das Dorf seines letzten Sterbens. Denn hier fand sein Parinirvana statt,

die Überwindung des Samsara und das endgültige Verlöschen. Bis ins Mittelalter herrschte lebhafter Pilgerbetrieb in Kushinagar, das etwas mehr als 50 Kilometer (bzw. rund zwei Busstunden) westlich vom nordindischen Gorakhpur liegt. Dann verfiel der Ort, wurde Opfer von Kriegszügen und geriet schließlich in Vergessenheit. Erst im 19. Jahrhundert besann man sich seiner – zum Teil durch frühe chinesische Berichte neugierig geworden, zum Teil aus archäologischem Interesse. Und tatsächlich fanden sich reichlich Spuren des Buddha-Kultes.

Seit Anfang des 20. Jahrhundert wurde der circa 1500 Jahre zuvor unter König Kumaragupta errichtete Nirvana-Stupa neu aufgebaut und ausgeschmückt. Daneben entstand der zugehörige Tempel neu, in dem eine vollvergoldete liegende Statue des „Erwachten" zu bewundern ist. In anderen Ruinen beim Mathakunwar-Schrein entdeckten die Archäologen weitere Kunstwerke der buddhistischen Frühzeit. Anderthalb Kilometer weiter südöstlich befindet sich die Stelle, wo die sterbliche Hülle Buddhas eingeäschert wurde, weithin kenntlich durch einen mächtigen heiligen Hügel. Kushinagar ist heute wieder ein lebhafter Pilgerort mit neuen Tempeln, darunter ein herrlich schlichter japanischer; ebenfalls angesiedelt haben sich ein birmanisches und ein aufwendig geschmücktes Thai-Kloster.

Die Erleuchtung

Zwischen den Polen Geburt und Tod lagen zwei weitere Stationen, die aus Siddharta Gautama den Buddha machten. Die Begegnung mit Leid, Not und Tod hatte den Fürstensohn davon überzeugt, dass irdische Güter nicht mehr Sinn im Sein stiften, sondern dass gerade sie zum Anhaften (Upadana) an der Welt führten und mithin Leid (Dukkha) bedeuten. Er verließ den Palast und machte sich auf in die „Hauslosigkeit". Doch Jahre der radikalen Askese brachten ihn seinem Ziel, zur ewigen Wahrheit zu erwachen, nicht näher, sondern machten ihn nur schwächer. Er mäßigte die Selbstkasteiung, schlug einen „mittleren Weg" ein und kam wieder zu Kräften. Er begab sich nach **Bodhgaya**, etwa 100 Kilometer südlich vom heutigen Patna (Bihar), setzte sich im Anblick eines Flusses unter einen Feigenbaum und beschloss, nicht eher aufzustehen, als bis er der „Erleuchtung" teilhaftig geworden oder gestorben sei. Nach 49 Tagen, in einer Vollmondnacht im Mai – heute findet bei Mai-Vollmond das höchste buddhistische Fest statt –, gelangte er tatsächlich zur tiefsten Einsicht in das Wesen aller Dinge und allen Seins. Der Baum, unter dem er saß, heißt seitdem **Bodhibaum** („Baum der Erleuchtung").

Wat Pho, Bangkok Hauptattraktion ist die 46 Meter lange und 15 Meter hohe vergoldete Buddhastatue – liegend dargestellt symbolisiert sie den „Erwachten" bei seinem Parinirvana.

Mit einigem Recht kann man also Bodhgaya den Geburtsort des Buddhismus nennen – entsprechend beliebt ist er bei den Buddhisten als Pilgerziel. Sie kommen aus allen buddhistisch geprägten Ländern und haben hier im jeweiligen Stil Tempel und Klöster errichtet und Statuen aufgestellt, darunter eine riesige Buddha-Figur von 25 Metern Höhe. Der Bodhibaum (Ficus religiosa) von Bodhgaya soll in direkter Linie von dem abstammen, unter dem Shakyamuni zum Buddha wurde. Er steht an der Westseite des zentralen Weiheorts, des Mahabodhi-Tempels („Tempel des großen Erwachens"). Das 55 Meter hohe siebenstufige Haus in Form einer steilen Pyramide, das schon bald nach der Zeitenwende erbaut und mehrmals erweitert und restauriert wurde, zeigt zahllose Buddha-Statuen, darunter allein 85 auf dem Fries des Sockels. Viele Stupas flankieren den Tempel, ein von steinernen Lotosblüten gebildeter Weg, der „Juwelenpfad", markiert die Strecke, die Buddha zum Platz des „Erwachens" zurücklegte.

Bodhgaya Der Mahabodhi-Tempel soll den Ort der Erleuchtung Siddhartha Gautamas markieren.

Nirvana

Höchstes Ziel des Buddhisten ist das Durchbrechen des leidvollen ewigen Kreislaufs der Wiedergeburten (Samsara). Glückt ihm das, geht er ins Nirvana ein, über das es heißt: „Ebenso wie die Flamme, die, vom Wind berührt, zur Ruhe geht, nicht mehr zu sehen ist, so tritt auch der Weise – befreit von ‚Name und Form' oder von den fünf unreinen Daseinsgruppen – ein in die Ruhe, ist für niemanden mehr zu sehen … Ihn, der die Ruhe erreicht hat, kann kein Maß messen, von ihm zu sprechen gibt es keine Worte. Was der Geist erfassen kann, verschwindet. So bleibt jeder Weg zu einer Erörterung verschlossen."

Vom Werden des Mönchsordens

Unsicher war sich Buddha zunächst, ob er anderen den von ihm unter so vielen Mühen gefundenen Weg des Heils zeigen solle. Es kam ihm vor, als ähnele das dem Versuch, dem Blinden von der Farbe zu erzählen. Er fürchtete vom fruchtlosen Lehren nur „Ermüdung" und neigte eigentlich eher dazu, sich sogleich von der Welt abzuwenden. Erst die Begegnung mit einem Heiligen, der die Gestalt eines einfachen Wanderers angenommen hatte, ließ den Buddha umdenken. Der Mann nämlich wandte ein, dass es sehr wohl einige Menschen gebe, die so wenig „befleckt" seien, dass sie die Lehre doch verstünden. Nach langer Diskussion erklärte sich schließlich Buddha bereit, die Last auf sich zu nehmen, indem er erklärte: „Geöffnet ist des Unsterblichen Tor für die, welche hören; entsenden sollen sie Vertrauen." Wer aber wäre am ehesten dazu bereit?

Vielleicht seine fünf Gefährten, mit denen er sich einst in Askese geübt hatte, die sich aber von ihm abgewandt hatten, als er sich für eine gemäßigtere Form entschieden hatte.

Buddha wusste, dass sie sich nach dem heutigen Varanasi begeben hatten. Und dort in der Nähe, nämlich zwölf Kilometer weiter nordöstlich, fand er sie im Gazellenhain (Tierpark) von **Sarnath,** auch Isipatana genannt. Als sie ihn kommen sahen, waren sie nicht gerade erbaut, dachten sie doch, ihr einstiger Führer sei rückfällig geworden. Die Bedenken aber verflogen wie Nebelschwaden vor dem Sonnenlicht, als Buddha sie begrüßte. Sie sahen einen Verwandelten vor sich, dem offenbar ein Schritt gelungen war, um den sie immer noch vergeblich rangen. Sie baten um Teilhabe an seinen Erkenntnissen. Buddha ließ sich bei ihnen nieder und begann seine Predigt. Das war die Geburtsstunde der buddhistischen Gemeinde (Sangha) oder, mit den Worten der Schrift, der Moment, in dem vom „Erhabenen das Rad der Lehre in Bewegung gesetzt worden war".

In Sarnath bildete sich ein Zentrum der buddhistischen Ausbildung, die entscheidend durch König Aschoka (3. Jahrhundert v.Chr.) gefördert wurde. Stupas und Tempel wurden schon sehr früh erbaut, ein Kloster folgte und eine Schule nahm den Betrieb auf. Die islamische Eroberung machte dem ein Ende – wie die anderen buddhistischen Wallfahrtsorte fiel auch Sarnath in einen Dornröschenschlaf. Und ebenso wurde es seit dem 19. Jahrhundert wieder entdeckt und wieder belebt. Unter den vielen Stupas in Sarnath beeindruckt in besonderer Weise der mehrmals vergrößerte und ausgebesserte Dhamek Stupa, ein über 40 Meter hoher Kegel in Ziegelbauweise mit einem Sockeldurchmesser von 30 Metern; feine Steinmetzarbeiten zieren die Flächen. Der Kern entstand um 500 n. Chr. über einem früheren Heiligtum aus der Aschoka-Epoche. Angeblich markiert er genau den Platz, an dem Buddha das „Rad der Lehre" startete. Die buddhistischen Gemeinschaften vieler Länder unterhalten hier eigene Tempel und Klöster. Besonders malerisch präsentiert sich der tibetische Tempel mit seinem pagodenartigen verschachtelten Dachaufbau.

Hüter der wahren Lehre

Weiter auf den Spuren Buddhas wandeln die Pilger in Sri Lanka (Ceylon). Allerdings auf rein legendären, gibt es doch

Stupa, Sarnath Der mächtige Stupa stammt aus der Zeit um 500. Er ersetzte einen Vorgänger, den Kaiser Aschoka errichten ließ.

Sri Dalada Maligawa, Kandy Die wichtigste Pilgerstätte Sri Lankas gehört zur ehemaligen Hauptstadt des singhalesischen Königreichs.

keinerlei Beleg dafür, dass der „Erwachte" tatsächlich hier gewesen ist. Ja er soll sogar, der Überlieferung nach, dreimal von Indien her übergesetzt haben oder genauer: durch die Luft angereist sein. Seine Lehre fasste auf der Insel freilich erst Fuß, als Kaiser Aschokas Macht sich auch auf sie ausdehnte, also im 3. vorchristlichen Jahrhundert. Da der Buddhismus später aus Indien weitgehend verdrängt worden ist, gilt Sri Lanka als eine Art zweite Heimat des Meisters; daher wohl auch die Legenden. Hier nämlich sind Buddhas „edle Wahrheiten" erhalten geblieben in der strengen frühen Form (Theravada) und bis heute herrschende Religion bei der singhalesischen Bevölkerungsmehrheit.

Heilige Stätten gibt es denn auch einige auf der Insel, darunter: Mahiyangana im zentralen Bergland, Jaffna an der Nordspitze, Sri Pada (Adam's Peak) im südwestlichen Küstengebirge (2243 m ü. NN), Kelaniya am Ostrand von Colombo.

Alle überragt an Bedeutung der Zahntempel (**Sri Dalada Maligawa**) von **Kandy,** einer früheren Residenzstadt mitten im Binnengebirge. Das weiß-rosafarbene Heiligtum steht auf 500 Metern Höhe. Es wird von einem fast barock

Sri Dalada Maligawa, Kandy Das Innere des Heiligtums – riesige Elefantenstoßzähne flankieren den Zugang zum Goldenen Schrein.

Esala Perahera, Kandy Die jährlich im August stattfindenden farbenprächtigen Prozessionen locken Gläubige wie Schaulustige gleichermaßen an.

anmutenden Gebäudekomplex mit achteckigem Frontturm gebildet, dessen rotes Dach im obersten Stockwerk von verzierten Säulen getragen wird. Anmutige Mauern umgürten den Bezirk. Den hohen Rang hat der im 17./18. Jahrhundert erbaute Tempel dank einer erstaunlichen Reliquie gewonnen: Im Allerheiligsten wird ein überdimensionaler linker Eckzahn (Dalada) Buddhas aufbewahrt.

Schon die Geschichte seiner Verbringung auf die Insel hat etwas Märchenhaftes: Im Haar einer als Pilgerin verkleideten Prinzessin soll er im 4. Jahrhundert aus Indien nach Sri Lanka gerettet worden sein und das Land für immer gesegnet haben. Seine Wunderkraft bewies er nicht nur durch die Fähigkeit, für Regen zu sorgen, sondern auch bei Versuchen, ihn zu zerstören. Feuer vermochte ihm nichts anzuhaben und Bemühungen, ihn mit Hämmern zu zertrümmern, führten nur zum Zerbrechen der frevlerisch eingesetzten Werkzeuge. Heute ruht er in einem vergoldeten Schrein, den wiederum sechs weitere kostbar geschmückte Goldschreine, stets größer werdend, ummanteln. Nur Mönche des Tempels und die Könige des Landes bekamen die Reliquie früher zu Gesicht; heute wird der Zahn zuweilen gut gesichert ausgestellt und einmal im Jahr wird eine Kopie bei Prozessionen mitgeführt.

Diese gehören zum Esala Perahera genannten Fest, das zehn Nächte lang vor dem ersten August-Vollmond stattfindet. Über 100 Elefanten werden dazu im Vorhof des Tempels bereitgestellt und farbenfroh geschmückt. Mit blinkenden Lämpchen bestückt tragen sie dann am späten Abend Kultgegenstände – darunter als wichtigste die Zahn-Kopie, die dem mächtigsten Elefantenbullen vorenthalten ist – durch die Stadt. Zwischen ihnen tanzen und musizieren die Menschen in bunten Trachten, würdige Mönche und Trommler schließen sich an. Die Feierlichkeiten werden von Nacht zu Nacht bunter und aufwendiger und enden mit der Zeremonie des sogenannten Wasserschneidens. Dabei wird Wasser aus dem Fluss Mahaveli entnommen und mit dem heiligen Schwert des Kriegsgottes „geschnitten", also zeremoniell geteilt. Das reinigt die göttliche Waffe und weiht zugleich das Wasser, das dann an andere Tempel geliefert und zum Eigengebrauch in Tanks aufbewahrt wird.

Buddha im Hindukusch

Schon bald nach Buddhas irdischem Ende drangen seine Lehren auch weit nach Westen vor ins Gebiet der heutigen

Staaten Pakistan und Afghanistan. Der Buddhismus hielt sich dort bis tief ins Mittelalter, also auch noch lange nach dem Siegeszug des Islam. Dessen Toleranz anderen Religionen gegenüber – vor allem solchen, die er als „Schriftbesitzer" akzeptierte – verdanken wir oder genauer gesagt: verdankten wir bis vor kurzer Zeit ein spektakuläres buddhistisches Heiligtum: Die größten stehenden Buddha-Statuen der Welt in den 2500 Meter hoch gelegenen Felshöhlen von Bamiyan, 230 Kilometer nordwestlich von Kabul im Hindukusch gelegen. Es handelte sich um eine 55 Meter und eine 34,5 Meter hohe Skulptur, die im 6. Jahrhundert aus dem Sandstein einer Felswand gemeißelt worden waren. Ein so ungeheuer aufwendiges Kunstwerk konnte nur gelingen an einem Ort, der durch seine Lage am Schnittpunkt großer Handelsstraßen zu Wohlstand gekommen war. Nach frühen Berichten waren die Kolosse sogar zeitweilig vergoldet und mit kostbaren Steinen besetzt. Davon zeugen auch andere Kunstwerke in den damals von buddhistischen Mönchen bewohnten Höhlen des Gebirgszugs.

Zwar ließen die islamischen Herren das Heiligtum bestehen und auch lange die Mönche und Pilger weiter gewähren. Da aber der Koran die Abbildung von Menschen malerisch ebenso wenig schätzt wie bildhauerisch, wurden die Statuen nicht nur ihres Schmucks entkleidet, sondern auch

– was die Gesichtszüge angeht – unkenntlich gemacht. Ihre ursprünglich imponierende Wirkung ließ sich nur noch anhand der Monumentalität erahnen. Weiter litten die Figuren unter den diversen Kriegszügen, zuletzt vor allem bei den Kämpfen der Mudschaheddin von 1979 an gegen die sowjetischen Truppen, als die Höhlen in der Gegend als Waffen- und Munitionslager genutzt wurden. Nach Abzug der Roten Armee 1989 setzten sich im Land die radikal-islamischen Taliban durch. Und noch ehe die USA zu ihrem „Krieg gegen den Terror" ansetzten, sprengten die Taliban auf Befehl ihres Vorsitzenden Mullah Omar die Großstatuen im März 2001 aus den Nischen. Ein in jahrzehntelanger Arbeit geschaffenes Kunstwerk war für immer verloren. Alle Bemühungen um eine wie auch immer geartete Neugestaltung des Heiligtums können den Geist des Originals nicht wiederbringen.

Goldener Glanz in Myanmar

Begrenzte im Westen zunächst der persische Zoroastrismus und später der Islam die Ausbreitung des Buddhismus, traf

Bamiyan Für alle Zeiten verloren sind zwei riesige Buddha-Statuen, die noch bis vor Kurzem in Felsnischen zur Meditation mahnten.

er im Osten auf weniger Hemmnisse. Noch zu Lebzeiten
Buddhas dürfte seine Lehre ins benachbarte Hinterindien
vorgedrungen sein. Da sie auf jeden Druck zur Bekehrung
verzichtete, waren die Glaubensinhalte ein sprirituelles
Angebot, das gerade wegen seiner Friedfertigkeit überzeugte.
Im heutigen Myanmar (Birma) setzte sich der Buddhismus
jedenfalls schon sehr früh durch, und zwar in ähnlich klassischer Form wie in Sri Lanka. Das Land ist überzogen mit
entsprechenden Heiligtümern und Überresten von Kultstätten wie etwa in der alten Königsstadt Bagan im südwestlichen Landesteil am Mittellauf des Irawadi, wo rund 2000
Sakralbauten erhalten sind, darunter einige vorbildlich
wiederhergestellt. Mönche bestimmen in vielen Orten das
Straßenbild und stellen aufgrund ihrer Verankerung in der
Bevölkerung und ihrem Gelübde der Gewaltlosigkeit zum
Trotz eine erhebliche politische Macht dar .

Zwei der bedeutendsten Pilgerorte des Landes als Beispiel
für die Lebendigkeit des religiösen Lebens in Myanmar:
Etwa 150 Kilometer nordöstlich von Yangon (Rangun), der
ehemaligen Hauptstadt, gibt es ein Natur- und zugleich
Kulturwunder zu bestaunen: den **Goldenen Felsen von
Kyaikto.** Aus weiter Ferne erscheint er als leuchtender
Punkt vor dem blauen Himmel; aus der Nähe betrachtet
hockt er als Riesennugget auf einem Felsvorsprung in rund
1100 Metern Höhe und scheint jeden Moment hinabstür-
zen zu wollen. Der enorme Brocken balanciert mit kleiner
Basis auf dem steilen Untergrund und trägt zudem auf der
oberen Rundung eine zierlich-spitze Pagode. Wie sich das
Ganze da oben hält, ist so unverständlich, dass selbst aufgeklärte Abendländer geneigt sind, der Legende Glauben zu
schenken. Danach bewahrt das Heiligtum zwei Haare
Buddhas auf, deren Kraft den wie einen Menschenkopf
geformten Granitblock von fast sechs Metern Durchmesser
in der Balance hält. Er hat sich sogar von mehreren kräftigen
Erdbeben nicht aus der Ruhe bringen lassen. Die Haare soll
Buddha einem Eremiten geschenkt haben, der dann den
Felsbrocken vom Meeresgrund heraufgehoben und als Fundament für einen Tempel auf dem Vorsprung verankert habe.

Die Kyaikto-Pagode ist der wohl beliebteste Wallfahrtsort
im Land und ein wahrer Magnet für Touristen, die sich hier
ebenfalls an die sakralen Bräuche halten müssen. Dazu
gehört zunächst für Leute, die gut zu Fuß sind, ein zwölf
Kilometer langer Pilgerweg. Andere können sich per Last-

wagen hinauffahren lassen und nur die letzte Strecke
emporsteigen. Gebrechliche Besucher haben die Möglichkeit, sich auch dieses Stück in Bambussänften tragen zu
lassen. Vor dem engeren Tempelbezirk müssen die Frauen
zurückbleiben, während die Männer in den dortigen Läden
Blattgold erwerben, das dann auf den Felsen aufgebracht
wird. Dadurch ist er inzwischen rundum vergoldet, während
ursprünglich nur die unteren zwei Meter goldüberzogen
waren. Die Ausgaben für Eintritt und Einkauf werden mit
einem unübertrefflichen Blick über den Fluss im Tal, den
Dschungel ringsum und auf die vielen Pagoden der Umgebung belohnt.

Shwezigon-Pagode, Bagan Der prächtige vergoldete Stupa enthält einen Schrein, in dem ein Zahn und ein Knochen Buddhas aufbewahrt werden.

Shwedagon-Pagode, Yangon Eine der unzähligen vergoldeten Buddha-Statuen.

Schuhstreit

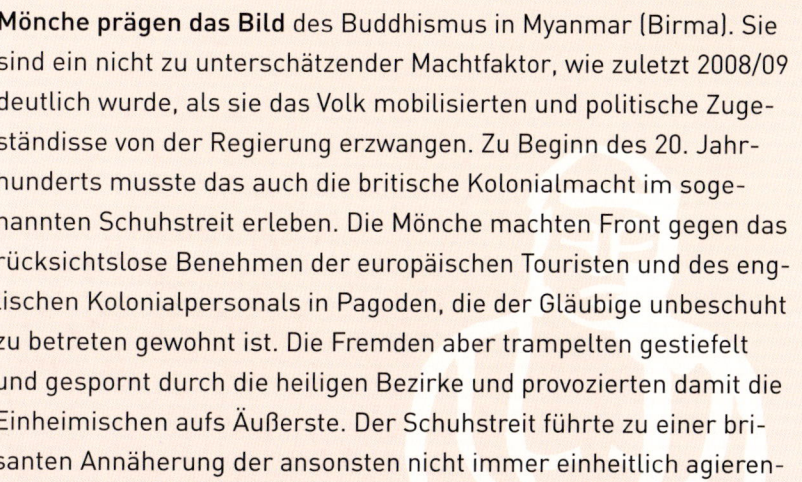

Mönche prägen das Bild des Buddhismus in Myanmar (Birma). Sie sind ein nicht zu unterschätzender Machtfaktor, wie zuletzt 2008/09 deutlich wurde, als sie das Volk mobilisierten und politische Zugeständnisse von der Regierung erzwangen. Zu Beginn des 20. Jahrhunderts musste das auch die britische Kolonialmacht im sogenannten Schuhstreit erleben. Die Mönche machten Front gegen das rücksichtslose Benehmen der europäischen Touristen und des englischen Kolonialpersonals in Pagoden, die der Gläubige unbeschuht zu betreten gewohnt ist. Die Fremden aber trampelten gestiefelt und gespornt durch die heiligen Bezirke und provozierten damit die Einheimischen aufs Äußerste. Der Schuhstreit führte zu einer brisanten Annäherung der ansonsten nicht immer einheitlich agierenden Widerstandsgruppen im Land und zwang die Behörden 1919 am Ende dazu, auch ihren Mitarbeitern und europäischen Reisenden das Ablegen der Schuhe in Tempelbereichen zu verordnen.

Verglichen mit diesem Kleinod buddhistischer Architektur haben wir es beim nächsten Heiligtum sozusagen mit einem Großod zu tun: Die **Shwedagon-Pagode** (von Shwe für: Gold und Dagon für: Platz der Anbetung) überragt ganz **Yangon (Rangun),** die Vier-Millionen-Metropole, die bis 2005 Regierungssitz des Landes war. In ihrem Häusermeer ist der Tempelkomplex ein Platz der inneren Erholung, auch wenn es hier ungemein lebhaft zugeht. Tausende von Pilgern verrichten hier Tag für Tag ihre Andacht. Eine Unzahl von Händlern halten Buddha-Statuen, religiöse Bilder, Glücksbringer, fromme Schriften und Weihegaben aller Art feil. Mönche meditieren, während neugierige Touristen eine geradezu überirdische Pracht bestaunen, wo immer sie einen Schrein, einen Stupa oder eine Gebetshalle auf dem 60 000 Quadratmeter umfassenden inneren Gelände betreten. Blendendes Gold ist die vorherrschende Farbe, überall blinken edle Steine und die architektonische

Formenvielfalt der zahlreichen Gebäude scheint keine Grenzen zu kennen.

Errichtet worden sein soll das Heiligtum schon in den letzten Lebensjahren Buddhas; der erste Bau erreichte etwa zehn Meter Höhe. Im Verlauf der Zeiten wurde der auf dem Pegu-Joma-Hügel errichtete Tempel ständig ausgestaltet, verschönert und vergrößert. Der Legende nach beherbergt er im Allerheiligsten acht Haare Buddhas, die dieser zwei Händlern aus dem Nachbarland geschenkt haben soll. Seine jetzige Höhe von gut 100 Metern und seine steile Zuspitzung, die für die ungeheuren spirituellen Mühen beim Weg zur Wahrheit und schließlich ins Nirvana steht, bekam der Hauptstupa im 18. Jahrhundert; auch die Vergoldung kam damals entscheidend voran. Die inzwischen über 13 000 Goldplatten haben ein Gesamtgewicht von 60 Tonnen. So ein Bau erfordert sorgsame Sicherung, aufwendige Pflege und häufige Reparaturen, etwa nach Erdbeben. Finanziert werden die Arbeiten durch die Eintrittsgelder der ausländischen Besucher und aus der Staatskasse; der Zutritt für Landeskinder ist kostenlos.

Shwedagon-Pagode, Yangon Der „goldene Platz der Anbetung" ist das religiöse Zentrum Myanmars. **«**

Im Herzen Bangkoks

Im benachbarten Thailand nur eine Station, nämlich in der Hauptstadt **Bangkok,** wo allerdings zwei bemerkenswerte

Wat Benchamabophit, Bangkok Fast schon spielerische Eleganz kennzeichnet die Architektur des Ubosot, der Haupthalle des Heiligtums.

Wat Phra Kaeo, Bangkok Er zieht alle Aufmerksamkeit auf sich: der auf einem goldenen Thron sitzende Smaragd-Buddha.

Er weihte eine Anlage ein, deren gestaffelte rote Dächer mit ihren vergoldeten und verzierten Giebelleisten über weißen Marmorwänden sowie den Dächern nachempfundenen Fenstern ungemein lebendig und beschwingt wirken. Löwen, ebenfalls aus Carrara-Marmor, bewachen den Haupteingang.

Zeigt die Architektur auch europäische Elemente, so ist das Innere ganz dem buddhistischen Zweck unterworfen, denn auch die sonst unüblichen farbig verglasten Fenster fördern die Versenkung. Schmuck und Buddha-Figuren flankieren die Wirkung. Bilder in der Haupthalle (Ubosot oder kurz Bot) zeigen die wichtigsten Heiligtümer des Landes, sodass der Besucher hier sozusagen allen in einem begegnet. Die aus Bronze gegossene goldüberzogene Hauptstatue des im Lotussitz meditierenden Buddha mit Strahlennimbus verkörpert vor blauem Hintergrund den „Erleuchteten", dem die Gläubigen nacheifern und dessen Unterstützung sie durch Blumen oder andere Gaben erbitten. Hinter dem Ubosot umschließt ein von 50 Buddha-Statuen begleiteter Wandelgang mit Eckpavillons einen mit Marmorplatten ausgelegten Hof. Östlich dieses Ganges steht der Bodhibaum, also eine Pappelfeige, die bei Buddhas „Erwachen" zugegen war. Die Grenze zum Wohnbereich der Mönche bildet ein Kanal, über den rote Brücken führen und in dem es von Schildkröten wimmelt. Besucher und Mönche füttern sie, um so für gutes Karma zu werben.

Auch das zweite, noch weit bedeutendere Heiligtum in Bangkok ist ein königliches. Es gehört zum alten Palast und liegt im Herzen der Stadt: der **Wat Phra Kaeo** (Tempel des Smaragd-Buddha). Er befindet sich in einem dreiteiligen Bezirk: ein Bereich mit Behördengebäuden, ein zweiter für den Palast und ein dritter für die Kultstätte. „Wat" bezieht sich indes auf alle drei – das etwa 260 Hektar große Areal ist rundum hoch ummauert, der Tempelbezirk mit seinen beiden Terrassen liegt allerdings nochmals gesondert da. Zentrales Gebäude (Ubosot oder Bot) ist die 1784 als Tempel des Königs errichtete Halle mit dem Smaragd-Buddha. Dabei handelt es sich um eine 60 Zentimeter hohe Figur aus grün schimmerndem Nephrit (Jade), über deren Alter und Entstehung man nur Legendäres weiß; sie wurde sechs Jahre vor Baubeginn aus dem laotischen Vientiane nach Thailand verbracht. Wegen seiner angeblich wunderwirkenden und Wohlstand fördernden Kraft gilt der Smaragd-Buddha als heiligster Gegenstand des gesamten Landes. Er thront auf einem Podest in elf Metern Höhe, einige Stufen führen hinauf. Apropos „thront": Zur Einrichtung gehört auch der 1841 aufgestellte königliche Krönungssessel, dem zwei ver-

Heiligtümer zu schildern sind: Zuerst das modernere, der **Wat Benchamabophit,** bei Touristen besser bekannt unter der Bezeichnung Marmor-Tempel. Mit Wat werden umfriedete Areale bezeichnet, meist solche, die der Andacht und der Meditation dienen. Den Auftrag zur Planung und zum Bau des Tempels erteilte der bis heute hochverehrte König Rama V. oder Chulalongkorn einem künstlerisch begabten Prinzen, der sich die Hilfe eines italienischen Architekten sicherte. Die Anlage war vornehmlich gedacht als Kultstätte für die königliche Familie samt Hof, die damals eine Residenz am ruhigeren Rand von Bangkok bezog. Abgeschlossen werden konnten die Arbeiten allerdings erst unter dem Nachfolger Rama VI., der 1910 den Thron bestiegen hatte.

goldete und mit Edelsteinen geschmückte Buddhafiguren von drei Metern Höhe zur Seite stehen.

Viele weitere baulich wie vom Schmuck her fesselnde Gebäude lohnen die Besichtigung. Da ist zunächst der hohe über und über goldene Chedi (Reliquientempel mit einem Stück von Buddhas Brustbein) in Form einer Glocke mit himmelwärts gerichtetem Griff. Er steht direkt neben dem Haupteiligtum und lädt mit breiter Freitreppe zur Andacht ein. Ein Haus weiter folgt die Bibliothek mit ihren reichen Schätzen an heiligen Schriften in kunstvollen Bücherschränken. Als drittes Bauwerk ist das königliche Pantheon zu nennen, das 1855 entstand und zunächst als Standort des Smaragd-Buddha vorgesehen war; es brannte 1903 ab und wurde von Rama VI. auf kreuzförmigem Grundriss neu errichtet und mit einem Säulenumgang erweitert. Hier sind überlebensgroße Statuen der Könige aus der seit 1782 regierenden Chakri-Dynastie aufgestellt. Das Publikum hat nur einmal im Jahr, am 6. April, Zugang.

Buddhistischer Superlativ

Im südöstlichen Nachbarland Kambodscha übertrifft eine Tempelstadt alle anderen Kultstätten an Bedeutung: **Angkor Wat.** Fotos können nur eine schwache Ahnung vom über-

wältigenden Eindruck geben, den er auf die Besucher vor Ort entfaltet. Die Anlage wie ihre Details verschlagen selbst prachtverwöhnten Europäern die Sprache – und wenn sie sie wiedergefunden haben, dürften sie sich vollen Herzens dem Staunen des französischen Forschers Henri Mouhot anschließen, der Mitte des 19. Jahrhunderts ausrief: „Größer als alles, was uns Römer und Griechen hinterlassen haben!" Und mit „größer" meinte er zugleich: mächtiger, feiner, grandioser, fantastischer, umwerfender. Er stand damals vor den (inklusive Ruinenstadt Angkor Thom) über 45 Quadratkilometer verteilten Bauten, nachdem sie erst wenige Jahre zuvor aus dem Dschungel wieder aufgetaucht waren und nun von Mouhot und anderen untersucht wurden. Der Tempelbezirk von Angkor Wat selbst umfasst annähernd ein Quadrat von eineinhalb Kilometern Seitenlinie, umgeben von einem 200 Meter breiten Wassergraben.

Bei Angkor handelt es sich um die Ruinen der einstigen Hauptstadt des Königreichs der Khmer. Zehn Kilometer nördlich des Tonle-Sap-Sees gelegen, wurde die Metropole von König Yashovarman I. um 900 gegründet, bereits 928 wieder aufgegeben, aber 950 wiederaufgebaut. Feindliche Stämme zerstörten die Stadt 1177 und die als hinduistisches Heiligtum angelegten Tempel, die der buddhistische Herrscher Jayavarman VII. schon seit 1181 wiederherstellen ließ,

Bayon Meterhohe, aus dem Stein gemeißelte Gesichter verzieren die Türme der neun Quadratkilometer großen Tempelanlage.

ohne zunächst eine buddhistische Umwidmung vorzunehmen. Sie erfolgte erst mehrere Jahrhunderte später im Sinn der Theravada-Richtung. 1431 wurde Angkor und sein heiliger Bezirk aufgegeben. Die Gebäude verfielen, der Urwald bemächtigte sich des Komplexes und nur vereinzelte Mönche hausten in den Sandsteingemäuern mit den wunderbar skulptierten Türmen und Hallen, darunter der Grabtempel von König Surjavarman II. (1113–1152), mit einer Grundfläche von 215 mal 197 Metern der gewaltigste Sakralbau von ganz Südostasien.

Damit übertrifft er noch den **Reichstempel Bayon** anderthalb Kilometer nördlich von Angkor Wat, der es auf 160 mal 140 Meter bringt und eine von Höhe 45 Meter erreicht. Seine Anfänge gehen ebenfalls auf Jayavarman VII. zurück,

der bis 1219 regierte. Die Anlage geriet ebenfalls in Vergessenheit, obwohl hier weiter Menschen lebten. Ins Bewusstsein der Öffentlichkeit kehrte sie erst durch die französische Kolonialmacht wieder zurück. Nach ersten Forschungen trat wegen politischer Hemmnisse von den Weltkriegen bis zur Terrorherrschaft der Roten Khmer eine lange Pause ein. Die von der UNICEF unterstützte Restaurierung setzte erst in den 1990er-Jahren nach Ende der vietnamesischen Besatzung ein. Charakteristisch für den Bayon sind sprechende Reliefdarstellungen über den Alltag und über Kriege sowie die sogenannten Gesichter-Türme, von deren Außenmauern riesige Buddha-Köpfe lächeln. Von den ursprünglich etwa 50 Türmen stehen heute noch 37, rund 200 Gesichter sind zu sehen.

Angehäufte Tugenden

Weiter nach Indonesien, genauer nach Mitteljava. Das Land ist weitgehend islamisch und dennoch stolz auf eines der schönsten buddhistischen Heiligtümer Asiens. Es steht

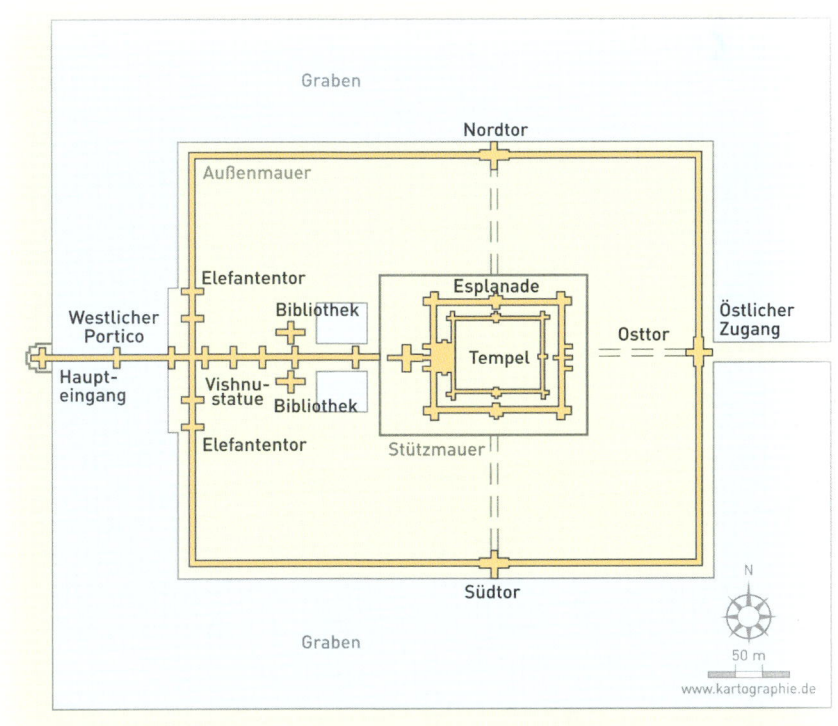

Angkor Wat Strenge geometrische Prinzipien beherrschen den Haupttempel, eines der größten religiösen Bauwerke der Erde. ◀◀

Borobodur Die kolossale, terrassenförmig angelegte Pyramide ist mit unzähligen Stupas bestückt.

40 Kilometer nordwestlich von Yokyakarta in **Borobodur,** ein Name, der verschieden gedeutet wird. Beim Anblick überzeugt am meisten die Version „Berg der Anhäufungen der Tugenden", denn das wohl bedeutendste Bauwerk der buddhistischen Architektur des 1. Jahrtausends n. Chr. sieht von Weitem wie ein Hügel aus, zumal es auf einem solchen in einer Ebene (Kedu-Becken) errichtet worden ist; Baubeginn war wohl um das Jahr 800. Aus der Nähe erst erkennt man die Feinheiten und den ausgeklügelten Aufbau. Es ruht auf einem quadratischen Fundament von 123 Metern Seitenlänge und erreicht eine Höhe von 33,5 Metern. Die Kultstätte war lange Jahrhunderte im Dschungel fast verschwunden; erst 1814 wurde sie wiederentdeckt, freigelegt und bis 1984 mit internationaler Hilfe restauriert.

Der Borobodur-Tempel stellt eine abgestumpfte Pyramide von neun von unten nach oben zurücktretenden Terrassen dar, die von einem kleinen zentralen Stupa als Kuppel gekrönt werden. Balustraden unter den unteren Terrassensimsen schaffen schmale, korridorähnliche Umgänge, deren Innenwände mit überreichem Reliefschmuck ausgestattet sind. In der Basisterrasse verkünden diese Bilder das Gesetz des Karma, in den darüber liegenden Stockwerken werden Leben und Wirken Buddhas dargestellt. Eine Treppe in der

Mitte jeder Pyramidenseite führt zu den drei oberen runden Plattformen, auf denen 72 kleine, durchbrochene, wie Glocken geformte Stupas konzentrisch um den Zentralstupa angeordnet sind. Im übertragenen Sinne steigt man hier von der „Sphäre der Wünsche" über die „Sphäre Form" in die der „Formlosigkeit" empor und erlebt so symbolisch den Prozess der Befreiung aus der materiellen Welt und das schließliche Aufgehen im Nirvana. Tempel und Lehrgebäude verschmelzen sozusagen.

Das Reich der Mitte

Kaufleute brachten die Lehre von den „vier edlen Wahrheiten" wohl schon früh über die Berge nach Nordchina, andere erreichten mit den Nachrichten über Buddha und seine Verkündigung auf dem Seeweg den Süden des Landes. Doch der Buddhismus hatte es schwer in dem uralten Kulturland, das ganz in seinen Traditionen lebte. Sie basierten vor allem auf der Staatsphilosophie des Konfuzius, eines Zeitgenossen Buddhas. Hinzu kam, dass der Buddhismus den Chinesen unangenehm streng erschien mit seinen, wenn auch gemäßigten, Askesevorschriften und mühevollen Methoden der Meditation. Dass sich die Lage schon bald nach der Zeitenwende

änderte, hatte politische Gründe. Kriegerische Wirren und zeitweilige Fremdherrschaft gaben der Religion der Innerlichkeit Auftrieb, zumal viele Potentaten vor allem im Norden sie förderten, um den Konfuzianismus zurückzudrängen.

🛕 Entsprechend viele buddhistische Kultstätten gibt es im „Reich der Mitte". Wenn hier nur eine vorgestellt wird, dann wegen der schlechten Erreichbarkeit und wegen der Vernachlässigung vieler Pilgerorte seit der Machtübernahme durch die Kommunisten (1949). Auch sie aber wissen die Anziehungskraft besonders bemerkenswerter Kult-Anlagen auf die Touristen zu schätzen, wie an den **Yungang-Grotten** zu sehen. Dabei spielt sicher auch ihre günstige Lage nur 200 Kilometer westlich von Peking (Beijing) eine Rolle. Dort hat sich der Fluss Shi Li tief in den Sandstein des Wouzhu-Gebirges eingeschnitten und am Prallhang eine hohe Felswand geschaffen. Die dabei entstandenen natürlichen Höhlen und Nischen haben im 5. und 6. Jahrhundert buddhistische Mönche dazu angeregt, Höhlentempel mit einer Vielzahl von aus dem Stein gemeißelten Buddhafiguren zu schaffen (über 50 000). Diese Andachtsräume und Skulpturen sind ein Zeichen für die hohe Entwicklung der damaligen chinesischen Steinmetzkunst. 65 Jahre lang haben die Künstler an den

Konfuzianismus

Nach dem politischen Philosophen Konfuzius (551–479 v.Chr.) heißt die in China dominierende praktisch-moralische Sittenlehre Konfuzianismus. Er beruht auf der Annahme einer ewigen Weltordnung und ewiger Autoritäten wie Gott, Kaiser, Gatte in allen Lebensbereichen. Die Abhängigen haben sich den Autoritäten bedingungslos zu fügen, doch erwirbt man Adel und Autorität nicht durch Geburt, sondern durch moralische Integrität. Seit etwa 200 v.Chr. Staatsreligion in China, hielt sich der Konfuzianismus in Auseinandersetzungen mit dem Buddhismus, mit dem er vielfältige Mischungen einging, bis zur Gegenwart.

Yungang-Grotten Insgesamt kann man über 50 000 Buddha-Statuen zählen.

rund 250 Tempeln und Figuren gearbeitet und 42 große Grotten neben zahlreichen Nischen ausgeschmückt.

Die Andachtshöhlen ziehen sich über gut einen Kilometer hin, zeigen schöne Säulenfassaden und beeindrucken mit Buddhas und Bodhisattvas (Erleuchtungswesen) in verschiedensten Größen (bis 15 Meter) und Stellungen. Am besten erhalten sind natürlich die im Inneren tiefer Grotten positionierten Statuen, da diese weniger der Erosion ausgesetzt waren, während die Frontfiguren schon viel von ihren Details eingebüßt haben. Einige Bildwerke tragen offenbar die Züge damaliger Kaiser, die man zum Dank für die Förderung und zur Huldigung als Personifizierungen Buddhas verewigte. Besonderen Eindruck machen die bewegten Szenen aus dem Leben des Religionsstifters auf Reliefs an den Wänden einiger Höhlen. Man merkt zwar, vor allem bei den ersten ab 460 geschaffenen Figuren, noch starken indischen Einfluss, findet aber auch – je später, desto mehr – typische Merkmale der damaligen chinesischen Kunst; Yungang markiert offenbar den Übergang zu einer genuin chinesisch-buddhistischen Auffassung.

Die Lehre des Zen

Das galt auch spirituell. Der etwa zur Zeit der Entstehung der Grotten von Yungang in China lebende indische Mönchsgelehrte Bodhidharma entwickelte ein eigenes Konzept der „Versenkung" (chinesisch Chan, bekannt geworden aber unter dem japanischen Begriff Zen). Er stand dem Studium der heiligen Schriften kritisch gegenüber und empfahl

Kinkaku-ji, Kyoto
1950 setzte ein buddhistischer Mönch den „goldenen Tempel" in Brand, da er dessen Schönheit nicht ertragen konnte.

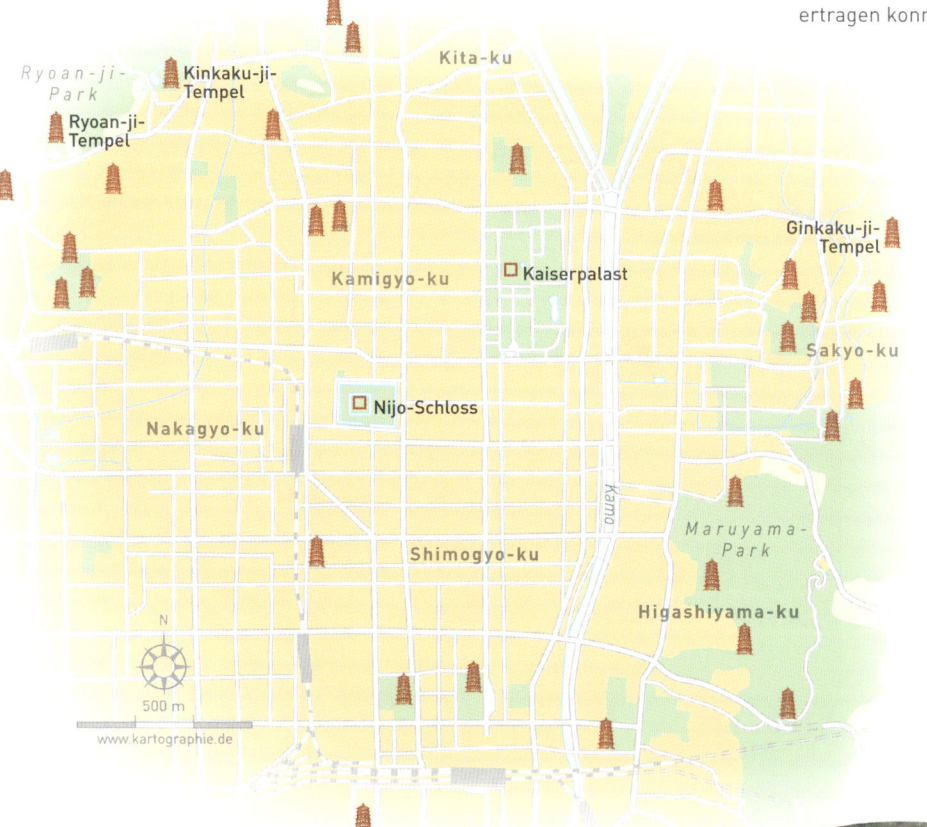

Kyoto In der alten japanischen Kaiserstadt sind rund 1500 buddhistische Tempelanlagen beheimatet.

Ryoan-ji, Kyoto Detailaufnahme einer Opfergabe.

eine persönliche Weitergabe der Lehre „von Herz zu Herz". Schule machten seine Meditationstechniken vor allem in Japan, allerdings mit einiger Verzögerung. Im 12. Jahrhundert begann sich dort der Zen-Buddhismus durchzusetzen und eine stark ritualisierte Ausprägung zu entwickeln. Er wurde wegen seiner disziplinierenden Wirkung auf die Anhänger von politischer Seite oft entschieden gefördert und konnte sich so aufwendige Kultstätten schaffen beziehungsweise bereits bestehende übernehmen. Stellvertretend für alle seien drei benachbarte in **Kyoto** auf der japanischen Hauptinsel Honshu vorgestellt:

Am bekanntesten ist wohl **Kinkaku-ji,** zu deutsch: Goldener-Pavillon-Tempel. Er steht in einer wundervollen Gartenanlage im Nordwesten der Stadt und geht zurück auf das Jahr 1397, als die Bauarbeiten an diesem Alterssitz für Yoshimitsu begannen, den dritten Shogun aus der Dynastie von Ashikaga. Die Shogune waren Kronfeldherren, in Wirklichkeit aber mächtiger als der Kaiser (Tenno). Yoshimitsu hatte verfügt, dass der Bau nach seinem Ende in einen Zen-Tempel umgewandelt würde. Es handelt sich um einen dreistöckigen Holzbau, dessen beide obere Etagen ganz mit Gold überzogen sind. Das Erdgeschoss, wo der Hausherr ursprünglich Gäste empfing, ist im Palaststil gehalten. Der erste Stock präsentiert sich wie die üblichen Samurai-Häuser und entspricht damit dem Kriegerstand des Bauherrn. Das Obergeschoss sorgte durch sakrale Architektur für die spätere Nutzung als Tempel. Das mehrmals abgebrannte oder zerstörte Haus wurde immer wieder aufgebaut, zuletzt 1955; die Vergoldung erneuerte man 1987.

Auf Gold folgt Silber: Der **Ginkaku-ji** (Silberner-Pavillon-Tempel) steht weiter östlich ebenfalls in zauberhaftem Park und ist 100 Jahre jünger, war aber nie mit Silber verkleidet. Das hatte der Bauherr Yoshimasa, der achte Shogun von Ashikaga, zwar geplant, doch starb er 1490 vor der Realisierung. Seine Erben, die aus dem Haus einen Zen-Tempel machten, kamen auf das Vorhaben nicht zurück, ließen aber auch den Namen unverändert. Der Bau ist kleiner als der goldene „Kollege" und weist nur zwei Stockwerke auf. Diese Unscheinbarkeit wird durch einen seltsamen Sandhaufen davor und eine in hellen Sandwellen geharkte Fläche wettgemacht: Der sandige Kegel soll Japans heiligen Vulkan Fujiyama (kurz: Fuji) darstellen, die gewellte Umgebung das Meer als Urelement und Lebensspender.

Das dritte Beispiel, der **Ryoan-ji** („Tempel des ruhenden Drachen"), steht am Nordrand eines Zen-Gartens, der von einem Parkgelände umschlossen ist. Wer dorthin kommt, fragt zunächst ratlos, was daran eine Sehenswürdigkeit sein soll. Man sieht nämlich herzlich wenig: Ein für japanische Begriffe schlichtes Gebäude, eine Buddha-Statue und eine geharkte zehn mal 30 Meter bedeckende Kiesfläche mit verstreuten Steingruppen, die wie hingewürfelt wirken. Diese Kargheit aber ist es gerade, die den spirituellen Reiz der aus dem 15. Jahrhundert stammenden Anlage ausmacht. Sie wird auch „Garten der Leerheit" (Ku-tei) genannt. Der niederländische Schriftsteller Cees Nooteboom hat von diesem Steingarten gesagt: „Wer einmal dort gesessen hat, sitzt für alle Zeit da."

Das Dach der Welt

Während der Buddhismus bereits den hohen Riegel des Himalaja überwunden hatte, bildete sich sozusagen als Nachhut noch auf indischem Boden um 500 n. Chr. eine Spielart, die dann auch vor dem hinduistischen Druck nach Norden auswich, sich dort aber, nämlich in Tibet, bis heute erhalten hat. Sie war mit dem Hinduismus viel länger kompatibel, weil sie aus dessen Fundus magische und rituelle Elemente übernahm und sie buddhistisch umformte: das Vadjrajana („Diamant-Fahrzeug"). Eine Besonderheit ist die zentrale Rolle des Lama („Lehrer", Sanskrit: Guru), der den Buddha nicht nur nachahmt, sondern an seiner Stelle agiert und – salopp gesagt – so etwas wie eine Abkürzung zum Heil darstellt, weil er seine Zöglinge auf dem Weg zur Wahrheit mitnimmt. Natürlich sind dazu unerschütterliches Vertrauen und gänzliche Hingabe an den Lama nötig – nur dann vermag der Segen überzugehen auf den Schüler. „Hingabe", heißt es in einem tibetischen Gebet, „ist der Kopf der Meditation."

Das Lama-System hat dem tibetischen Buddhismus eine strenge Ordnung gegeben, ausgerichtet auf das Oberhaupt, den Dalai Lama (mongolisch: „Ozeanischer Lehrer"). Der erste dieser religiösen Führer trat sein Amt 1578 an, der

Dalai Lama

Beim Ableben ihres geistlichen Führers, des Dalai Lama, begeben sich die ranghöchsten tibetischen Mönche auf die Suche nach seiner Inkarnation, also seiner erneuten Personifizierung. Als es 1940 so weit war, erkannten sie diese in dem noch nicht fünfjährigen Tenzin Gyatso, baten ihn in die Hauptstadt Lhasa und verehren ihn seitdem als ihr 14. geistliches Oberhaupt. 1951 besetzten die Chinesen das Land; 1959 musste der Dalai Lama fliehen und lebt seitdem in Dharamsala im indischen Exil. Unermüdlich fordert er weitere Autonomie für Tibet. Im Westen ist er zu einer Kultfigur geworden; 1989 erhielt er den Friedensnobelpreis.

BIOGRAFIE

fünfte (amtierte 1617–1682) begann 1645 mit dem Bau einer sakralen Residenz im 3600 Meter hoch gelegenen **Lhasa** („Götterort") – oder genauer gesagt: über Lhasa thronend auf den Ruinen eines früheren Königssitzes. Die Baumeister des weiß-roten **Potala-Palasts** nutzten virtuos das gebirgige Gelände und schufen bis 1694 eines der schönsten Häuser der Welt, das Schloss (weiß) und im oberen Bereich zugleich Tempel (rot) ist oder doch war. Die 999 prächtig ausgeschmückten Räume des Potala mit seiner 350 Meter breiten Fassade verteilen sich auf 13 Stockwerke. Seit der Vertreibung des 14. Dalai Lama durch die Truppen des kommunistischen Chinas 1959 fungiert das Gebäude als Museum. Dennoch bleibt es für die tibetischen Buddhisten Zentrum ihres Kultes und der ins indische Exil geflohene Dalai Lama der eigentliche Hausherr.

Potala-Palast, Lhasa
Majestätisch erhebt sich
das Gebirge hinter dem
Potala-Palast im Tibet,
der von der UNESCO
zum Weltkulturerbe
ernannt wurde.

**Drepung-Kloster,
bei Lhasa** Andächtig dre-
hen Gläubige Gebets-
mühlen, die ein Kennzei-
chen des tibetischen
Buddhismus sind.

Altamerikanische Kulturen

Die weißen Eroberer im 16. Jahrhundert hatten keinen Blick für die Kultur-
denkmäler der Neuen Welt. Für sie war das heidnischer Plunder, der zerstört
oder abtransportiert wurde. Entsprechend schwer taten sich daher später
die Gelehrten, die verbliebenen Spuren der vorkolumbischen Kulturen richtig
zu lesen.

Golf von Mexiko

Chichén Itzá | *295*

Uxmal | *298*

Tenochtitlán | *299*

Tikal | *298*

P A Z I F I S C H E R

O Z E A N

250 km

www.kartographie.de

Altamerikanische Kulturen

ATLANTISCHER

OZEAN

Karibisches
Meer

Cuzco | *300*
Festung Sacsayhuamán | *300*
Machu Picchú | *301*

Die Naturreligionen der Neuen Welt

Weder das Rad noch metallene Werkzeuge kannten die indianischen Kulturen; und doch schufen sie Monumentalbauten, die es mit den größten Schöpfungen Europas durchaus aufnehmen konnten. Die wenigen schriftlichen Quellen widerstanden lange und widerstehen zum Teil noch immer den Entzifferungsversuchen.

Pyramide des Zauberers, Uxmal Einer Legende zufolge sollen ein Zwerg und seine Mutter, eine Hexe, die Pyramide in einer Nacht erbaut haben. »

Inti-Raymi-Festival, Cuzco Peruaner erwecken die Geschichte der Inka zu neuem Leben (links der Herrscher, rechts mit prächtigem Kopfschmuck der Priester).

Machu Picchú Die „Stadt in den Wolken" umfasste über 200 mit Treppen verbundene steinerne Bauten. «

Als die „weißen Götter", die sich für die Eingeborenen rasch als Teufel entpuppten, über das Meer kamen, blühten zu Beginn des 16. Jahrhunderts vor allem noch zwei Hochkulturen in der Neuen Welt, die der Azteken (Eigenbezeichnung: Mexica) im südlichen Nordamerika und die der Inka im nördlichen Südamerika. Wie die ersten großen zivilisatorischen Zentren Europas, Asiens und Afrikas hatten sie sich in klimatisch günstiger subtropischer Zone gebildet und Vorgängerkulturen aufgesogen.

Anders aber als in der Alten Welt waren nicht Flusstäler die Kulturwiege, sondern Hochplateaus: Tenochtitlán, Hauptstadt des Aztekenreiches, lag 2250 Meter hoch, Cuzco, die bedeutendste Stadt der Inka, sogar noch gut tausend Meter höher über dem Meeresspiegel. Das mag vor allem an klimatischen Gründen gelegen haben, weil in diesen Höhen gemäßigtere Temperaturen herrschten als im Amazonas-Dschungel oder in den Fiebersümpfen an den Küsten. Vielleicht aber haben

El Castillo, Chichén Itzá Die Pyramide wurde nach streng astronomisch-astrologischen Vorschriften erbaut.

ist trotz Massivbauweise untergegangen, nämlich immer dort, wo die Relikte den nachfolgenden Bewohnern als Steinbrüche dienten – und das war bedauerlicherweise vor allem in den Metropolen der Fall. Zwar haben geschickte Archäologen heute wieder manche Kostbarkeit freigelegt oder doch die Grundrisse aufspüren können, doch für den Laien fehlt die dritte Dimension, das, was ihn an den großen Tempeln und Pyramiden besonders beeindruckt. Im Folgenden werden daher vor allem solche Kultorte und heiligen Stätten vorgestellt, die noch etwas von der Kraft der baulichen Geste und von der kultischen Inbrunst vermitteln.

Die Maya

Bis ins 20. Jahrhundert v.Chr. lassen sich die Spuren der Maya-Hochkultur zurückverfolgen. Sie erblühte in den Hochländern von Chiapas und Guatemala. Erst um 1000 v.Chr. begannen die Maya, das Flachland zu besiedeln und feste Plätze vor allem auf der Halbinsel Yucatán zu gründen und kultisch auszugestalten. Wichtigste Maya-Stadt war das tief im Landesinnern etwa 120 Kilometer

Verbreitung der Maya Die Kultur der Maya erstreckte sich über die Halbinsel Yucatán von Ozean zu Ozean.

295

ostsüdöstlich von Mérida gelegene **Chichén Itzá,** das allerdings wohl erst im 5. Jahrhundert n. Chr. gegründet wurde. Der Ort schien günstig wegen zweier sogenannter Cenoten, durch Höhleneinsturz entstandene natürliche Brunnen, die für den Bewässerungslandbau und das Brauchwasser der Bevölkerung genutzt werden konnten. Aber auch für den Kult: Solche wassergefüllten Kalkschächte galten als Eingang in die Unterwelt, weswegen sich darin Skelette fanden, die auf Menschenopfer schließen lassen.

Holzbauten der Bewohner haben sich im Dschungelklima natürlich nicht erhalten, allenfalls ein paar Grundrisse und Feuerstellen ließen sich ausmachen. Die massigen Kultgebäude dagegen haben nichts von ihrer Wucht verloren. Da ist als erstes **El Castillo** (das Schloss) zu nennen, eine 30 Meter hohe Pyramide, die von allen vier Seiten über je 91 Stufen erklommen werden kann (mit der Plattform selbst sind es insgesamt 365 Stufen, für jeden Tag des Jahres eine); ein sechs Meter hohes Heiligtum krönt die Spitze, wo eine wundervolle Jaguar-Figur in Form eines roten Thronsessels steht. Zweimal im Jahr zur Zeit der Tag- und Nachtgleiche zwischen 15 und 17 Uhr leuchtet die Sonne die

Gouverneurspalast, Uxmal Eines der architektonisch vollkommensten Gebäude des vorkolumbischen Amerikas.

Pyramide so aus, dass die Stufen der Haupttreppe das Bild einer sich hinabwindenden gefiederten Schlange zu zeigen scheinen, nach der das Gebäude als „Tempel des Kukulcán" (von „Quetzalcoatl", Grünfederschlange) bezeichnet wird. An weiteren Kultstätten in Chichén Itzá sind zu nennen der **Kriegertempel** mit einer „Halle der tausend Säulen" davor, der **Schneckenturm** (Caracol) im Süden der Stadt sowie ein riesiger **Ballspielplatz** mit Tribünen, wo auch Aufmärsche und Prozessionen stattfinden konnten und eine ausgeklügelte Akustik für erstaunliche Klangeffekte sorgte.

Ähnlich beeindruckend wirkt **Uxmal,** etwa 80 Kilometer südlich von Mérida. Unvermittelt erhebt sich dort ein ungewöhnliches Heiligtum: die **Pyramide des Wahrsagers** (Pirámide des Adivino). Nirgendwo sonst gibt es einen Maya-Bau mit einem ovalen Grundriss, der sich wohl seit dem 8. Jahrhundert durch das mehrmalige Überbauen eines lang gestreckten Hauses ergab. Auf der Spitze thront in 38 Metern Höhe ein Tempel des Regengottes Chac, dessen rüsselförmige Ringelnase den Kreislauf des Wasser versinnbildlichte.

Trotz der Bezeichnung **Gouverneurspalast** (Palacio des Gobernador) dürfte auch das vom umbauten Raum her größte Gebäude von Uxmal kultischen Zwecken gedient haben. Es steht auf einem massigen Sockel, hat elf Eingänge im Untergeschoss und ebenso viele Räume; die Fassade schmücken ebenfalls Masken des Regengotts. Zu den weiteren erstaunlichen Bauten gehört das **Haus der Tauben** (Casa de las Palomas), dessen pyramidenartige Aufbauten mit ihren vielen Öffnungen die Spanier offenbar an einen Taubenschlag erinnerten.

Um einiges älter ist die im Ostzipfel von Guatemala gelegene Maya-Stadt **Tikal.** Siedlungsspuren gehen bis ins frühe 1. Jahrtausend v. Chr. zurück, die intensivste Ausbauphase setzte im 2. Jahrhundert n. Chr. ein. Spätestens im 10. Jahrhundert verließen die Bewohner den Ort, in dem in der besten Zeit 55 000 Menschen lebten; ob für diesen „Exodus" Missernten, Naturkatastrophen, Kriege oder alles zusammen ausschlaggebend war, ist nicht schlüssig geklärt. Die mächtigen Häuser jedenfalls wurden vom Urwald geschluckt – und für Jahrhunderte drang keine Kunde von dort in die Öffentlichkeit. Erst das forschungsfrohe 19. Jahrhundert stieß auf

die Ruinen-Metropole, legte einige markante Paläste und Tempel frei und untersuchte Architektur und Kult der einstigen Bewohner aus dem Volk der Maya. Doch auch heute noch sind jede Menge Bauten im dichten Grün versteckt, das seit 1955 in einem 220 Quadratkilometer großen, artenreichen Nationalpark unter Schutz steht.

Den Höhepunkt seiner Macht errang Tikal seit dem 5. Jahrhundert, verlor sie zeitweilig an ein rivalisierendes Fürstentum in der Nachbarschaft und stabilisierte sie offenbar erneut unter dem Herrscher Ah Cacao (Ha Sawa Chaan K'awil), der 682 auf den Thron kam und 695 die feindlichen Nachbarn besiegen konnte. Auf ihn gehen einige beeindruckende Bauten zurück, etwa der 45 Meter hohe **Tempel des großen Jaguars** am Großen Platz (Gran Plaza), in dessen Krypta der Herrscher auch beigesetzt wurde. Und aus seiner Zeit stammt auch das mit 65 Metern höchste Gebäude der Dschungelstadt, ja aller Maya-Stätten überhaupt: der **Tempel der zweiköpfigen Schlange** (Serpiente Bicéfala). Alle Kultpyramiden sind über ungemein steile Treppen zu erstei-

Archäologischer Park, Tikal Die Überreste der schon um 900 v. Chr. besiedelten Stadt tauchen aus üppigem Grün empor.

gen, sodass Besucher einen weiten Blick über das grüne Blätterdach und die vereinzelt hervorlugenden Pyramiden werfen können. Das gesamte bebaute Areal der Stadt umfasste 64 Quadratkilometer, das Zentrum 16. In einem Museum ist das rekonstruierte Kerngebiet als Modell zu besichtigen.

Die Azteken

Wichtigster Machtfaktor im nördlichen Mittelamerika waren bei Ankunft der Spanier die Azteken. Aufgrund ihrer Gegenwehr nach anfänglicher Gastfreundschaft wurde ihre Metropole **Tenochtitlán** gründlich zerstört und noch gründlicher überbaut. Die gesamte blühende Großstadt im Texcoco-See mit ihrem an Venedig erinnernden Kanalsystem und ihren hochentwickelten Versorgungseinrichtungen wurde von der späteren Metropole Mexico City verschluckt. Als sich die modernen Mexikaner ihrer aztekischen Wurzeln bewusst wurden, ließen sich nur noch

durch mühevolles Graben einige Spuren so sichern, dass wenigstens Rekonstruktionen möglich wurden, auch durch Vergleich mit erhaltenen aztekischen Orten, die sich freilich gemessen an der nur noch zu ahnenden Pracht und Majestät der Hauptstadt höchst bescheiden ausnehmen.

Zentrales Heiligtum in Tenochtitlán, das weit über 100 000 Einwohner hatte, war der **Templo Mayor** neben der heutigen Kathedrale. Das Hauptgebäude des heiligen Bezirks ragte rund 60 Meter auf und war dem Kriegsgott Huitzilopochtli und dem Regengott Tlaloc geweiht, deren Schreine die Pyramide krönten. Vom reichen Relief-Schmuck ließ sich einiges wiederherstellen, darunter die Darstellung eines sogenannten Tzompantli, einer Art Regal,

Templo Mayor, Tenochtitlán Die Gedenktafel verdeutlicht die Kunstfertigkeit der Azteken-Steinmetze (spätes 15. Jahrhundert, Anthropologisches Nationalmuseum, Mexiko-Stadt). ◀◀

in dem Menschenschädel aufgereiht waren, die nach Opfern (meist von Kriegsgefangenen, aber auch von Freiwilligen) gesammelt worden waren. Die aufbewahrten Totenschädel sollten den Seelen (Geistern) der Geopferten eine Heimstatt bieten, wenn sie einmal jährlich nächtens zurückkehrten, wie die Azteken glaubten. Feststellen ließ sich auch, dass der Tempel mehrmals erweitert wurde, letztmalig 1487, ehe er 1521/22 von den Spaniern als Symbol eines in ihren Augen teuflischen Kults radikal zerstört wurde. Ein Modell ist in einem zur Ausgrabungsstätte gehörenden Museum zu besichtigen.

Die Inka

⚰ Ein Jahrzehnt nach der Vernichtung des Aztekenreichs in Mexiko schlug auch die Stunde des noch weit mächtigeren südamerikanischen Reichs der Inka (ursprünglich nur der Herrschertitel, später Bezeichnung für alle Bewohner des Reiches), das sich von Mittelchile über Peru bis Nordecuador erstreckte. Wie die nördliche Macht war auch die der Inka in den letzten anderthalb Jahrhunderten vor der

Ankunft der Konquistadoren herangewachsen, vor allem durch Eroberungen der Herrscher seit PachacutecYupanqui (1438 bis 1471). Zu ihrem Unglück teilte dessen Nachnachfolger Huayna Capac 1525 das Erbe unter seinen Söhnen Huascar und Atahualpa auf, deren Rivalität sich Pizarro 1532/33 zunutze machte. Er nahm Atahualpa gefangen und forderte ein riesiges Lösegeld. Als das pünktlich gezahlt worden war, ließ er den jungen Herrscher erdrosseln und fiel über die führerlosen Inka her. So bekam er die Hauptstadt Cuzco (300 Kilometer südöstlich von Lima in den Anden) in die Hand, plünderte alle ihre Reichtümer und ließ sie zerstören. Anders aber als in Tenochtitlán hielt eine Bastion zum Teil dem spanischen Wüten stand.

⚰ **Cuzco** liegt in 3380 Metern Höhe und doch in einem Talkessel. Zur Sicherung bauten die Inka am wichtigsten Zugang etwa drei Kilometer vom Stadtkern entfernt die Festung **Sacsayhuamán,** die auch eine kultische Funktion hatte und nicht nur militärisch, sondern auch spirituell schützen sollte. Während die Stadt weitgehend zerstört wurde und ihren Charakter verlor, der einst von Tempeln wie dem der Son-

Inti-Raymi-Festival, **Cuzco** Peruanische Frauen schlüpfen in die Rolle der Acclas, Jungfrauen, die die heilige Flamme Intis beschützten.

Sacsayhuamán, **Cuzco** Bei der Einnahme der Inka-Hauptstadt verschanzten sich mehrere Hundert Krieger in dem Bollwerk, das wohl auch die Macht seiner Erbauer repräsentieren sollte. «

nenjungfrauen geprägt war, konnten die Spanier die ohne Mörtel aufgeschichteten bis zu 200 Tonnen schweren Felsblöcke der Festungsmauern nicht bewegen. Heute, da das Erbe der Inka wieder als identitätsstiftend geschätzt und gepflegt wird, dient das einstige von drei übereinander gestaffelten Wällen umgürtete Bollwerk als Kulisse für das alljährlich gefeierte Inti-Raymi-Volksfest zur Wintersonnenwende im Juni, das zur Inka-Zeit in der Stadt mit großem Pomp unter Teilnahme von Abgesandten aus allen Reichsteilen stattfand und bei dem man dem Sonnengott Tayta Inti Opfer brachte.

Und erhalten blieb auch eine Inka-Stadt, wie sie kaum schöner zu denken ist: **Machu Picchú** („Alter Gipfel"), 75 Kilometer nordwestlich von Cuzco über dem Tal des Urubamba. Mit „schön" sind vor allem Lage und Anlage des Ortes gemeint: Die für mehr als 1000 Menschen ausgelegte Siedlung entstand vermutlich im 15. Jahrhundert in 2360 Metern Höhe am Fuß steiler Felsgipfel und war schwer zu erreichen. Das bergige Gelände machte einen terrassierten, durch Treppen erschlossenen Aufbau erforderlich, der das Malerische der Lage noch betont. Warum die Inka in so unwegsamer und abgelegener Gegend einen derart festen Platz aus zum Teil mehrgeschossigen Steinhäusern schufen, darüber streiten die Forscher. Es lassen sich drei Bereiche unterscheiden: die über und um den ganzen Ort verteilte landwirtschaftliche Nutzfläche, das Wohn- und Arbeitsgebiet der Handwerker und die Kultstätte. Diese Letztere ist zwar nicht sonderlich groß, aber sorgfältig ausgebaut mit einem halbrunden Sonnentempel **(Inti Watana),** zu dem 78 Stufen hinaufführen, dem quadratischen heiligen Platz **(Inti Cancha)** von 16 Metern Seitenlänge und dem acht mal elf Meter messenden Haupttempel **(Carpahuasi).**

Da sich in Machu Picchú auch Spuren herrscherlicher Architektur (sogenanntes Mausoleum und Ornamentenkammer) fanden, sollte hier vielleicht ein Altersruhesitz oder ein Rückzugsstützpunkt für hochrangige Persönlichkeiten entstehen. Daher die ausschließliche Steinbauweise und die Tatsache, dass der Ort offenbar nicht fertig war, als die Spanier das Inka-Reich eroberten. Er wurde danach verlassen und geriet weitgehend in Vergessenheit, nur ab und an drangen Nachrichten über das verwunschene Bergidyll nach draußen. Erst zu Beginn des 20. Jahrhunderts begann die Freilegung des von der Vegetation überwucherten Machu Picchú und die systematische Erforschung. Heute werden täglich Tausende von Touristen mit einer Gebirgsbahn und mit Bussen herangekarrt. Denkmalschützer machen sich angesichts des Ansturms bereits Sorgen um den Erhalt der „Stadt in den Wolken".

303

Interfoto: mova/Reinhard Hölzl 2; Alexander Pöschel 6 M. u.; AISA 13; Bildarchiv Hansmann 14 r.; Bahnmüller 19; The Travel Library/Sam Howard 25; Artcolor 26 o.; Friedrich 35 u.; Weltbild 40 r.; AISA 41 u.; Bildarchiv Hansmann 42/43; AISA 44/45; Bildarchiv Hansmann 46 o., 48; AISA 50, 51 l.; Friedrich 52; AISA 53; The Travel Library/Stuart Black 63 o., 64; Sammlung Rauch 69 l., 70 l.; AISA 72 o.; Bildarchiv Hansmann 73 u.; Klammet 74/75; Wilfried Wirth 78 o.; Alinari 80 l., Bildarchiv Hansmann 80 r.; Wilfried Wirth 82; mova/Alexander Pöschel 88/89; mova/Jan Richter 95 u.; AISA 99 u.; Rotraud Schröcke 112 o.; Daniel 113 u.; AISA 115 u.; Victor Radnicky 118/119; mova/Stefan Huwiler 125; Alinari 134 o.; Toni Schneiders 139 u.; AISA 144 u.; La Collection/Jean-Paul Dumontier 154 u.; The Travel Library 155; Artcolor 167; Alinari 168/169; Austrian Archives 172; Toni Schneiders 173; Madeleine 178 o., 179 l.; mova/Jörg Reuther 181 o.; mova/Ferdinand Hollweck 185 u.; Sifi 194/195; Alinari 216; Bildarchiv Hansmann 219; The Travel Library/Stuart Black 245; Peter Schano 253; Schmidt-Luchs 269 o., The Travel Library/Stuart Black 269 u.; Bert Praxenthaler 271; mova/Manfred Bail 285; Mary Evans Picture Library 292/293; Raga/AISA 294 l., AISA 294 r.; Raga/AISA 298/299; AISA 299.

mauritius images: age 4; Alamy 6 o., imagebroker/Rainer F. Steussloff/Intro 6 M. o., Simon Plant 6 M., SuperStock 6 u.; Alamy 7 M., 8–12; age 14 l.; imagebroker/Martin Siepmann 16; Harry Walker 17: Alamy 18; imagebroker/Rainer F. Steussloff/Intro 20/21; Peter Phipp 24 o., imagebroker/Lydie Gigerichova 24 u.; Peter Phipp 26/27, 28; imagebroker/Joachim Hiltmann 30/31; imagebroker/Fabian von Poser 31; Rene Mattes 33; Peter Phipp 34; Alamy 38, 50/51, 51 r.; Simon Plant 54/55; Alamy 58 u. r.; age 60/61; Alamy 62; Philochrome 63 u.; Alamy 65, 68/69, 69 r., 71; age 72 u.; imagebroker/Meinrad Riedo 73 o.; Alamy 76; Jose Fuste Raga 76/77; Alamy 78 u.; imagebroker/Thomas Götzfried 79; CuboImages 82/83; Rainer Mirau 86/87; FreshFood 95 M.; Russell Kord 98; Alamy 99 o., 101–102; ACE 103 u.; SuperStock 108/109; Steve Vidler 113 o.; Photononstop 122; Steve Vidler 124 u.; Haag + Kropp 126/127; Doug Scott 128; Hans-Peter Merten 128/129; imagebroker/Robert Lehmann 131; CuboImages 137; imagebroker/Günter Fischer 140 u.; Alamy 144 o.; age 146/147; Wolfgang Weinhäupl 149 u.r; Photononstop 151, 153; Alamy 154 o.; age 156; CuboImages 157 u.; Steve Vidler 158/159; Alamy 160–161, 163–164; age 165; imagebroker/Günter Flegar 176/177; Alamy 178 u.; Wolfgang Weinhäupl 179 r.; Alamy 181 u., 184; imagebroker/FB-Fischer 186; Alamy 186/187, 187; Martin Baumgärtner 197 o.; Alamy 198/199, 203; imagebroker/Fabian von Poser 205; Alamy 206, 209–211; Rene Mattes 212/213; Alamy 214 o., Urs Flüeler 214 u., 215; Alamy 217, 218 r.; Wenzel Fischer 220; age 222/223; Alamy 224; Gian-Rico Willy 225; Alamy 227–229, 234 o., age 234 u.; Alamy 235–237; Rene Mattes 238/239; Alamy 240, 242 o., 243, 247 u., 249–250/251, 252; Jeff O'Brien 255; Alamy 256/257; SuperStock 262 o., Alamy 262 u.–267 o., Monsoon 267 u.; Alamy 268, 273 M, 273 u.; imagebroker/BAO 274/275; Alamy 276, 277; age 279; Alamy 280, 281 o., 281 u. r.; imagebroker/GTW 291 o.

picture-alliance: dpa 7 o., Bildagentur Huber 7 u.; KPA/Heinz Mollenhauer 15 o., HB Verlag 15 u.; akg-images 26 u.; akg-images/Erich Lessing 27 o., 29; akg-images/Andrea Jemolo 30; akg-images/Erich Lessing 32; Bildagentur Huber 32/33, 35 o., 36/37; dpa 39; akg-images/Andrea Jemolo 40 l.; dpa/dpaweb 41 o.; Okapia/J-L Klein & M-L Hubert 43; akg-images 46 u.; dpa/dpaweb 47; akg-images/Erich Lessing 49; Uwe Gerig 58 o.; akg-images 58 u. l., 59; maxppp 61; akg-images/Rainer Hackenberg 66; akg-images/Peter Connolly 66/67; akg-images 67; ASA 70 r.; dpa 77; akg-images/Peter Connolly 80/81; Helga Lade Fotoagentur 84 l., akg-images 84 r.; Godong 90; dpa 92 o., Godong 92 u.; ZB 93; akg-images/Erich Lessing 94; dpa/dpaweb 95 o.; Bildagentur Huber 96; dpa 97; Godong 100; dpa 103 o.; ZB 104/105; dpa 106/107; maxppp 107; dpa 112 u.; akg-images 114; akg-images/Andrea Jemolo 115 o.; dpa 116; dpa/dpaweb 116/117; dpa 117; akg-images/Pirozzi 119; akg-images 120; Godong 121; akg-images/Erich Lessing 123; akg-images/Rabatti-Domingie 124 o.; dpa 129; akg-images/Tristan Lafranchis 130; Helga Lade Fotoagentur 132; maxppp 133 o., KPA/Andrea Francolini 133 u.; akg-images 134 u.; akg-images/Erich Lessing 135; akg-images/Rabatti-Domingie 136; dpa 138/139, 139 o.;

united archives/mcphoto 140 o., dpa/dpaweb 140 M.; akg-images 141 o.; ZB 142; Godong 143; dpa/dpaweb 145; Bildagentur Huber 148; dpa 149 o., 149 u. l., 150; united archives/mcphoto 150/151; Godong 152/153, 157 o.; imagestate/HIP 162; dpa 166; Bildagentur Huber 168; KNA 169; dpa 170/171; akg-images 171; Bildagentur Huber 172/173; dpa 174–175; Imagno/Gerhard Trumler 176; akg-images/Erich Lessing 180; All Canada Photos 182/183; Bildagentur Huber 185 o.; dpa 188/189; Bildagentur Huber 192 o., akg-images/Gerard Degeorge 192 u.; dpa 193, 196/197, 197 u., 200; dpa/dpaweb 201 o., akg-images/Werner Forman 201 u.; Bildagentur Huber 202/203, 204, 206/207; Helga Lade Fotoagentur 207; ZB 208/209; dpa 218 l.; dpa/dpaweb 218/219; maxppp 221; dpa 226, 232 o.; imagestate/HIP 232 u.; Godong 233, 239; dpa 241; imagestate/HIP 242 u., 244 o., dpa 244 u., 246, 247 o., 248, 251; dpa/dpaweb 254; dpa 260 o.; Bildagentur Huber 260 u.; imagestate/HIP 261; Godong 270; dpa 272/273; Bildagentur Huber 273 o.; united archives/mcphoto 278/279; Godong 281 u. l.; akg-images 282; Bildagentur Huber 282/283; dpa 284, 284/285; Bildagentur Huber 286/287, 290 o., dpa 290 u.; akg-images 291 u., 292, 293; Bildagentur Huber 295, 296; Rainer Hackenberg 297; Okapia/Fred Bruemmer 300/301; dpa 301.

Anja Schlatterer: 141 u.